Construction et déconstruction du politique par les médias européens depuis 1975 (Espagne, France, Royaume-Uni)

ESTUDIOS HISPÁNICOS EN EL CONTEXTO GLOBAL
HISPANIC STUDIES IN THE GLOBAL CONTEXT
HISPANISTIK IM GLOBALEN KONTEXT

Edited by Ulrich Winter, Christian von Tschilschke
and Germán Labrador Méndez

VOLUME 15

PETER LANG

Marie-Soledad Rodriguez / Claire Decobert (dir.)

Construction et déconstruction du politique par les médias européens depuis 1975 (Espagne, France, Royaume-Uni)

PETER LANG

Information bibliographique de la Deutsche Nationalbibliothek
La Deutsche Nationalbibliothek a répertorié cette publication dans
la Deutsche Nationalbibliographie; les données bibliographiques
détaillées peuvent être consultées sur Internet à l'adresse
http://dnb.d-nb.de.

Couverture: The photography has been given by:
Victor Manuel Lerena Lumbreras.

Nos remerciements pour leur contribution à la publication de cet ouvrage à
l'EA 2992 (CREC) de l'Université Sorbonne Nouvelle-Paris 3 et
au Laboratoire Rémélice de l'Université d'Orléans.

ISSN 2364-8112
ISBN 978-3-631-85394-8 (Print)
E-ISBN 978-3-631-85414-3 (E-PDF)
E-ISBN 978-3-631-85415-0 (EPUB)
DOI 10.3726/b18388

Table des matières

Marie-Soledad Rodriguez et Claire Decobert

Introduction

Dans les démocraties européennes, la sphère politique a besoin de rendre publique son action puisqu'elle doit informer les citoyens de ce qu'elle fait (Mercier, 2017 : 15). La communication constitue ainsi un droit pour l'électorat, qui souhaite se tenir au courant de l'action du gouvernement mais aussi des projets politiques concurrents afin de former sa propre opinion. Parler de communication revient aussitôt à évoquer les médias – presse, télévision, radio, web – qui « sont essentiels au fonctionnement de la démocratie » (Martin, 1978 : 129) et ont pour vocation de refléter le pluralisme politique qui caractérise nos sociétés contemporaines. Ces médias ont, idéalement, pour mission de transmettre des informations aux citoyens en adoptant la plus grande impartialité possible afin que ces derniers disposent d'un « large éventail d'opinions sur les enjeux d'intérêt public » (Gingras, 2012 : 687) et soient à même de déchiffrer et comprendre le monde dans lequel ils vivent. Ainsi, comme le rappelait André Laurens, la vocation des médias est de fournir une information qui « concourt à la formation de citoyens responsables » (1995). La multiplication des médias et l'accélération de la circulation de l'information, catalyseurs de la vie démocratique, sont censées assurer la transparence entre les gouvernants et les gouvernés et faciliter l'accès du plus grand nombre de citoyens aux affaires publiques. Ces moyens de communication s'adressent, de manière indirecte et très rapide, à un vaste électorat et, dotés d'une certaine crédibilité, ils ont une forte capacité à créer la vérité et, ensuite, à la répandre (Schuliaquer, 2016 :13). En outre, les médias peuvent apparaître parfois comme un contre-pouvoir politique lorsqu'ils se présentent en tant que contrôleurs de l'action publique et mènent des investigations qui dévoilent aux citoyens ce que gouvernants ou hommes politiques souhaitaient maintenir secret (Koren, 2008 : 43). Parce que certains médias ne doivent théoriquement rendre de comptes à aucune instance et seraient idéologiquement indépendants, journalistes et réalisateurs ont parfois pu bénéficier auprès du public d'une très bonne réputation : en révélant, grâce à leurs enquêtes, les dérives de certaines institutions ou les malversations de politiciens, ils ont rappelé les principes de nos sociétés démocratiques et confirmé la capacité de certains médias à faire office de « quatrième pouvoir ».

Toutefois, force est de constater que certains médias ont abandonné leur mission première d'information et que se pose alors la question de la liberté d'expression de ces médias face aux pouvoirs politiques et économiques mais aussi celle du « filtrage de l'information » (Swaelen, 1994) puisque ce que recherchent les médias est avant tout une certaine rentabilité économique, garante de leur survie. Ainsi, le monde médiatique est parfois taxé de complicité avec la sphère politique et on le soupçonne aussi de se livrer à des stratégies plus ou moins honnêtes pour manipuler l'opinion (Bernier, 2016 : 10). Alors que construire et offrir une information étayée nécessite un certain temps de recherche, apparaissent désormais des articles et des émissions politiques où il ne semble pas qu'ait été vérifiée la véracité des faits rapportés, faits exposés souvent dans la précipitation. Il n'est pas rare que, pour séduire le public, des chaînes de télévision et même une certaine presse privilégient les débats autour de « scandales politiques » au détriment d'une analyse éclairante des programmes politiques ou de l'action gouvernementale (Payette, 2013). Cette mutation a d'ailleurs pu être encouragée par la nouvelle demande des citoyens qui s'intéressent aux anecdotes et aux menus détails de la vie privée des hommes politiques plutôt qu'aux débats d'idées (Charbonneaux, 2015). Et pour s'assurer l'attention des lecteurs ou téléspectateurs, ces médias privilégient alors le divertissement ou l'émotionnel, l'*infotainment* remplace l'information (Chandler et Munday, 2020 : 438).

Certains médias sont, de surcroît, fortement liés à de grands groupes économiques ou dépendent d'aides publiques, ce qui les incite à ne pas traiter certains sujets ou à aborder une question selon un point de vue orienté ou encore à se faire le porte-parole de la collectivité politique qui les finance. Et les journalistes se gardent bien de mettre en avant les liens qui existent entre les médias pour lesquels ils travaillent et « certaines grandes entreprises – qui sont souvent leurs principaux annonceurs », de sorte qu'ils ont des « intérêts commerciaux et économiques » communs (Vommaro, 2016 : 90). Si le rôle idéal des médias est donc d'être « totalement neutres […] sans chercher à modeler l'opinion publique » (Laclau, 2016 : 69), il n'en est pas toujours ainsi même s'il convient de nuancer ce constat comme le rappelle Jérôme Clément : « Les images peuvent décerveler mais elles peuvent aussi éclairer, ouvrir des perspectives, éduquer. La véritable influence des médias s'exerce sur les mentalités des citoyens, en les informant, les éclairant, les guidant » (2010 : 77–78).

Sans doute, ne faut-il pas oublier que ce sont les femmes et les hommes politiques qui se trouvent au cœur de la communication politique orchestrée par les médias. C'est pourquoi ils cherchent non seulement à trouver leur place au sein de ceux-ci mais aussi à construire une image positive, susceptible de séduire les futurs électeurs. Ainsi, les hommes politiques sont d'ordinaire préoccupés par leur mise en scène et leur comportement est motivé par la volonté de montrer leur capacité à agir en affichant leur pouvoir de faire changer les choses ou, comme l'écrivait Pierre Bourdieu, « les hommes politiques sont *en représentation*, agissent pour *être vus* agissant, donnent la représentation du bon représentant » (1981 :15). Certes, l'image des politiciens que les médias construisent peut parfois paraître négative car associée à la mauvaise gestion des fonds publics, l'inefficacité ou le trop fort goût du pouvoir. Et ces critiques ont inévitablement des conséquences sur l'image de la politique, qui souffre alors d'un fort discrédit, et produisent un éloignement des citoyens de la chose publique (Uriarte, 2001).

Cet ouvrage se propose de contribuer à une réflexion sur les interactions entre médias et politique dans le contexte européen depuis 1975 en présentant diverses analyses sur le traitement du politique par les médias et des études sur la représentation des femmes et hommes politiques dans les médias. Les quatre axes développés s'intéressent à l'image des personnalités politiques, au traitement des revendications indépendantistes, aux manipulations médiatiques et, enfin, aux documentaires « politiques ». Les études ici présentées concernent trois aires géographiques, l'Espagne, le Royaume-Uni et la France

Dans la première partie, *Femmes et hommes politiques sous le regard des médias*, sont interrogées les constructions cinématographiques, télévisuelles et journalistiques de certains hommes et femmes politiques. Si parmi les six chapitres, trois sont consacrés aux femmes et trois aux hommes, cette apparente égalité ne reflète cependant pas la présence effective des femmes politiques dans les médias puisque, comme l'ont observé divers spécialistes, les femmes politiques bénéficient, en général, « d'une couverture médiatique moins étendue et plus négative que leurs homologues de l'autre sexe » (Tremblay, 2000 : 133). Il n'est pas rare non plus que leur capacité à occuper un poste soit mise en cause, ou qu'elles soient présentées comme les « marionnettes » des hommes politiques qui auraient favorisé leur carrière (Carrascosa, 2020 : 116). Surtout les femmes politiques sont encore jaugées à partir de stéréotypes genrés qui prêtent une grande attention à leur apparence et leur manière de s'habiller, ainsi « les femmes jugées féminines sont perçues comme peu compétentes et celles compétentes comme peu féminines » (Bernáldez, 2010 : 208). Les hommes politiques continuent donc souvent à jouir d'un traitement plus favorable même s'il peut y avoir quelques exceptions.

Les deux articles consacrés aux hommes politiques français s'intéressent aux deux pôles de la relation entre médias et politiciens puisque si « l'image d'un homme politique est créée par les médias, l'homme politique crée son image via les médias » (Clément, 2010 : 77). Ils rendent compte aussi de cette tendance de plus en plus manifeste des médias à vouloir dévoiler l'intimité des personnalités politiques à travers, notamment, les « menus faits du quotidien » (Nachtergael, 2012 : 132). Raphaël Jaudon questionne l'influence qu'exerce le cinéma sur la communication visuelle du candidat en campagne, Valéry Giscard d'Estaing, et du président élu, François Hollande. Dans *Une partie de campagne* (1974–2002) de Raymond Depardon et *Le Pouvoir* (2012) de Patrick Rotman, il voit s'exercer la concurrence entre deux castes de metteurs en scène que sont les cinéastes et les politiciens. Il relève que la communication politique puise librement dans un imaginaire cinématographique, démontrant du même coup que les logiques du pouvoir ne sont pas si éloignées de celles de l'art. Enfin, si dans ces documentaires, le « souverain », placé au centre du film et des regards, sort nécessairement grandi de sa représentation et atteste ainsi de sa légitimité à occuper la première place parmi ses semblables, dans le même temps, il doit renoncer à une partie de ses privilèges politiques et accepter de devenir l'*objet* du film. La seconde étude cherche à saisir les raisons expliquant l'évolution qu'a connue l'image de l'ancien Premier ministre français, Michel Rocard, dans les médias. Le politicien et son entourage ont-ils participé ou tenté de résister aux diverses mutations du discours médiatique sur le personnage ? Dans quelle mesure son refus d'exposer sa vie familiale, son intimité, dans certaines émissions a-t-il contribué à réduire sa présence dans les médias voire à détériorer son image ? Pour répondre à ces questions, Pierre-Emmanuel Guigo croise sociologie du journalisme – mutation de la profession et changement de génération –, étude du discours médiatique et réflexion sur la stratégie de communication de Rocard.

Les trois études suivantes sont consacrées au genre *biopic* et à sa « fonction didactique et citoyenne » (Letort et Tukhunen, 2016) puisque ces biographies filmées peuvent s'avérer une source d'information pour les publics auxquels elles sont destinées (Barnier, 2010 : 16). Les trois *biopics* considérés ont pour point commun de concerner des personnalités au déclin de leur vie, ou décédées, et n'exerçant plus de responsabilité politique comme si la fictionnalisation des personnalités politiques ne pouvait intervenir tant que celles-ci ont encore du pouvoir. Catherine Saupin décrypte les choix opérés pour présenter une figure républicaine et féministe du début du XXème siècle, Clara Campoamor (1888–1972), dans deux documentaires – *Clara Campoamor. Su pecado mortal* (1983) de Jesús García Dueñas et *Clara Campoamor, una mujer valiente* (2003) de María Teresa Álvarez – et un *biopic*, *Clara Campoamor, la mujer olvidada* (2011) de Laura Mañá. Les trois productions, qui s'échelonnent sur presque trente ans permettent de rendre compte de la place de plus en plus importante de cette figure dans l'imaginaire national, puisque sa défense du droit de vote des femmes est au centre des trois opus. Marie-Soledad Rodriguez s'est intéressée à l'image d'Adolfo Suárez (1932–2014), président du gouvernement espagnol de 1976 à 1981, telle qu'elle est façonnée dans la mini-série, *Suárez, el presidente* de Sergio Cabrera, diffusée sur la chaîne privée Antena 3, en 2010. Elle analyse la construction du *biopic*, les éléments qu'il sélectionne et met en avant, ceux qu'il laisse hors-champ, en confrontant le *biopic* et le documentaire *Suárez, 30 años de democracia* de Jesús M. de Morentín, diffusé sur la même chaîne en 2007. Si la fiction s'inscrit dans le sillage d'un récit « officiel » qui met en avant les hommes politiques ayant joué un rôle de premier plan au cours de la Transition, elle cherche surtout à consolider une certaine mémoire de ce passé récent, notamment face aux critiques que subit aujourd'hui ce processus politique de passage à une démocratie jugée incomplète. Cette revendication de la figure d'Adolfo Suárez s'intègre pleinement, de surcroît, dans le discours légitimateur du Parti populaire, qui cherche à affirmer ses origines démocratiques. Karine Rivière de Franco étudie la figure de Margaret Thatcher (1925–2013), ancien Premier ministre britannique, à travers l'interprétation que *The Iron Lady* (2011) de Phyllida Lloyd propose de cette femme politique et de son action au Royaume-Uni de 1979 à 1990. Elle fait ressortir que la question du genre est centrale dans le *biopic*, où le personnage est érigé en femme pionnière, mais le traitement de la vie personnelle se fait au détriment d'un rappel des réformes économiques et sociales menées par la dirigeante politique. Son étude confirme le constat posé par N. Burch et G. Sellier concernant les fictions télévisées françaises dans lesquelles on privilégie la vie privée des femmes célèbres au détriment de leur vie publique « même quand c'est leur rôle dans la sphère publique qui est à l'origine de leur notoriété » (2013 : 253). Ainsi, alors que le *biopic* aurait pu offrir aux jeunes spectateurs l'image reconstituée d'un temps révolu, c'est en fait une dépolitisation du sujet qu'il propose. La dernière étude de cette première partie s'attache aux discours véhiculés par les médias sur certaines femmes politiques espagnoles : María Dolores de Cospedal, Carolina Bescansa, Ada Colau, Soraya Sáenz de Santamaría et Anna Gabriel. Carole Viñals observe que les propos sexistes tenus par leurs homologues masculins sont régulièrement repris dans la presse, souvent sans être interrogés, tandis que les médias eux-mêmes contribuent à transmettre une image stéréotypée et méprisante des femmes qui font de la politique, notamment en cherchant à les cantonner à leur « essence » féminine. Ainsi les clichés de la « femme au foyer », la « mère parfaite » ou la « femme objet » alimentent-ils le discours médiatique sur ces femmes politiques.

La seconde partie, consacrée aux *Mouvements indépendantistes et leur représentation*, amène à s'interroger sur l'impartialité des journalistes et leur capacité à rendre compte de la complexité d'une situation lorsqu'il s'agit de traiter des revendications mettant en péril l'unité du pays. En effet, les journalistes peuvent subir des pressions politiques ou, par manque de temps ou d'intérêt pour mener une recherche approfondie sur le sujet, ils peuvent aussi se contenter d'être « suivistes par rapport à ce qui circule déjà dans la société » et reprendre le point de vue majoritaire (Mercier, 2019 : 16). De surcroît, lorsque le conflit qui oppose gouvernement et mouvements indépendantistes s'accompagne de violences, d'actes terroristes, peuvent-ils rester neutres ? Il va de soi que leur regard sur les deux parties et l'enjeu de la confrontation dépend souvent de leur propre positionnement idéologique ou de celui du média pour lequel ils travaillent (Gingras, 2012 : 706), et que leur discours peut être soumis à cette norme éthique (ou pseudo-éthique) que l'on appelle aujourd'hui le « politiquement correct ». Du fait de la polarisation des débats, il est assez fréquent que le discours des médias reflète alors « la virulence du débat politique » (Crettenand, 2014 : 262) et un unique point de vue alors qu'il pourrait, peut-être, contribuer à la régulation du conflit en présentant les arguments des uns et des autres, en rendant intelligible la dissension (Charaudeau, 2011 : 217–238). Le premier article se penche sur l'évolution du traitement médiatique de deux figures du Sinn Féin, Martin McGuinness et Gerry Adams, en se focalisant sur le moment charnière où, d'ennemis avec lesquels le gouvernement britannique ne pouvait négocier, ils sont devenus des interlocuteurs légitimes qu'il fallait présenter en tant que tels pour obtenir le soutien de l'opinion publique britannique. Elodie Gallet confronte la stratégie médiatique du Sinn Féin et l'évolution de la représentation de ce parti politique dans les médias britanniques, notamment la presse et la télévision, alors qu'une censure audiovisuelle concernant le Sinn Féin avait été mise en place en 1988. Ludivine Thouverez-Almansa examine les caricatures mettant en scène la violence terroriste basque de l'ETA, publiées dans les revues satiriques *Por Favor* et *El Jueves*, entre 1974 et 2004. Elle interroge la fonction du dessinateur, à la fois artiste et journaliste, et cherche à déterminer s'il propose une image de la violence terroriste qui se différencie de celle véhiculée par la presse généraliste en Espagne. Alors que, tout d'abord, l'ETA n'est guère pris comme sujet dans ces revues, au fil du temps le dessin construit une image dégradée des terroristes qui se distingue ainsi du discours policé en usage dans la presse. Alexandra Palau s'intéresse à la montée des revendications indépendantistes en Catalogne, suite à la suspension du Statut d'autonomie de la Catalogne par le Tribunal constitutionnel en 2010. Elle analyse le traitement de l'information par *El País*, représentant de la presse nationale, et *El Punt Avui* et *Ara*, deux journaux catalans, autour de deux échéances électorales majeures en 2017, le référendum sur l'indépendance du 1ᵉʳ octobre et la campagne pour les élections autonomiques du 21 décembre. Dans un contexte où les partis politiques privilégient l'opposition frontale à l'émergence d'un débat de fond, la presse est devenue le porte-parole de ces postures et use de stratégies multiples pour imposer un seul point de vue.

La troisième partie s'intéresse aux *Manipulations médiatiques* et peut apparaître comme un prolongement de la seconde puisqu'elle approfondit le questionnement antérieur concernant le crédit accordé à des médias qui ne privilégient pas forcément une information « objective » et « fiable », au service des citoyens (Bernier, 2016 : 54). Comme cela a parfois été dénoncé, le discours des médias peut alors s'apparenter davantage à de la propagande qu'à de l'information ; ainsi des programmes audiovisuels ou des articles de presse élaborent « un contenu trompeur ou inexact » ou promeuvent « des objectifs politiques partisans » visant à susciter « des réactions émotionnelles plutôt qu'une considération rationnelle » (Venturini, 2018 : 20). Dans ce contexte de défiance vis-à-vis des médias, est apparu un nouveau concept, les *fake news* ou fausses nouvelles, utilisé pour stigmatiser ce dévoiement (Proulx, 2018). Toutefois, face à l'accusation proférée contre les médias de véhiculer de fausses nouvelles ou de reprendre, sans les vérifier, les propos de certaines personnalités politiques, le milieu journalistique a mis en place une nouvelle pratique, le *fact-checking*. La première étude de cette partie est consacrée au *fact-checking*, soit le travail d'enquête et de vérification mené par certains journalistes face au déluge d'informations. Laurent Bigot et Jérémy Nicey examinent les conditions d'émergence des rubriques et chroniques de *fact-checking* en France, ainsi que leur fonctionnement. Ils questionnent les rapports de force que fait émerger le *fact-checking* dans le domaine du journalisme politique et, au-delà, de la médiatisation des politiques à partir d'exemples de contenus ciblés entre 2015 et 2017 et d'une trentaine d'entretiens semi-directifs avec des journalistes *fact-checkeurs* français. Ils soulignent, notamment, les limites de cette pratique sur la perception des débats politiques, ainsi que sa faible crédibilité et légitimité auprès des citoyens. Le second article s'intéresse au faux documentaire *Operación Palace*, diffusé en 2014 dans le cadre du programme phare de la chaîne privée espagnole, la Sexta – « Salvados ». Pierre-Paul Gregorio montre comment ce documentaire, censé révéler enfin toute la vérité sur la tentative de coup d'État du 23 février 1981, cherche à déstructurer le discours officiel autour de l'événement, sans cependant vraiment le contredire, faute de preuves irréfutables. La caractéristique de ce *fake-doc* manipulateur est ainsi de remettre en question une « mémoire collective » de l'événement puisqu'il démontre que l'information du spectateur–citoyen est subordonnée aux déclarations des élites, dans une société où elles peuvent largement compter sur la complicité, plus ou moins grande, des médias. Le troisième article étudie la fonction de certains documentaires historiques diffusés par la chaîne publique de Catalogne, TV3, quelques jours avant la célébration de la fête nationale catalane, le 11 septembre 2014, et de quelle façon ceux-ci contribuent à renforcer une certaine conception de la nation et de l'identité catalanes. A travers l'analyse de *El cas dels catalans* (Ventura Durall, 2014), *L'estelada de Verdún* (Felip Solé, 2014) et *Bon cop de falç* (Eloi Aymerich y Esteve Rovira, 2014), Laia Quílez Esteve repère une exaltation du passé catalan et des symboles du nationalisme catalan, que sont l'hymne et le drapeau. Par ces programmes, TV3 continue ainsi à œuvrer, comme elle le fait depuis sa création en 1983, au renforcement du sentiment « indépendantiste » de son public, tout en présentant ses documentaires comme des visions ancrées dans l'histoire – et donc « fiables » – d'une « catalinité » populaire et progressiste.

La dernière partie, *Des documentaires au service d'un discours politiques*, aborde la question de l'engagement du cinéaste dans la cité et son regard sur le fait politique. Si pour certains, les médias ont depuis longtemps abdiqué leur rôle de contre-pouvoir et ont, en fait, pour objectif de « soutenir les politiques gouvernementales et de servir les intérêts des lobbys industriels et militaires, tout en entretenant un silence complice sur leurs méthodes et sur leurs choix » (Watkins, 2015 : 25), alors ce sont des personnalités indépendantes qui peuvent assumer la fonction de pédagogue pour décrypter le monde actuel et ses enjeux politiques. Ainsi, pour Peter Watkins, « le cinéma a un rôle social, et le réalisateur un rôle de médiateur » (Denis, 2010 : 64). Les trois réalisateurs espagnols considérés dans les trois derniers articles correspondent à cette vision du cinéaste dévoilant certains aspects du monde à travers son regard. Le premier article, de María Teresa Nogueroles Núñez, s'intéresse au documentaire *Cada ver es* (1981) de Ángel García del Val, tourné dans les sous-sols de la Faculté de médecine de Valence, et à son personnage central, garçon d'anatomie. Elle décrypte dans ce film un discours métaphorique qui amènerait le spectateur à voir dans le personnage, ancien combattant républicain, reclus dans un univers souterrain, entouré de cadavres, l'image des vaincus et du silence qui leur a été imposé pendant la dictature puis la Transition. La crise économique qu'a connue l'Espagne à partir de 2008 et les conséquences qui en ont découlé ont amené divers réalisateurs à vouloir rendre compte de ce que cela signifiait pour une partie de la population espagnole (Araüna et Quílez, 2018). Les manifestations populaires organisées à la Puerta del Sol, à Madrid, et dans d'autres villes espagnoles, en mai 2011 (15M), ont également suscité l'intérêt de certains cinéastes, désireux de conserver la trace des réflexions menées sur l'état de la nation et de la remise en cause des élites politiques (Sánchez-Rodríguez, 2018). Parmi ceux-ci, on retrouve un cinéaste vétéran, habitué des jeux méta-réflexifs, interrogeant la véracité et les faux-semblants du discours audiovisuel, Basilio Martín Patino. Dans son étude sur deux films de ce réalisateur, *Madrid* (1987) et *Libre te Quiero* (2012), Esther Sánchez-Pardo interroge le regard du cinéaste sur la réalité qu'il filme tout en la questionnant. Elle voit un fil conducteur entre ces deux opus, l'un mêlant fiction et non-fiction, l'autre documentaire : la mise au centre de l'action collective. Si *Madrid* était un film du dialogue et de la réflexion, *Libre te Quiero* élimine tout commentaire pour ne livrer que les images brutes des manifestants de la Puerta del Sol et leurs slogans. Enfin, Claire Decobert analyse le film sur Podemos de Fernando León de Aranoa, intitulé *Política. Manual de instrucciones* (2016). A travers l'étude du documentaire retraçant le processus de construction interne du parti, depuis octobre 2014, et son évolution jusqu'aux élections législatives, prévues le 20 décembre 2015, elle montre comment le cinéaste rend compte des interrogations concernant l'orientation politique du mouvement, le choix des thèmes abordés, et soulève la question de la portée du reportage avant les élections de juin 2016.

Finalement, les études ici réunies offrent donc une série d'analyses permettant d'interroger les choix discursifs opérés par les divers médias considérés et d'illustrer la question de l'hégémonie des récits et de la lutte entre les discours politiques à travers les médias pour imposer son récit ou comme le relève E. Laclau : « on construit, au travers de certains récits, une vision de la réalité, mais cette vision influe également sur le fait de savoir comment cette réalité va être structurée » (2016 : 77).

Bibliographie :

Araüna, Nuria et Laia Quílez Esteve. 2018. « Crisis económica, transformación política y expresión documental : crónica del anhelo (más que del cambio) », *Journal of Spanish Cultural Studies*, vol. 19, n° 4, p. 427–443.

Barnier, Martin. 2010. « Biographie filmée et historiographie » in M. Barnier et R. Fontanel (éds.), *Les biopics du pouvoir politique de l'antiquité au XIXe siècle. Hommes et femmes de pouvoir à l'écran*, Lyon : Aléas cinéma, p. 13–25.

Bernáldez Rodal, Asunción, 2010. « Estrategias mediáticas de "despolitización" de las mujeres en la práctica política (O de cómo no acabar nunca con la división público/privado) » in *Cuadernos de Información y Comunicación*, vol. 15, p. 197-218.

Bernier, Marc-François (dir.). 2016. « L'émergence d'un 5e pouvoir comme source d'imputabilité » in M.-F. Bernier (dir.), *Le cinquième pouvoir. La nouvelle imputabilité des médias envers leurs publics*, Laval : Presses de l'Université de Laval, p. 9–62.

Berrocal Gonzalo, Salomé (coord.). 2003. *Comunicación política en televisión y nuevos medios*, Barcelona : Ariel.

Bourdieu, Pierre. 1981. « La représentation politique. Éléments pour une théorie du champ politique », in *Actes de la Recherche en Sciences sociales*, Paris : Hautes Études en Sciences Sociales, n° 36, p. 3–24.

Burch, Noël et Geneviève Sellier. 2013. *Ignorée de tous sauf du public. Quinze ans de fiction télévisée française 1995–2010*, Paris : INA éditions.

Carrascosa Puertas, Lara. 2020. « Liderazgo político femenino : una comparativa del tratamiento mediático de la primera semana de mandato de Ana Botella y Manuela Carmena », *Política y Sociedad*, 57(1), p. 99–119.

Chandler, Daniel et Rod Munday 2020. *A Dictionnary of Media and Communication*, Oxford, Oxford University Press.

Charbonneaux, Juliette. 2015. *Les deux corps du Président ou comment les médias se laissent séduire par le people*, Paris : Les Petits matins/Celsa Paris-Sorbonne.

Charaudeau, Patrick. 2011. *Les médias et l'information*, Bruxelles : De Boeck.

Clément, Jérome. 2010. « Une influence plutôt indirecte sur la politique », *Revue internationale et stratégique*, « Les médias peuvent-ils changer la politique internationale ? », 2010/2 n° 78, p. 75–79.

Coulomb-Gully, Marlène. 2012. *Présidente, le grand défi : femmes, politique et médias*, Paris : Payot.

Crettenand, Mathieu. 2014. *Le rôle de la presse dans la construction de la paix : le cas du conflit basque*, Paris : L'Harmattan.

Damian-Gaillard, Béatrice, Montañola, Sandy et Aurélie Olivesi (dir.). 2019. *L'assignation de genre dans les médias : attentes, perturbations, reconfigurations*, Rennes : Presses universitaires de Rennes.

Denis, Sébastien. 2010. « Médias et politique chez Peter Watkins. Des jeux du cirque médiatiques aux médias alternatifs » in S. Denis et J.-P. Bertin-Maghit (éds.), *L'insurrection médiatique. Médias, histoire et documentaire dans le cinéma de Peter Watkins*, Pessac : Presses Universitaires de Bordeaux, p. 63–74.

Freedman, Jane. 1997. *Femmes politiques : mythes et symboles,* Paris : L'Harmattan.

Gingras, Anne-Marie. 2012. « Enquête sur le rapport des journalistes à la démocratie : le rôle de médiateur en question », in *Canadian Journal of Political Science / Revue canadienne de science politique*, vol. 45, n° 3, septembre, p. 685–710.

Gómez-Escalonilla, Gloria *et alii*. 2008. « La imagen de la mujer política en los medios de comunicación », *Feminismo/s*, 11, juin, p. 59–71.

Koren, Roselyne. 2008. « "Éthique de conviction" et/ou "éthique de responsabilité". Tenants et aboutissants du concept de responsabilité collective dans le discours de trois quotidiens nationaux français », *Questions de communication*, « La responsabilité collective dans la presse », n° 13, p. 25–45.

Laclau, Ernesto. 2016. « Médias, hégémonie et populisme. Entretien avec Ernesto Laclau » in I. Schuliaquer (éd.), *Les médias et le pouvoir – Six intellectuels en quête de définitions – Vattimo – G.Canclini – Negri – Laclau – Boczkowski – Vommaro*, Paris : L'Harmattan, p. 61–77.

Laurens, André. 1995. « Le droit à l'information », in *Le Monde* 16–17 avril.

Letort, Delphine et Taïna Tukhunen. 2016. « "Inspiré d'une vie". Le genre biopic en question », *LISA*, vol. XIV, n° 2. http://journals.openedition.org/lisa/8949 (consulté le 15–09–2020)

Maigret, Eric (dir.). 2003. *Communication et médias*, Paris : La Documentation française.

Martin, Louis. 1978. « Le rôle des media dans le processus politique », *in Communication Information*, vol. 2, n° 3, automne, p. 129–136.

Mercier, Arrnaud. 2017. « Présentation générale. La communication politique entre nécessité, instrumentalisation et crises » in A. Mercier (dir.), *La communication politique*, Paris : CNRS éditions, p. 15–44.

Mercier, Arnaud 2019. « Présentation générale. Regard sociologique sur le métier et regard critique sur les pratiques » in A. Mercier (dir.), *Le journalisme*, Paris : CNRS éditions. p. 7–41.

Mercier, Arnaud (dir.). 2004. *Télévision et politique*, Paris, La Documentation française.

Nachtergael, Magali. 2012. « L'intime au pouvoir : de la "photogénie électorale" à l'ère du storytelling », *Itinéraires*, « Intime et politique », n° 2, p. 131–140.

Payette, Dominique. 2013. « L'autonomie des journalistes, garante du respect de la déontologie professionnelle », *Ethique publique*, « Enjeux éthiques et pratiques déontologiques du 4ᵉ pouvoir » vol. 15, n° 1. https://journals.openedition.org/ethiquepublique/1056 (consult é le 2-09-2020)

Proulx, Serge. 2018. « L'accusation de fake news : médias sociaux et effets politiques » in Fl. Sauvageau, S. Thibault et P. Trudel (dir.), *Les fausses nouvelles, nouveaux visages, nouveaux défis. Comment déterminer la valeur de l'information dans les sociétés démocratiques ?* Laval : Presses de l'Université de Laval, p. 63–75.

Sánchez-Rodríguez, Julia. 2018. « El 15-M, hacia un cambio constitucional en España a partir de los documentales *50 días de mayo (Ensayo para una revolución)* (Alfonso Amador), *Todos cuentan 15-M* (David Serrano Bouthelier) y *Excelente, revulsivo, importante* (Stéphane M. Grueso) », *Iberoamericana*, n° 69, Madrid / Francfort : Iberoamericana / Vervuert, p. 63–80.

Schuliaquer, Ivan. 2016. « En quête de définitions » in I. Schuliaquer (éd.), *Les médias et le pouvoir – Six intellectuels en quête de définitions – Vattimo – G.Canclini – Negri – Laclau – Boczkowski – Vommaro*, Paris : L'Harmattan, p. 11–18.

Swaelen, Frank. 1994. « Les médias comme facteur de pouvoir dans la politique », Conférence des Présidents des Assemblées parlementaires européennes (La Haye, 24 et 25 juin 1994). https://www.senat.fr/europe/dossiers/conference_presidents/rapport_swaelen_lahaye94.pdf (consulté le 3-09-2020)

Tremblay, Manon. 2000. « Femmes politiques et médias : éléments de réflexion », *Recherches féministes, 13* (2), p. 131–136.

Turbide, Olivier et Guylaine Martel. 2019. « La médiatisation conflic-tuelle des acteurs politiques », *Communication*, vol. 36/2. http://journals.openedition.org/communication/10846 (consulté le 12-09-2020)

Uriarte Bengoechea, Edurne. 2001. « La crisis de la imagen de la política y de los políticos y la responsabilidad de los medios de comunicación » in *Revista de Estudios Políticos*, n° 111, janv–mars, p. 45–64.

Valcárcel, Amelia. 1997. *La política de las mujeres,* Madrid : Cátedra.

Venturini, Tommaso. 2018. « Sur l'étude des sujets populaires ou les confes-sions d'un spécialiste des fausses nouvelles » in Fl. Sauvageau, S. Thibault et P. Trudel (dir.), *Les fausses nouvelles, nouveaux visages, nouveaux défis. Com-ment déterminer la valeur de l'information dans les sociétés démocratiques ?* Laval : Presses de l'Université de Laval, p. 17–37.

Vommaro, Gabriel. 2016. « Le peuple, les gens, la télévision et la politique » in I. Schuliaquer (éd.), *Les médias et le pouvoir – Six intellectuels en quête de définitions – Vattimo – G.Canclini – Negri – Laclau – Boczkowski – Vom-maro*, Paris : L'Harmattan, p. 79–102.

Watkins, Peter. 2015. *Media Crisis*, Paris : Editions L'Echappée.

Weinrichter, Antonio. 2005. *Desvíos de lo real. El cine de no ficción*, Madrid : T&B Editores.

Femmes et hommes politiques sous le regard des médias

Raphaël Jaudon

(Université Lyon 2 / Laboratoire Passages XX–XXI)

Les nouveaux metteurs en scène : la politique française au prisme de son imaginaire cinématographique, de Giscard-Depardon à Hollande-Rotman

Abstract : The purpose of this paper is to question the relationship between cinema and political communication in the recent history of the French Fifth Republic. The working hypothesis claims that power is built up in a way that requires media discourses, but also images and aesthetics. One must be turned into a visual embodiment of power if he or she wants to be seen as politically legitimate. Yet, I intend to demonstrate that cinema can be involved in such a process-if not cinema itself, at least a cinematographic imaginary that remains active even outside the films. To justify and expand on this hypothesis, I will provide a few analyses. First, I will linger over the televisual "rituals" invented by outgoing President Giscard d'Estaing and incoming President Mitterrand in may 1981. Both sequences will prove to be haunted by cinematographic patterns. But it can also be interesting to proceed backwards, looking for communicational traces in the field of auteur documentary. That is the reason why I will then examine the cases of two full-length feature films that echo to each other despite a thirty-eight-year interval: *1974, une partie de campagne* (Raymond Depardon, 1974-2002) and *Le Pouvoir* (Patrick Rotman, 2012).

1. La communication au nom du cinéma

Nous sommes en mai 1981. Quelques jours après sa défaite électorale face à François Mitterrand, Valéry Giscard d'Estaing prononce une dernière allocution télévisée par laquelle il reconnaît sa défaite, tire le bilan de son quinquennat, et fait ses adieux aux Français. Une allocution qui, à bien des égards, semble nourrie de références et de motifs cinématographiques. C'est en tout cas la lecture que propose le critique de cinéma Serge Daney, dans une chronique publiée à l'époque dans *Libération*, sous le titre « Un rituel de disparition », et dans laquelle il commente les images du président sortant à la manière d'une œuvre d'art – comme si la forme primait sur le contenu idéologique, ou plutôt, comme si ce dernier était déjà en partie inclus dans l'esthétique de la séquence.

Du discours d'adieu de Giscard, on ne retient bien souvent que les dernières secondes : l'austère « au revoir » du chef de l'État, suivi d'un long silence durant lequel il se lève pour quitter en même temps la pièce et le cadre. De cette séquence, les commentateurs relèvent parfois le caractère grotesque, suivant en cela les déclarations du principal intéressé, qui confessait n'avoir pas pris conscience de la distance importante entre la table et la porte (Giscard d'Estaing 2006). Ces propos accréditent la thèse du « ratage », mais doivent être nuancés dans la mesure où ils datent de 2006 : Giscard est alors en train de publier ses mémoires, et l'on peut supposer que sa mémoire de l'événement est altérée par les réactions et sarcasmes qu'il a suscités *a posteriori*. Jacques Aumont, dans son ouvrage de synthèse sur la mise en scène au cinéma, semble se rallier à cette lecture lorsqu'il écrit que le seul souvenir de la prestation du président restera « l'incongru quasi burlesque de sa sortie », par opposition au reste de la séquence, dans laquelle il voit simplement « la mise en scène ordinaire de la communication présidentielle » (Aumont, 2012 : 4). C'est oublier que les images en question n'ont rien d'*ordinaire*, comme l'avait bien vu Daney. En effet, le critique note tout d'abord l'excentricité de la mise en scène giscardienne : un discours de plus de sept minutes dans un décor très sobre, là où, habituellement, la télévision ne supporte ni la durée ni le silence. Il fallait au moins cela pour que l'image se charge d'une consistance qui mette en valeur le brusque dézoom final puis le départ du personnage, selon un usage qui rappellera aux plus cinéphiles l'esthétique du plan-séquence d'Orson Welles[1]. Daney ne nomme personne en particulier, mais convoque bel et bien une certaine idée de l'art : « Le plan vide, […] plein encore de l'écho de la présence de l'acteur, tel le lieu du crime après le départ du criminel, nous y sentons un truc de cinéaste » (Daney, 1986a : 41). Si l'on peut parler de mise en scène, c'est alors au sens que lui a donné la critique cinéphile des années 1950-1960 : une manière pour l'auteur d'imprimer sa marque à un film tout en feignant de ne faire confiance qu'à la puissance brute du réel (Astruc, 1959 : 14 ; Labarthe, 1967 : 66). Il s'agit donc de faire converger la morale et le style. Ainsi, bien que le rituel appartienne explicitement au registre de la communication politique, il n'est pas interdit d'y trouver un plaisir habituellement associé à la fréquentation des œuvres d'art : « Ce plan, il faut le dire, est beau. Ce bureau déserté, ces tentures bleuâtres sont beaux. Nous

---

1   Dans une séquence célèbre de *La Splendeur des Amberson* (1942), Welles choisissait d'allier la technique du plan long avec un cadrage quasiment fixe. Ainsi, le plan accumule progressivement de la tension, puis la relâche brutalement dans une explosion finale qui n'en est que plus intense (la crise de larmes de la tante, dans la cuisine).

autres, cinéphiles de la fin du XXème siècle, nous avons une prodigieuse mémoire de ce genre d'effets de mise en scène » (Daney, 1986a: 41).

On pourrait aller plus loin dans l'analyse, en poursuivant l'intuition de Daney. La mise en scène repose ici sur les zooms, suffisamment discrets pour que l'on passe progressivement, et presque sans s'en rendre compte, du plan de taille au gros plan – voire au très gros plan si l'on tient compte des conventions télévisuelles en vigueur, qui privilégient les valeurs d'échelle mesurées. Le regard de Giscard, fixé sur l'objectif comme pour hypnotiser son auditoire, accompagne la transition. Nous retrouvons alors un mélange de gêne et de fascination dont les antécédents sont cinématographiques. On peut penser au film *Monika* (1953) d'Ingmar Bergman, qui associait déjà un très gros plan de visage à un regard caméra prolongé, ou à l'ouverture d'*Orange mécanique* (1972) de Stanley Kubrick, basée sur les mêmes éléments, mais inversés dans l'espace (la caméra est d'abord très proche, puis s'éloigne progressivement du visage).

L'esthétique du pouvoir proposée par Giscard dans cette séquence tranche radicalement avec celle de ses prédécesseurs, comme l'a bien remarqué Jean-Pierre Esquenazi. Ainsi, l'une des attitudes télévisuelles les plus caractéristiques du Général de Gaulle consistait à afficher une expression de retrait hors du monde, en « ne regard[ant] pas la caméra, mais souvent juste à côté (comme un personnage d'un film d'Ozu) » (Esquenazi, 1999 : 46). La référence cinématographique est ici éloquente, et témoigne d'une opposition de *style* entre les deux hommes. Au contraire, Giscard mise sur son « charisme performant » (Esquenazi, 1999 : 138-141) pour briser le quatrième mur et s'adresser frontalement à son auditoire, à grand renfort de zooms et de regards caméra.

Les choix esthétiques de Giscard lui permettent également de se distinguer de son successeur. En effet, deux jours plus tard, Daney commente un second rituel télévisuel : la cérémonie d'investiture de François Mitterrand (Daney, 1986b : 42-43). Le nouveau président répond à l'austérité immersive de son prédécesseur par une proposition plus lyrique : une visite au Panthéon. C'est une partition gestuelle qu'interprète Mitterrand : sans dire un mot, il se détache progressivement de la foule présente autour de lui, rue Soufflot, s'engage dans le bâtiment, et traverse solennellement les salles pour arriver jusqu'aux tombes de Jaurès, Moulin et Schœlcher, et y déposer une rose. À l'intérieur, seules les caméras sont autorisées, preuve que l'événement est construit pour l'image. Le découpage est d'ailleurs pensé comme celui d'un film : la séquence commence par un majestueux travelling arrière qui permet de passer du plan moyen au plan général ; cette échelle est ensuite conservée, si bien que le personnage paraît noyé dans l'architecture néo-classique, avant que la toute fin de l'extrait ne nous ramène à une forme de proximité avec sa figure, toujours impossible. À cette grande variété de mouvements et d'échelles de plan s'ajoutent des motifs visuels récurrents, en particulier l'arche et le seuil, symboles du rite de passage que constitue l'investiture présidentielle.

Pour Daney, cette mise en scène témoigne d'un déplacement dans la condition esthétique de l'homme d'État : contrairement à son adversaire du second tour, Mitterrand est un « acteur exécrable » ; pour gagner, il fallait donc qu'il change de fonction, qu'il devienne « cinéaste » (Daney, 1986a : 41). Ainsi, la visite au Panthéon résonne sous la plume de Daney comme un *remake* du voyage d'Orphée aux Enfers, ou plutôt de ses diverses réinventions cinématographiques, notamment une séquence du *Charme discret de la bourgeoisie* (1972) de Luis Buñuel. Du film, on reconnaît le silence pesant, le traitement onirique de l'espace et la solitude éthérée du personnage principal. Il la compare également avec les excès épiques du pouvoir dans *La Terre des pharaons* (1955) de Howard Hawks et *Ivan le Terrible* (1944-1958) de Sergueï Eisenstein. Un parallèle étonnamment lucide puisque la scénographie au Panthéon a été conçue par un homme de cinéma, Roger Hanin, qui avoue s'être inspiré d'Eisenstein pour imaginer la mise en forme de ce rituel présidentiel[2]. Il revendique en particulier l'influence du film *¡Que viva Mexico!*, récemment retrouvé, qui cherche à établir des liens entre la révolution mexicaine des années 1910 et la grandeur imperturbable du Mexique ancestral – un projet qui pourrait sembler compatible avec le motif mitterrandien de la « force tranquille ». Quelle qu'en soit la raison exacte, la révélation de Hanin démontre que le cinéma et la communication politique partagent à l'époque un même goût pour l'invention formelle.

Le fait que ce double moment médiatique ait retenu l'attention de l'un des plus célèbres critiques de cinéma de sa génération nous invite à y voir un moment clé de l'histoire des représentations du pouvoir. Plus précisément, ce qui se joue ici, c'est à la fois un scénario de convergence et de divergence. Convergence, parce que nous avons affaire à une communication politique qui puise librement dans un imaginaire cinématographique, démontrant du même coup que les logiques du pouvoir ne sont pas si éloignées de celles de l'art. Divergence, parce que si cet imaginaire politique est indéniablement d'origine cinématographique, il se développe pourtant contre *l'institution* cinématographique. La mise en scène politique se fait au nom du cinéma, mais en dehors de son territoire.

---

2   Source : *Antenne 2 Midi*, Antenne 2, 21 mai 1981, URL : http://www.ina.fr/video/ CAB8100648301.

2. La politique, art de la mise en scène

Pour tenter de comprendre cette divergence, il faut revenir sept ans en arrière, lorsque le même Giscard avait été le premier homme politique français à faire appel au cinéma dans le cadre de ses fonctions. Le cinéaste Raymond Depardon avait alors eu l'occasion de le suivre pendant sa campagne électorale, avec des méthodes proches de celles du cinéma direct américain. Le documentaire s'inscrit ici dans une campagne électorale dont on admet aujourd'hui qu'elle a marqué l'irruption décisive du marketing sur la scène politique française (Delporte, 2001 : 116). Preuve que dans ce contexte, le cinéma reste bel et bien présent aux côtés du pouvoir – dans l'ombre de la télévision, certes, mais pour être affecté par l'ombre d'un objet, encore faut-il en être tout proche.

Le film de Depardon, connu sous le titre *1974, une partie de campagne*, marque un tournant dans les rapports entre l'art et la politique en France. On notera en particulier la sérénité de Giscard vis-à-vis du cinéma. Martin Goutte rappelle que « le film fut [...] financé par le candidat Valéry Giscard d'Estaing, désireux de conserver la trace d'une campagne qu'il abordait avec confiance » (Goutte, 2012 : 22). Aujourd'hui, une telle tranquillité ne surprend plus guère, mais à l'époque, elle rompt expressément avec la prudence inquiète de l'ère de Gaulle. Ainsi, alors que le cinéma américain a souvent représenté le sommet de l'État à l'écran, le cinéma français des années 1960 s'est montré plus frileux sur ce point. Si l'on en croit Yannick Dehée, « la personnalité écrasante du général de Gaulle » n'y est pas pour rien (Dehée, 2000 : 154) – rappelons qu'en 1960, Jean-Luc Godard avait été obligé de retirer du montage d'*À bout de souffle* quelques images bien innocentes où l'on apercevait le général descendant les Champs-Élysées. *1974, une partie de campagne* est donc un événement dans l'histoire du cinéma français. En collaborant avec Depardon, Giscard amorce un retour du pouvoir à l'écran, comme si le Président de la République acceptait à nouveau d'être un *personnage* de film.

Mais ce personnage n'est pas n'importe lequel : il est d'abord le personnage de candidat construit par Giscard pour sa campagne, et que Depardon ne fait que reconduire sans le modifier. Comme Kennedy, qui, lors de la campagne de 1960, était parvenu à imposer sa mise en scène à Richard Leacock et Albert Maysles, les auteurs de *Primary*, en ne leur donnant à filmer que des apparitions déjà ritualisées (en meeting, en train de serrer des mains, ou assis à une table d'interview), Giscard propose à la caméra de Depardon d'enregistrer des moments où il est explicitement en représentation. On assiste par exemple à des meetings, où le cadre prend soin de reproduire la stature haute et droite du candidat, et de mettre en valeur son goût pour la composition, au sens pictural du terme. Un classicisme compensé par d'autres moments dans lesquels on aperçoit, cette fois, un Giscard jovial, simple et proche du peuple, servant lui-même le vin blanc et partageant des banalités avec ses électeurs. Ce sont bien les deux versants de l'image médiatique giscardienne que le film reprend : le politicien respectable, et le citoyen décontracté (Delporte, 2008 : 47).

Le film ne se limite toutefois pas à ces moments ritualisés, l'ambition réelle de Depardon étant plutôt de s'intéresser à l'individu Giscard, en dehors du périmètre médiatique (Gerstenkorn, 2016 : 94). Pour certains commentateurs, il faut y voir l'effet des techniques du cinéma direct, comme si, à force d'immersion, la caméra pouvait se faire oublier des individus, et atteindre un degré supérieur de vérité (Le Bart, 2017 : 44). Mais n'est-ce pas plutôt le contraire ? N'est-ce pas plutôt Giscard qui se sert du film pour *rendre publics* des moments plus intimes, marqués du sceau de la spontanéité, certes, mais allant tout de même dans le sens de l'image construite par sa campagne ? Par exemple, le romantisme et la simplicité de la marche en forêt, au début du film, s'intègrent fort bien à la valorisation de la jeunesse sur laquelle repose le plan de communication du candidat. Selon les mots de Depardon, Giscard est alors « prêt à tout montrer » (de Baecque et Thénard, 2002), y compris les secrets du travail de communication. Le marketing politique est pleinement assumé, et n'apparaît à aucun moment comme un secret honteux que seule la caméra aurait pu révéler au grand jour.

Une scène illustre bien ce double jeu : celle dans laquelle le futur président se rend dans un bistrot du Val-de-Marne avec son équipe, suivi par quelques photographes chargés d'immortaliser ce moment d'humilité. D'un côté, Giscard y est parfaitement conscient d'être filmé, et probablement conscient de la simplicité qui se dégage de la scène ; il prévient la tenancière qu'elle va finir sur « le film de la campagne », puis se met à évoquer le choix du titre comme s'il en était le seul responsable. Il semble alors considérer le film comme *son* objet, et comme une antenne de communication supplémentaire à sa disposition. De l'autre côté, cette mise en scène à destination des médias se double d'une seconde mise en scène, celle de Depardon. À l'opposé du style adopté dans le reste du film, le cinéaste choisit en effet de privilégier les gros plans, faisant ainsi disparaître l'ancrage spatial et contextuel de la scène, et isolant le potentiel grotesque de cet apéritif bière-saucisson méticuleusement calculé.

Au fond, la représentation du pouvoir au cinéma est toujours une représentation *au deuxième degré* – la mise en scène d'une mise en scène, pourrait-on dire en suivant les intuitions de Daney. Le terme n'est pas seulement métaphorique : dans un cas comme dans l'autre, il est bien question d'un maître d'œuvre cherchant à ordonner esthétiquement le réel, à décider de ce qui doit être perçu et de la manière dont les choses doivent être perçues. François Albera propose même d'en tirer une méthode d'analyse de films, en distinguant simplement ce qui relève de la « mise en scène sociale » et ce qui relève de la « mise en scène cinématographique » (Albera, 2000 : 226-227). Qu'il soit toujours possible d'identifier nettement la différence entre les deux, on est en droit d'en douter. Mais l'hypothèse permet au minimum d'éviter les deux tentations extrêmes que sont, d'un côté la croyance dans l'objectivité du cinéma, de l'autre l'imaginaire du mensonge et de la manipulation médiatique.

Pour le dire autrement, *1974, une partie de campagne* est, à proprement parler, l'œuvre de *deux* metteurs en scène, et le résultat du rapport de concurrence qui existe entre eux. À plusieurs reprises, Depardon semble d'ailleurs prendre un malin plaisir à remettre à sa place son homologue en le présentant comme un simple *produit* du film. Par exemple, on assiste à l'annonce des résultats en compagnie d'un Giscard pensif, presque inerte, simple spectateur de celle dont il avait pourtant fait son alliée principale pendant la campagne : la télévision. Et c'est également le cas dans la séquence d'ouverture, où l'on voit Giscard marcher dans les bois, solitaire et silencieux, tandis qu'une voix over rapporte au discours direct sa première allocution publique en tant que candidat à l'élection présidentielle. Le politicien perd son statut de metteur en scène. Il redevient acteur, et même moins que cela puisque son texte est récité par quelqu'un d'autre : un acteur dont il ne reste que le corps.

Peut-être faut-il voir dans cet épisode l'acte de naissance d'une frustration politique, celle de ne pouvoir être à la fois l'auteur, le metteur en scène et l'interprète de la partition du pouvoir. Et cela pourrait expliquer le brusque changement d'attitude de Giscard vis-à-vis du cinéma. En effet, après une courte période d'euphorie, le président fera interdire la diffusion du film jusqu'en 2002, et ce, alors même que dès les premiers mois de son septennat, il avait annoncé vouloir supprimer définitivement toute forme de censure sur les films (Hervé, 2015 : 493). Il se concentrera finalement sur l'instrument le moins susceptible de perturber la mise en place de son programme rhétorique et esthétique : la télévision, dont il restera le premier grand réformateur dès 1974 (Sauvage et Veyrat-Masson, 2012 : 140). À la lumière de cet exemple, la rencontre du pouvoir français avec le cinéma ressemble donc bel et bien à une rencontre manquée.

3. Le temps de la réconciliation ?

Les échanges entre ces deux territoires ne cessent pas totalement pour autant. Ainsi, comme je l'ai montré précédemment, on trouve encore des motifs cinématographiques dans la communication télévisuelle de Giscard à la fin de son septennat. Mais du fait des tensions générées par la première expérience cinématographique du président, il semble que cette influence ne pouvait prendre la forme que d'un *imaginaire*, et non d'une présence réelle.

Si l'on s'en tient aux périodes électorales, qui sont incontestablement des moments privilégiés de communication politique, il semble que l'écart entre pouvoir et cinéma n'ait cessé de se creuser après Giscard et Mitterrand. Les professionnels de la politique, devenus des professionnels de l'image, tendent à privilégier les formes télévisuelles, aux résultats plus prévisibles ; dans le même temps, les institutions médiatiques s'imposent progressivement comme seules dépositaires de la parole politique (Esquenazi, 1999 : 268). Une prise de pouvoir qui se fait au détriment de la photographie et du cinéma documentaire. Ainsi, dans le paysage post-mitterrandien, rares sont les films de campagne à avoir trouvé leur chemin jusqu'aux salles de cinéma ; le cas échéant, il s'agit majoritairement de fictions, comme *La Conquête* (2011) de Xavier Durringer, ou d'objets hybrides inspirés de formats télévisuels, comme *Ségo et Sarko sont dans un bateau* (2007) de Karl Zéro et Michel Royer, dont la forme est plutôt celle de l'*infotainment*, que Karl Zéro a lui-même contribué à populariser sur Canal+ à partir de 1996.

Pour évaluer le résultat de ce processus, je propose d'analyser brièvement un film plus récent, aux allures de contre-exemple, ou du moins, de tentative de réconciliation : *Le Pouvoir* de Patrick Rotman, documentaire de 2012 sur les premiers mois du quinquennat Hollande. Rotman, cinéaste habitué aux figures de pouvoir, mais souvent cantonné à un regard rétrospectif[3], renoue ici avec la tradition du direct. On se souvient qu'en 2002, Raymond Depardon pensait avoir été « le premier et le dernier » à pouvoir rester suffisamment longtemps au contact d'un homme politique pour endormir sa vigilance et saisir quelques instants de vérité, et il estimait qu'il serait probablement « impossible » de refaire aujourd'hui ce qu'il avait fait avec Giscard (de Baecque et Thénard, 2002). C'est pourtant l'ambition de Rotman que de réitérer la performance, de se tapir dans l'ombre du pouvoir pour épier ses agissements quotidiens. Le cinéaste semble d'ailleurs assumer le voyeurisme du projet, comme en témoigne l'affiche promotionnelle du film : une porte du palais de l'Élysée, finement entrebâillée, par laquelle on aperçoit François Hollande, de dos, l'image étant complétée par une phrase d'accroche du même acabit (« Vous n'en avez jamais été aussi près »).

Le Pouvoir n'est pas à proprement parler un film de campagne puisqu'il commence juste après l'élection de Hollande, au moment de son entrée en fonction.

---

3   Voir notamment *De Gaulle : Le retour* (1998), *François Mitterrand ou le roman du pouvoir* (2000), *Chirac, le jeune loup* et *Chirac, le vieux lion* (2006) ou encore *Lionel raconte Jospin* (2010).

Le titre indique que le pouvoir est déjà conquis : « Rotman filme l'après, c'est-à-dire le confort après l'effort, le calme après la bataille, l'heure de l'installation dans les nouveaux locaux dorés, la sourdine du pouvoir acquis et dont on découvre sagement les usages » (Vasse, 2013 : 122). Toutefois, on constate très vite que ce pouvoir qui semblait donné *a priori* reste encore à construire, et qu'il sera construit, précisément, par l'image. Ainsi, dès la cinquième minute, on assiste à la genèse du portrait officiel d'entrée en fonction de François Hollande, réalisé par Depardon et filmé par Rotman. L'épisode réactive évidemment la mémoire du film de 1974, au travers d'une double médiation, photographique et cinématographique. La séquence répond d'ailleurs à un même problème : comment faire de la figure présidentielle un *personnage* de film ?

Rotman commence par planter le décor, à l'aide de quelques plans fixes qui permettent d'identifier les jardins de l'Élysée. Grâce au montage, on passe du bâtiment officiel au studio photographique provisoire, les éléments végétaux jouant le rôle de seuil symbolique entre ces deux espaces. Le personnage arrive ensuite à l'écran, depuis le bâtiment principal, puis se détache progressivement du groupe qui l'accompagne pour aller saluer Depardon. Le président, littéralement, s'extirpe de sa fonction pour entrer sur la scène dédiée à l'image ; il passe du statut de personnage politique à celui de personnage cinématographique. Une transition accentuée par le cadrage de Rotman, qui isole la figure de Hollande et le laisse seul à l'écran pendant quelques secondes, dans une image qui rappelle curieusement l'ouverture de *1974, une partie de campagne*.

À ce stade, nous sommes encore au tout début du film. C'est d'ailleurs la première fois que l'on entend la voix de Hollande en son in ; avant cela, le spectateur a simplement pu assister à son arrivée à l'Élysée, filmée de loin au téléobjectif, et à une courte scène en intérieur avec explication du président en voix *over*. Grâce à un effacement relatif du dispositif filmique, nous vivons les premiers moments de proximité avec le nouveau chef de l'État. Or, toute la séquence est placée sous le signe de la construction d'une photographie, comme si c'était l'image, et non l'élection, qui faisait le président – l'image, ou plus précisément, *le portrait*. Car c'est bien de cela qu'il s'agit : tout juste couronné, le monarque doit encore être représenté en possession de sa couronne pour que son pouvoir soit effectif. La scène fonctionne à la manière de la peinture de cour, dont le philosophe et historien de l'art Louis Marin nous a appris qu'elle n'était pas seulement le résultat du pouvoir, mais une étape de son institution. Ainsi, dans *Le Portrait du roi*, il écrit que le tableau assure dans un même mouvement « la négation et la conservation de l'absolu de la force » (Marin, 1981 : 12) : négation, parce que la toile peinte ne blesse personne, et que la force se trouve donc « en paix dans les signes qui la signifient et la désignent » ; conservation, parce que la puissance politique gagne à ne pas s'exercer frontalement, et qu'elle ne saurait être mieux démontrée que par la capacité du monarque à se rendre maître et possesseur du visible.

C'est précisément cela que filme Rotman dans l'ouverture du *Pouvoir* : en nous donnant Hollande comme image avant de nous le donner comme président, il affirme implicitement que le portrait précède le pouvoir. L'un comme l'autre ont en commun d'organiser la réalité en y délimitant, d'un côté une *scène*, une zone de visibilité privilégiée, et de l'autre un *public*, dont la cohérence dépend de la parfaite convergence des regards vers le monarque. Dans ce processus, ce qu'il s'agit de regarder, c'est moins le corps physique du souverain que son image, comme l'illustrent les plans de Hollande et de son équipe, unanimement penchés sur l'écran de l'ordinateur qui leur sert à visualiser les essais photographiques. Ici, le film met en scène la capacité du portrait à constituer son propre public. Mais cela ne suffit pas : il faut ensuite que la caméra passe de l'autre côté, qu'elle *éprouve* l'efficacité du portrait. C'est la raison pour laquelle, quelques plans plus loin, nous avons cette fois un portrait qui *nous regarde* – nous, les spectateurs, mais aussi nous, les citoyens. Aboutissement logique de la séquence, ce plan rejoint l'affirmation de Marin selon laquelle, dans le cas du portrait royal, la relation regardant-regardé est inversée : c'est le spectateur qui est « regardé par le Monarque, il est l'objet de son regard, […] constitué par ce regard même et assujetti par lui » (Marin, 1983 : 86). Le dominant, celui qui mérite d'être regardé, est toujours en même temps celui dont l'image s'affirme comme point d'origine de la perception.

Conclusion : le paradoxe du documentaire politique

Ces deux films illustrent un problème similaire, que l'on pourrait appeler *le paradoxe du documentaire politique*. Ce paradoxe s'énonce ainsi : en un sens, le souverain sort nécessairement grandi de sa représentation, ne serait-ce que parce qu'elle le place au centre du film, au centre des regards, et atteste donc de sa légitimité à occuper la première place parmi ses semblables ; mais dans le même temps, pour exister en tant que personnage, il doit renoncer à une partie de ses privilèges politiques et accepter de devenir *l'objet* du film. Ainsi, dans les deux exemples présentés ici, il y a toujours une ambiguïté quant au statut figuratif du président, à la fois metteur en scène de lui-même et personnage du film d'un autre. Chez Depardon, cette tension était au cœur même de l'écriture documentaire. C'est pourquoi le film se présentait en définitive comme une lutte entre deux volontés de mise en scène du réel. Chez Rotman, au contraire, il semble que l'ambiguïté soit résolue dès le début du film. Le portrait opère en effet un retournement de la perception : ce n'est plus le film qui montre le président, c'est le président qui s'offre au regard de la caméra, et par là même, réaffirme pleinement son rôle de metteur en scène.

Dans un article de 1976 sur le cinéma de Joris Ivens et Marceline Loridan, Serge Daney écrivait la phrase suivante : « Le naturalisme est une technique qui reconduit quelque chose qui lui préexiste : la société en tant qu'elle est déjà une mise en scène » (Daney, 1976 : 25). L'affirmation semble d'autant plus pertinente dans le cas de l'activité politicienne, dont il décrira longuement la dimension rituelle cinq ans plus tard dans ses chroniques télévisées. Dans l'équation cinéma-politique, la question de l'authenticité ou de la neutralité des images semble donc bien accessoire. *Le Pouvoir* n'est ni plus ni moins « vrai » que *1974, une partie de campagne*. Comme lui, il est une tentative d'appliquer les techniques du cinéma direct à une réalité déjà codée, déjà mise en scène. Osons le paradoxe : un documentaire sur une fiction.

À la lumière de ce paradoxe, il y a deux manières de lire l'événement que constitue *Le Pouvoir* dans l'histoire du documentaire politique. On peut y voir l'indice d'une réconciliation entre l'État et l'art, le premier se montrant prêt à céder une partie de son fantasme de maîtrise en échange d'une forme de légitimation esthétique. Une lecture qui va dans le sens de la volonté de Hollande d'avoir recours à un artiste établi pour réaliser son portrait. On peut y voir au contraire une revanche du pouvoir étatique, d'abord pris en défaut en 1974, et finalement doublement vainqueur : en 2002, avec la sortie du film de Depardon, devenu bien inoffensif au fil des années, puis en 2012, où le même Depardon accepte de passer du documentaire de campagne à la forme plus contraignante du portrait présidentiel, tandis que Rotman accepte de se faire le dépositaire d'une image dont il n'est pas l'auteur.

Ce qui est certain, c'est que l'écart entre ces deux exemples témoigne d'une évolution dans les rapports entre ces deux castes de metteurs en scènes que sont les cinéastes et les politiciens ; l'hypothèse de Daney, selon laquelle il est possible de lire le pouvoir à l'aune de son esthétique, permet de prendre la juste mesure d'une telle évolution. Et pourtant, il reste quelque chose qui se maintient entre 1974 et 2012 : la tentation cinématographique du pouvoir – preuve que les images sont encore, aujourd'hui plus que jamais, un instrument privilégié de lutte politique.

Bibliographie

Albera, François. 2000. « Mise en scène et rituels sociaux », in Aumont, Jacques (éd.), *La Mise en scène*, Paris/Bruxelles: De Boeck Université, p. 219-31.

Astruc, Alexandre. 1959. « Qu'est-ce que la mise en scène ? », *Cahiers du cinéma*, p. 13-16.

Aumont, Jacques. 2012 [2010]. *Le Cinéma et la mise en scène*, Paris: Armand Colin.

de Baecque, Antoine/Thénard, Jean-Michel. 2002. « L'inédit de Depardon sur Giscard, visible 28 ans après », *Libération* [en ligne].

Chauveau, Agnès. 2003. « L'homme politique et la télévision », *Vingtième Siècle. Revue d'histoire*, p. 89-100.

Daney, Serge. 1976. « La remise en scène », *Cahiers du cinéma*, p. 20-26.

———. 1986a [1981]. « Un rituel de disparition (Giscard) », in *Ciné journal : 1981-1986*, Paris: Cahiers du cinéma, p. 39-42.

———. 1986b [1981]. « Un rituel d'apparition (Mitterrand) », in *Ciné journal : 1981-1986*, Paris: Cahiers du cinéma, p. 42-45.

Dehée, Yannick. 2000. *Mythologies politiques du cinéma français (1960-2000)*, Paris: Presses Universitaires de France.

Delporte, Christian. 2001. « Image, politique et communication sous la Cinquième République », *Vingtième Siècle. Revue d'histoire*, p. 109-23.

———. 2008. « Quand la peopolisation des hommes politiques a-t-elle commencé ? », *Le Temps des médias*, p. 27-52.

Esquenazi, Jean-Pierre. 1999. *Télévision et démocratie : Le politique à la télévision française, 1958-1990*, Paris: Presses Universitaires de France.

Gerstenkorn, Jacques. 2016. « Le discours politique à l'épreuve de l'essai documentaire (*1974, une partie de campagne* de Raymond Depardon) », *Mots. Les langages du politique*, p. 93-98.

Giscard d'Estaing, Valéry. 2006. « Je ne pense ni à la mort ni à la postérité », *L'Express* [en ligne].

Goutte, Martin. 2012. « *50,81%* (Depardon, 1974) : la victoire en (dé)chantant », in Gerstenkorn, Jacques/Goutte, Martin (éd.), *Cinémas en campagne : De la chronique électorale à la fiction politique*, Lyon: Fage, p. 22-24.

Hervé, Frédéric. 2015. *Censure et cinéma dans la France des Trente glorieuses*, Paris: Nouveau monde.

Labarthe, André. 1967. « Mort d'un mot », *Cahiers du cinéma*, p. 66.

Le Bart, Christian. 2017. « Le documentaire de campagne présidentielle : l'exhibition des coulisses », *Télévision*, p. 39-56.

Marin, Louis. 1981. *Le Portrait du roi*, Paris: Minuit.

———. 1983. « Du sublime en politique. Le portrait du monarque », *Procès. Cahiers d'analyse politique et juridique*, p. 79-100.

Rivette, Jacques. 1954. « L'âge des metteurs en scène », *Cahiers du cinéma*, p. 45-48.

Sauvage, Monique/Veyrat-Masson, Isabelle. 2012. *Histoire de la télévision française de 1935 à nos jours*, Paris: Nouveau Monde.

Vasse, David. 2013. « Une table à l'Élysée. À propos du *Pouvoir* de Patrick Rotman (2013) », *Double jeu*, p. 117-122.

Pierre-Emmanuel Guigo

(Université Paris-Est Créteil, CRHEC)

Construction et déconstruction d'un « chouchou de l'opinion », la réception de la communication de Michel Rocard par les médias français de 1974 à 1995

Abstract: In this article we show the evolution of the public image of the former socialist Prime Minister Michel Rocard. The support of the media was one of his most important resource during his ascent in the 1960 and 1970's. But after he failed to be the socialist candidate for the 1981 presidential election, he was often decribed by journalists as a loser. Michel Rocard himself became contemptuous of the media and their impact on political debate. This negative relationship peaked during his 3 years as Prime Minister (1988–1991). At the end of the 1980's, Michel Rocard was more and more often described as an incomprehensible political leader. But after he gave up on his dreams of being a presidential candidate, his image in the media changed completely. He was described as a wise man and an honest political leader until his death in 2016.

Alain Duhamel, fin connaisseur de la vie politique française et proche de Michel Rocard depuis les années 1960, découvre un autre homme à Matignon : « Depuis qu'il est entré à l'hôtel Matignon, Michel Rocard a perdu sa langue. Le Premier ministre s'en tient strictement au service minimum en matière de communication. Il répugne visiblement à commenter les événements. Il ne s'exprime que ponctuellement, comme à regret sur des dossiers bien précis. (...) Encore y a-t-il un paradoxe à découvrir, ainsi, le plus volubile des dirigeants de la gauche devenu soudain le moins bavard de tous, le plus conceptuel des hiérarques socialistes tenir désormais le langage le plus étroitement pratique voire prosaïque et le plus imaginatif (parfois imprudent) des princes du PS faire de la circonspection sa vertu cardinale ». (Alain Duhamel, *Le Point,* 14 août 1989).

Aujourd'hui lorsqu'on évoque la communication de Michel Rocard, il vient à l'esprit de beaucoup un homme politique peu compréhensible, au débit rapide et saccadé, prononçant des phrases complexes et interminables. Cette image a largement été promue par *Les Guignols de l'Info,* l'émission satirique de Canal Plus, caricaturant un Michel Rocard finissant irrémédiablement ses phrases

alambiquées par un mystérieux « anaha ». Toutefois, comme en témoigne dans
cette citation Alain Duhamel, cette image d'un Michel Rocard incompréhensible n'a pas existé de toute éternité. C'est véritablement à partir de son passage
à Matignon entre 1988 et 1991 qu'elle s'impose. Jusque-là, Michel Rocard donne
même plutôt l'impression de compétences supérieures en termes de communication par rapport à ses contemporains. On vante même à la fin des années
1970 sa pédagogie télévisuelle, nettement supérieure à celle d'un François Mitterrand et son talent de séducteur de l'opinion. Cette capacité à se fondre dans
le moule médiatique, à se positionner en tête des sondages, va même contribuer à favoriser son ascension. Il tente de s'appuyer sur ces ressources nouvelles
dans la vie politique française pour bousculer de l'extérieur l'hégémonie de
François Mitterrand sur le Parti Socialiste et ainsi se substituer à lui comme
candidat socialiste à l'élection présidentielle de 1981. Lorsqu'on demande à un
journaliste américain lequel des politiques français lui semble le plus en phase
avec ce qui se fait aux Etats-Unis en matière de communication moderne, il
répond sans hésiter : « Michel Rocard. Il est très articulé. Il a un grand sens de
la publicité »[1]. Mais sa capacité à séduire le public va peu à peu disparaître dans
les années 1980 et laisser place à cette image de mauvais communicant, restée
depuis.

Dès lors, nous nous demanderons comment l'image de Michel Rocard a
été déconstruite par les médias au cours des années 1980 pour forger le stigmate de l'incompréhensible, alors qu'auparavant ils avaient largement participé à l'essor d'une image favorable. Pour mener cette recherche, nous nous
sommes appuyés sur notre thèse soutenue en 2016 à Sciences Po et intitulée
« Le complexe de la communication, Michel Rocard entre médias et opinion,
1965–1995 ». Nous avons utilisé le fonds que Michel Rocard a déposé en 2011
aux Archives Nationales (680AP), les archives que nous ont confiées plusieurs
de ses conseillers (Pierre Zémor, Jean-François Merle, Bernard Spitz, Gérard
Colé), ainsi que les documents que Michel Rocard a conservés à son domicile,
classés par nous à sa demande. Nous avons également réalisé dans le cadre de
cette thèse une centaine d'entretiens auprès de son entourage et du monde journalistique de l'époque. Les archives des médias n'ont pas non plus été oubliés
avec les fonds de l'Inathèque sur la période étudiée, ainsi que les dossiers de
presse de Sciences Po.

Nous nous intéresserons d'abord à la construction progressive de l'image de
Michel Rocard comme potentiel nouveau leader pour la gauche non-communiste,

---

1   INA, TF1, *JT1 Nuit*, 27 décembre 1981.

de la fin des années 1960 jusqu'au début des années 1980. Puis, dans un second temps, nous verrons comment cette image est déconstruite médiatiquement (1981–1995). Enfin, nous étudierons son image après son retrait du devant de la scène politique à partir de 1995. Nous nous demanderons enfin comment se reconstruit une image plus positive de lui aujourd'hui.

1. La construction d'un nouveau leader pour la gauche (1967–1981)

1.1 Le visage de la génération 68

C'est à la fin des années 1960 que Michel Rocard devient véritablement une personnalité politique connue du grand public. Jusque-là, il est un des jeunes espoirs du Parti socialiste unifié (PSU), scission de la SFIO, petit parti, mais où se renouvelle la doctrine socialiste dans le courant des années 1960 (Castagnez, 2013). Haut fonctionnaire au sein de l'Inspection des Finances, Michel Rocard milite même avec un nom d'emprunt : Georges Servet. Toutefois, son vrai nom est rendu public pour la première fois lors du colloque de Grenoble organisé sous la houlette de Pierre Mendès France en 1966 et qui regroupe l'intelligentsia de la gauche non-communiste. L'année suivante, il prend la tête de son parti, profitant d'un désaccord interne autour d'une union entre le PSU et la Fédération de la gauche démocratique et socialiste conduite par François Mitterrand. A seulement 37 ans, il est ainsi le leader de son organisation politique. Il va être la tête de file des prochaines élections, notamment en juin 1968, mais surtout lors de l'élection présidentielle de 1969 à laquelle il est candidat. Grâce aux émissions de la campagne officielle, il se fait ainsi connaître de tous les téléspectateurs par un style qui détonne avec celui des autres postulants. Sa jeunesse contraste avec la moyenne d'âge avancée des concurrents. Il modère également le discours officiel du PSU nettement révolutionnaire pour ne pas effrayer le grand public et montre ainsi un visage tout à la fois plein d'énergie, mais rassurant. Grâce à Roland Cayrol et Claude Neuschwander, il a pu s'entraîner par le biais du *videotraining* avant les premiers enregistrements, ce qui lui permet d'être très à l'aise avec le petit écran (Guigo, 2013 : 88). Pour beaucoup, il paraît dans cette campagne comme le candidat incarnant le mieux le mouvement de Mai 68 dont il fut un des participants actifs. Au final, son score restera modeste (3,6% des voix), mais assez proche de celui de la SFIO (5%). Maurice Duverger, l'un des pères de la science politique française lui consacre, suite à la campagne, un portrait élogieux intitulé « Révélation d'un jeune leader ». Il y constate la mort de « la vieille gauche » « social-démocrate » et place tous ses espoirs dans le jeune Secrétaire national du PSU : « Il reste important qu'un jeune leader se soit révélé et qu'il ait aidé à poser les problèmes dans leur véritable perspective. C'est une petite lueur dans la nuit qui enveloppe aujourd'hui la gauche »[2]. Que cette analyse soit publiée dans *Le Nouvel Observateur* n'a rien d'un hasard. Michel Rocard s'attire déjà la sympathie de la presse de centre-gauche qui se renouvelle alors. Il devient rapidement le « chouchou » du *Nouvel Observateur*, de *Témoignage Chrétien*, et d'une partie de la rédaction du *Monde* à la recherche d'un renouveau socialiste que ne semble plus incarner un François Mitterrand marginalisé au moment de Mai 68.

Ces espoirs vont pouvoir se concrétiser quelques mois plus tard à l'occasion d'une législative partielle dans la IVème circonscription des Yvelines. Michel Rocard qui s'y est déjà présenté en 1967 et 1968 retente sa chance, cette fois contre le Premier ministre sortant, Maurice Couve de Murville. Il parvient à se qualifier pour le second tour et obtient le retrait à son profit du candidat communiste. Quant au candidat centriste, il trouve là une occasion de se venger de la défaite d'Alain Poher à l'élection présidentielle et appelle implicitement à voter pour Michel Rocard. A la surprise générale, ce dernier est élu député, le seul parlementaire de son parti. Son arrivée à l'Assemblée Nationale est un véritable triomphe. Il reçoit les acclamations de toute la gauche et François Mitterrand monte même le saluer. Il fait une entrée remarquée dans les sondages, se hissant dès ce moment à la première place à gauche[3].

1.2 Le stigmate gauchiste

Toutefois, cette aura va peu à peu s'éroder dans les années suivantes. Son parti a profondément changé après Mai 68. Etant une des seules organisations politiques à avoir participé aux manifestations, le PSU connaît alors une hausse fulgurante de ses adhérents. Mais beaucoup sont alors influencés par le maoïsme ou le guevarisme et prônent une action révolutionnaire plus directe, voire même pour les plus radicaux, utilisant la violence.

Michel Rocard est obligé de suivre ses troupes pour ne pas perdre le contrôle de son parti. Il gauchise nettement son discours. De plus en plus, il est décrit par la presse comme un leader gauchiste, à la tête d'un parti qui n'en finit plus de se diviser. Les principaux médias grand public délaissent ce jeune leader au discours de plus en plus inquiétant. De 12 passages télévisés en 1969, il tombe à 4 en 1970 et plus aucun en 1971 (Guigo, 2013 : 109). Sa cote dans l'opinion

---

2   *Le Nouvel Observateur*, 3 juin 1969.
3   Archives du CEVIPOF, *Sondages*, vol. 32, n° 2, 1970.

va peu à peu décliner, d'autant que le Parti socialiste retrouve de la vigueur sous la houlette de François Mitterrand. Le programme commun de gouvernement qui se met en place en 1971 entre le PS, le PCF et le Parti radical va également contribuer à marginaliser un PSU qui refuse de rejoindre le mouvement d'union de la gauche. Aux élections législatives de 1973, le PSU est balayé, Michel Rocard n'est pas réélu député et le parti ne compte plus aucun parlementaire. Celui qui n'est plus qu'inspecteur des Finances choisit alors de se rapprocher du Parti socialiste qu'il rejoint finalement en octobre 1974, après avoir participé à la campagne présidentielle de François Mitterrand quelques mois plus tôt. Il va chercher désormais à gommer ce stigmate gauchiste qui a pesé sur son image jusque-là afin de revenir à ses fondamentaux : la compétence économique et l'incarnation de la « modernité » de gauche.

1.3 Le socialiste « moderne »

Après le nouvel échec de la gauche à l'élection présidentielle, c'est en tant qu'expert économique que Michel Rocard s'impose comme une figure fondamentale du PS. Il fait partie des « têtes d'œuf » venues de la haute administration que le parti met en avant dans les médias afin de rassurer l'électorat sur ses capacités à parvenir au pouvoir et gérer les affaires du pays (Fulla, 2015). Cela permet à Michel Rocard de recentrer son discours en apparaissant comme le principal représentant de l'aile modérée au sein du PS. Il défend le programme commun qu'il avait rejeté à l'époque du PSU, mais mollement. La doctrine socialiste qu'il prône ne rompt pas avec le capitalisme contrairement aux mots d'ordre officiels du PS. Cette prise de distance avec la ligne officielle du parti va s'accentuer au moment de la rupture du programme commun en novembre 1977. Là où François Mitterrand choisit d'être « unitaire pour deux », Michel Rocard ne trouve aucun intérêt à suivre le PCF dans la surenchère programmatique. Ses ambitions sont de plus en plus marquées et lorsque la gauche est à nouveau défaite aux législatives de mars 1978, il n'hésite plus à se présenter en recours. C'est une guerre ouverte qui l'oppose désormais au Premier secrétaire du PS, François Mitterrand, et qui connaît son apogée au moment du Congrès de Metz. Si le Premier secrétaire finit par l'emporter dans la bataille interne, Michel Rocard compte l'essentiel de ses soutiens à l'extérieur. Dans la presse d'abord qui renoue avec celui qu'elle avait déjà porté aux nues à la fin des années 1960. Le champ de ses soutiens s'étend même. Les journalistes de télévision se prennent aussi de sympathie pour celui qui leur semble mieux incarner qu'un François Mitterrand, vieillissant et à nouveau défait, la modernité de la gauche. Michel Rocard multiplie en 1978 et 1979 les émissions de télévision comme *Cartes sur table*, l'émission politique phare d'Antenne 2. Il y apparaît nettement plus à son aise que François Mitterrand réputé mauvais lors de ses passages télévisés et qui n'a pas résisté au débat présidentiel de 1974 face à Valéry Giscard d'Estaing (Delporte, 2007 : 268). A une époque où s'accroît le rejet d'un discours techno-cratique ou trop marqué idéologiquement, Michel Rocard est réputé auprès des journalistes pour son « parler vrai ».

Sa cote dans les sondages s'envole à nouveau. Mais leur poids s'est considé-rablement accru depuis le début des années 1970. Ils sont désormais devenus un élément central du discours médiatique, notamment en ce qui concerne l'évaluation des chances des différents candidats (Blondiaux, 1998). La meil-leure image de Michel Rocard dans l'opinion en fait bientôt un candidat plus crédible qu'un François Mitterrand, donné largement perdant face à Valéry Giscard d'Estaing pour la présidentielle. Minoritaire à l'intérieur du parti, Michel Rocard cherche alors à s'appuyer sur le soutien des médias et de l'opi-nion pour pousser François Mitterrand à renoncer de lui-même. Le 19 octobre 1980, il annonce même à la télévision sa candidature à l'élection présidentielle[4]. Mais cette stratégie ne fonctionnera pas, François Mitterrand choisit à nouveau d'être candidat le 6 novembre, et Michel Rocard conformément à une promesse faite au Congrès de Metz dans le but de ne pas diviser le parti, préfère s'effacer devant lui.

2. Construction d'une figure désuète et incompréhensible (1981–1995)

2.1 Des médias qui croient de moins en moins en ses chances

Après cet échec, Michel Rocard garde toutefois espoir d'être de nouveau candi-dat à l'élection présidentielle. Mais l'image de « loser » va peu à peu lui être acco-lée. Au début des années 1980, alors qu'il devient ministre du Plan (1981–1983), puis de l'Agriculture (1983–1985), suite à la victoire de François Mitterrand à l'élection présidentielle, il reste encore une personnalité très populaire. A tel point que lorsqu'il démissionne du gouvernement en 1985, refusant le passage à la proportionnelle pour les législatives qu'il considère comme un dangereux tremplin pour le Front national, beaucoup le voient comme un des plus sérieux candidats pour l'élection présidentielle de 1988. Mais la cohabitation à partir de 1986 va contribuer à le marginaliser au profit du Premier ministre Jacques Chi-rac et surtout du président de la République, François Mitterrand, qui tout en

---

4   INA, Antenne 2, Journal télévisé de 20h, 19 octobre 1980.

gardant sa fonction d'autorité, redevient le leader de l'opposition. Les chances de Michel Rocard d'être élu président apparaissent de plus en plus minces. Dans les sondages, il n'est crédité que de 8% et ne semble même pas mettre en péril une victoire de François Mitterrand. Le discours journalistique suit les sondages et ne croit plus guère en ses chances. D'autant que l'on voit émerger à l'époque une nouvelle génération de journalistes politiques, moins marquée par l'engagement et dont la proximité avec l'ancien leader du PSU est plus faible (Kaciaf, 2014). Toutes ses tentatives pour relancer sa campagne, comme la réalisation d'affiches ou la publication d'un livre (Rocard, 1987) sont tournées en ridicule par la presse. Il doit finalement se retirer à nouveau face au président sortant.

2.2 Un Michel Rocard dépassé par les registres communicationnels de l'époque

Si les journalistes se détournent de plus en plus de Michel Rocard c'est aussi parce qu'il refuse les registres communicationnels à la mode dans les années 1980. La recherche d'audiences croissantes, notamment liée à l'ouverture de l'audiovisuel français au marché privé – création de Canal Plus en 1984, de La 5 et de TV6 en 1986, privatisation de TF1 en 1987 – conduit les chaînes à privilégier des formats de plus en plus spectaculaires et divertissants. Les émissions politiques sont alors en pleine mutation. Elles donnent plus de place à l'intimité de la personnalité politique et elles spectacularisent le débat. L'émission *Questions à domicile* présentée par Anne Sinclair propose ainsi au téléspectateur d'entrer dans l'intimité des personnalités politiques par un entretien directement chez eux. *L'heure de vérité* est un bon exemple de la spectacularisation de l'entretien politique. L'invité y est mis au centre d'un décor qui peut faire penser à une arène où le taureau-politique est encerclé par des journalistes qui peuvent lui planter leurs banderilles (Mouchon, 1994). L'émission qui ira sans doute le plus loin dans la recherche d'un format différent est *Ça nous intéresse M. Le président*. François Mitterrand y est interrogé par Yves Mourousi assis sur un coin de table, face à un public composé de célébrités de l'époque. Si les questions politiques y sont abordées, l'émission est aussi l'occasion de diffuser des clips musicaux ou publicitaires et de faire preuve d'humour[5].

Ces nouveaux formats que l'on appelle généralement *infotainment* (Brants, 2001) – mélange entre information et divertissement – déplaisent à Michel Rocard. A Matignon, il refusera toutes les invitations à *L'Heure de vérité* et pour

5 INA, « *Ça nous intéresse, Monsieur le Président* », TF1, 28 avril 1985.

son seul *Questions à domicile* de cette période, il recevra les journalistes à Matignon et n'évoquera jamais sa vie privée[6]. Dans son ouvrage *Le cœur à l'ouvrage,* il forge une critique sévère des médias et de leur impact sur les capacités de gouvernement. Il reproche aux médias, et en particulier à la télévision, la simplification du discours qui rend toute pédagogie politique difficile. La multiplication des moyens de communication est également accusée d'accélérer le tempo politique rendant toute prise de décision réfléchie compliquée. L'omniprésence de l'image pousse également, selon lui, à des débats de plus en plus passionnés au détriment du fond. Dans son ouvrage, il se montre également critique envers le travail des journalistes jugés trop soucieux de collecter des « petites phrases » plutôt que de s'intéresser aux débats de fond. Face à ce bruit médiatique, il n'y a que la discrétion du pouvoir qui trouve grâce à ses yeux : « La parole s'use, l'homme politique responsable sait se taire. "On ne gouverne pas sans laconisme" disait déjà Saint-Just avant l'irruption des médias » (Rocard, 1988 : 167).

Ces critiques ne sont bien sûr pas sans déplaire au milieu journalistique qui hésite de plus en plus à l'inviter. A Matignon, cette réticence à se confronter aux médias va même encore se radicaliser tant en raison de ses réticences personnelles que d'une volonté de ne pas heurter le président de la République, avec lequel les relations sont des plus mauvaises. Il interviendra très peu durant ces trois années (au total seulement 3 émissions politiques) et fuira les questions des journalistes.

2.3 *Les Guignols* et l'incompréhensible M. Rocard

A la fin des années 1980 va donc émerger l'image d'un Michel Rocard incompréhensible. Si sa tendance à faire des phrases complexes et à utiliser des termes techniques a toujours été mise en valeur, c'était plutôt dans les années 1970 pour renforcer l'impression de compétence économique. Mais ce même trait apparaît dans les années 1980 comme un facteur d'incompréhension. Ce stigmate va surtout s'imposer pendant la période Matignon et à l'issue de celle-ci. C'est sans doute *Les Guignols de l'info* qui contribuent le plus à diffuser cette image. *Le Bébête Show*, l'émission de satire politique vedette jusque-là (TF1) préférait plutôt dépeindre un Michel Rocard hypocrite, flatteur du président Kermitterrand pour mieux le détrôner. Pour les *Guignols*, apparus sur Canal Plus en 1988, Michel Rocard a tout d'un extraterrestre parlant une autre langue dont les phrases commencent par un français clair avant de se perdre dans des onomatopées dont le célèbre « anaha ». Cette image d'homme politique

---

6   INA, TF1, *Questions à domicile*, 20 avril 1989.

incompréhensible va s'amplifier au fur et à mesure que sa cote décline dans l'opinion. Si Michel Rocard sort de ses trois ans au poste de Premier ministre encore populaire, il ne tarde pas à s'effondrer dans les sondages, suivant d'ailleurs l'ensemble du Parti socialiste. Les affaires qui se multiplient, l'impopularité de son successeur, Edith Cresson, et la dégradation de la situation économique conduisent à un rejet croissant du gouvernement et de la majorité dont Michel Rocard ne peut totalement s'extraire après avoir exercé le pouvoir pendant trois ans. En 1993, il est sèchement battu aux législatives dans la IIIème circonscription des Yvelines. Il tentera néanmoins de se relancer en prenant la tête du Parti socialiste à partir d'avril 1993, mais une nouvelle défaite aux européennes de 1994 le conduira à se retirer du premier plan pour se consacrer à son mandat européen. Son retrait de la compétition présidentielle va favoriser sa réhabilitation par des médias qui avaient contribué à le marginaliser.

3. L'honnête perdant

3.1 *Vae Victis*

En retrait du devant de la scène politique, Michel Rocard retrouve son aura auprès des journalistes. Son image fortement détériorée au début des années 1990 se rétablit au point d'en faire un « sage » de la politique française. Il est régulièrement consulté pour donner son avis sur l'actualité. Son « parler vrai » fait à nouveau sensation. La liberté de parole désormais acquise lui permet ainsi d'envoyer quelques piques aux principaux leaders du moment, notamment à gauche. *Les Inrocks* qui amorcent un virage vers les sujets de société à partir du milieu des années 1990 lui consacrent leur couverture et une longue interview dans leur colonne durant la présidentielle de 1995. Dans cet entretien titré ironiquement « Rocard ne sera pas président », celui-ci revient sur sa relation avec François Mitterrand et y explique qu'il n'est pas pour lui « un homme honnête »[7]. L'interview fera grand bruit et inspirera de nombreux magazines cherchant à recueillir à nouveau les souvenirs fracassants de Michel Rocard. Il va devenir au fil de ces années le principal « aiguilleur » de son camp, critiquant la méthode utilisée par Martine Aubry pour faire passer la réforme sur les 35 heures, livrant dans l'ouvrage *Si la gauche savait*, conduit par Georges-Marc

---

7   « C'est l'histoire d'une interview absolument fondatrice » de Véronique Servat : http://www.michelrocard.org/app/photopro.sk/rocard/publi?docid=377952# sessionhistory-ready.

Benamou, un regard acide sur l'incompétence économique des socialistes et renouvelant ses critiques à l'égard de François Mitterrand (Rocard, 2005).

3.2 L'honnête homme

S'il attaque François Mitterrand, c'est pour mieux dessiner en creux son portrait idéal. Au fil de ses nombreux ouvrages et articles, ainsi que des interviews, il redore son image de gouvernant. S'il n'a que peu défendu son bilan après Matignon, il met en valeur son œuvre par la suite en érigeant le triptyque : Nouvelle-Calédonie, RMI, CGS, comme les trois points majeurs de ses trois ans comme Premier ministre.

Grand réformateur, Michel Rocard profite également de sa non-implication dans les multiples affaires qui accablent le Parti socialiste et tout le champ politique à partir de la fin des années 1980. Lors de son décès, son « honnêteté » est un des traits unanimement mis en valeur par la presse et les témoins[8]. Son échec à conquérir la présidence ne lui est plus imputé comme une responsabilité, mais est mis à son crédit comme preuve de son honnêteté. Un sondage Odoxa met en valeur que la principale raison pour laquelle Michel Rocard n'a pas été élu président de la République c'est parce qu'il « n'a pas été assez filou »[9]. Alain Duhamel avancera dans plusieurs de ses ouvrages l'éducation protestante de Michel Rocard comme explication de son rejet du cynisme en politique (Duhamel, 2014).

Conclusion

Au travers de l'exemple de Michel Rocard nous avons souhaité montrer comment les médias contribuent dans la vie politique contemporaine à favoriser l'ascension de personnalités politiques, tout autant que leur déclin. Les communicants distinguent ainsi 3 étapes (les 3 L) récurrentes dans le rapport du discours journalistique aux personnalités politiques. Il y a d'abord une période dite de « léchage » durant laquelle les médias favorisent l'ascension d'une personnalité qui correspond à leurs attentes, puis une phase dite de « lâchage », durant laquelle le discours journalistique s'inverse, puis enfin la phase dite de « lynchage » qui correspond à un acharnement médiatique autour de la personnalité en question. L'exemple de Michel Rocard a pu néanmoins montrer que ce

---

8   *Les Inrocks* titrent le numéro publié à sa mort : « Décès d'un honnête homme », *Les Inrocks*, 5 juillet 2016.

9   Sondage Odoxa pour I-Télé et *Paris-Match*, 9 juillet 2016.

cycle peut aussi être suivi d'une réhabilitation, comme ce fut le cas pour lui à partir de 1995. Cette étude montre surtout la fragilité d'une stratégie politique reposant uniquement ou principalement sur le soutien de la presse. Le rôle de contre-pouvoir des médias ainsi que leur volonté de coller à leur lectorat les incitent rarement à la fidélité. Depuis les années 1970, les sondages se sont en outre imposés comme des critères capitaux de l'évaluation politique (Garrigou, 2006). Ces trois phases sont ainsi souvent liées à ce que mesurent les sondages. Une personnalité nouvelle et populaire éveillera ainsi la curiosité des médias, avant que son décrochage dans l'opinion ne soit suivi d'un abandon par la majorité des relais médiatiques et que ne s'enclenche une spirale défavorable dont il est difficile de sortir vainqueur, si l'on ne possède pas d'autres ressources comme un réseau important de soutiens, l'appui d'un parti politique ou un mandat local.

Bibliographie

Andreani, Jean-Louis. 1993. *Le Mystère Rocard*, Paris : Laffont.

Bantigny, Ludivine. 2013. *La France à l'heure du monde. De 1981 à nos jours*, Paris : Seuil, coll. « Histoire de la France contemporaine ».

Bazin, François. 2009. *Le sorcier de l'Elysée : L'histoire secrète de Jacques Pilhan*, Paris : Plon.

Bergounioux, Alain et Grunberg, Gérard. 2005. *L'ambition et le remords : les socialistes français et le pouvoir : 1905–2005*, Paris : Fayard.

Blondiaux, Loïc. 1998. *La fabrique de l'opinion*, Paris : Seuil.

Brants, Kees. 2003. « De l'art de rendre la politique plus populaire. Ou qui a peur de l'infotainment ? » *Réseaux*, n° 118, 2003, p. 135–166.

Castagnez, Noëlline, et alii. dir. *2013. Le Parti socialiste unifié : histoire et postérité*, Rennes : Presses Universitaires de Rennes.

Delporte, Christian. 2007. *La France dans les yeux : une histoire de la communication politique de 1930 à aujourd'hui*, Paris : Flammarion.

Duhamel, Alain. 2014. *Une histoire personnelle de la Cinquième République*, Paris : Points.

Fulla, Mathieu. 2015. *Les socialistes et l'économie (1944–1981)*, Paris : Presses de Sciences Po.

Guigo, Pierre-Emmanuel. 2013. *Le chantre de l'opinion. La communication de Michel Rocard de 1974 à 1981*, Paris : INA Editions.

Huchon, Jean-Paul. 1993. *Jours tranquilles à Matignon*, Paris : Grasset.

Kaciaf, Nicolas. 2014. *Les pages « politique ». Histoire du journalisme politique dans la presse française (1945–2006)*, Rennes : Presses universitaires de Rennes.

Mouchon, Jean. 1994. « L'information politique en champ et en contre-champ », in *Hermès, La Revue*, n° 13–14, p. 263–274.

Rocard, Michel. 1987. *Le cœur à l'ouvrage*, Paris : Odile Jacob.

Rocard, Michel. 2005. *Si la gauche savait. Entretiens avec Georges-Marc Benamou*, Paris : Robert Laffont.

Schneider, Robert. 1992. *La haine tranquille*, Paris : Seuil.

Servat, Véronique, « C'est l'histoire d'une interview absolument fondatrice », 2018 : http://www.michelrocard.org/app/photopro.sk/rocard/publi?docid=377952#sessionhistory-ready. Consulté le 10 mai 2019

Sirinelli, Jean-François. 2007. *Les vingt décisives*, Paris : Fayard.

Vigreux, Jean. 2014. *Croissance et contestations 1958–1981*. Paris : Seuil.

Catherine Saupin

(Sciences Po Lille, CERAPS)

Regards croisés sur la figure de la députée républicaine Clara Campoamor.

Abstract: The figure of Clara Campoamor cannot be overlooked in the history of Spanish women and the history of the feminist movement in Spain. She defended women's suffrage with great ability and determination in the Republican Constitution (1931). In order to assess the representation of Clara Campoamor for a general audience, this article compares and analyzes the depiction of this republican politician in three audiovisual sources available online on the *Televisión Española* website: two documentaries (*Clara Campoamor. Su pecado mortal*, 1983 and *Clara Campoamor, una mujer valiente*, 2003) and a TV film *Clara Campoamor, la mujer olvidada*) which came out in 2011. This comparison highlights the alternatives faced by the filmmakers and discusses the consequences of their decisions: a more or less complex reconstruction and a not quite complete picture of the protagonist.

Clara Campoamor (1888–1972) est à plus d'un égard une figure incontournable de l'histoire des femmes espagnoles et du mouvement féministe de ce pays car c'est elle qui a défendu et obtenu, aux termes d'une longue bataille parlementaire, l'inscription du droit de vote des femmes dans la Constitution de la Seconde République espagnole en 1931.

Elle était issue d'une famille très modeste – une mère couturière et un père ouvrier typographe – et le décès de ce dernier, alors qu'elle n'avait que dix ans, la força à interrompre sa scolarité et à rentrer dans la vie active dès ses 13 ans. Elle exerça différents métiers : couturière, vendeuse dans un magasin ; présenta avec succès différents concours : celui du corps auxiliaire des télégraphes en 1909, celui du Ministère de l'Instruction Publique en 1913, mais elle dut se contenter dans ce dernier cas d'un poste de professeur de sténodactylographie dans une école pour adultes à cause du caractère inachevé de ses études secondaires. Elle cumula les emplois – professeure, dactylo, secrétaire du journal *La Tribuna*, collaboratrice dans d'autres journaux tels que *Nuevo Heraldo, El Sol, Tiempo* –, afin notamment de subvenir aux besoins de sa mère et de son frère. En 1920, à l'âge de 32 ans, elle reprit ses études pour obtenir le *bachillerato*, ce qu'elle parvint à faire en deux ans. Elle s'inscrivit à la Faculté de Droit et obtint sa licence en 1925. Elle était alors l'une des rares femmes espagnoles à posséder ce diplôme et à exercer en tant qu'avocate[1]. Ce début de carrière professionnelle s'accompagna d'une intense activité en tant que conférencière[2], orientée dans les deux cas vers la défense des droits des femmes.

Acquise à la cause républicaine, elle adhéra tout d'abord au parti *Acción Republicana* de Manuel Azaña puis au *Partido Radical* d'Alejandro Lerroux. C'est sur les listes de ce parti qu'elle fut élue députée lors des élections législatives organisées par le gouvernement provisoire de la Seconde République en juin 1931. Au mois de mai, un mois après la proclamation de la République (14 avril 1931), le gouvernement provisoire avait accordé aux femmes le droit d'être candidates, reportant la question du droit de vote aux débats parlementaires. Parmi les trois femmes élues[3], seule Clara Campoamor siégea à la commission constitutionnelle chargée de travailler sur l'avant-projet de Constitution de la nouvelle République[4] afin que le projet soit ensuite débattu au sein de l'assemblée constituante. Elle défendit dans cette commission composée de 21 députés l'égalité des sexes, l'égalité juridique des enfants nés dans et hors mariage, le divorce et le vote des femmes. Sur ce dernier point, elle prononça au Parlement le 1er octobre 1931 un célèbre discours lors du débat sur l'article 34, futur article 36 de la Constitution, dans une joute oratoire qui l'opposa notamment à la députée Victoria Kent, mais également à son propre parti[5]. L'article fut finalement adopté avec 75,15% des voix de l'Assemblée (Rodrigues, 2006 : 130).

---

1   María Asunción Chirivella Marín fut la première femme admise au Barreau, celui de Valence, en 1922. Victoria Kent fut la première affiliée à celui de Madrid en 1923 (elle plaida pour la première fois en 1925), suivie par Clara Campoamor en 1925 et Matilde Huici en 1926.

2   Elle donna, par exemple, des conférences au sein de la *Asociación Femenina Universitaria*, la *Asociación Española de Mujeres Españolas* ou la *Academia de Jurisprudencia y Legislación*.

3   Clara Campoamor pour le Parti Radical, Victoria Kent pour le Parti Radical Socialiste et Margarita Nelken pour le Parti Socialiste Ouvrier Espagnol.

4   Cet avant-projet avait été rédigé au préalable par une commission juridique.

5   Le 29 septembre 1931, le député Guerra del Río du Parti Radical plaida pour l'inscription du droit de vote des femmes dans la loi électorale et non dans le texte constitutionnel ; il s'agissait ainsi de se laisser la possibilité de revenir en arrière si le vote des femmes, comme il le craignait, n'était pas favorable à la République. L'argument du « danger » potentiel fut également mis en avant le lendemain par la députée Victoria Kent (Parti radical socialiste) pour défendre le report de l'octroi de ce droit aux Espagnoles.

Notre article entend croiser et analyser les regards posés sur cette républicaine espagnole dans trois sources audiovisuelles : deux documentaires et une
fiction télévisée. Ces sources réalisées avec le soutien de la télévision publique
espagnole sont disponibles sur le site de *RTVE*. La première, réalisée par Jesús
García de Dueñas, est un documentaire d'une vingtaine de minutes diffusé
en 1983 dans le programme *¿Un mundo feliz ?* Le titre *Clara Campoamor. Su
pecado mortal* fait écho à l'ouvrage témoignage qu'elle publia en mai 1936 *El
voto femenino y yo. Mi pecado mortal.* Le second documentaire, *Clara Campoamor, una mujer valiente,* d'une durée de 47 minutes et 15 secondes, est de
2003. Réalisé sous la direction de María Teresa Álvarez, il fait partie de la série
Mujeres en la historia, laquelle compte au total 34 documentaires diffusés sur
la chaîne *La 2* entre 1995 et 2009[6]. Enfin, notre troisième source est une fiction datant de 2011, un biopic d'une durée d'une heure trente réalisé par Laura
Mañá. Son titre *Clara Campoamor, la mujer olvidada* reprend celui de l'auto-
biographie imaginaire publiée en 2006 par le journaliste Isaías Lafuente. Ces
trois œuvres audiovisuelles étant en ligne sur le site de *TVE* dans la rubrique
Archivo personajes pour le premier et sous l'onglet *A la carta* pour les deux
autres, ce sont des sources facilement accessibles pour quiconque souhaiterait
découvrir ou mieux connaître la figure de Clara Campoamor[7]. Nous souhaitons
donc interroger la représentation de la députée républicaine que ces trois productions véhiculent auprès du grand public.

Cet article prétend ainsi analyser le traitement, la (re)construction de
l'évènement politique – l'octroi du droit de vote aux femmes espagnoles et la
bataille parlementaire dont Clara Campoamor fut incontestablement la protagoniste – sans oublier l'évocation biographique de la femme politique dans
ces trois œuvres. Quelles représentations offre chacune d'entre elles au téléns-
pectateur, aujourd'hui internaute ? Quels points de vue sont privilégiés ? Quels
ressorts cinématographiques sont mis en œuvre ? Les démarches sont-elles
similaires ou complètement distinctes ? Il conviendra également de prendre en
compte et d'interroger les effets induits par les différences de durée et de nature
(documentaire / fiction), ainsi que les contextes de réalisation, notamment eu
égard à la production scientifique sur l'histoire des femmes espagnoles. En
outre, Clara Campoamor étant elle-même l'auteure d'un ouvrage témoignage

---

6   La diffusion de ces 34 documentaires ne s'est pas faite de manière régulière : 9 en
    1995, 10 en 1998, 6 en 2003, 3 en 2004, 1 en 2006 et 5 en 2009.
7   Les deux documentaires sont également accessibles sur la plateforme Youtube.

et d'autres sources historiques étant disponibles (articles de presse de l'époque[8], contenus des débats parlementaires publiés au Journal Officiel[9]), la question de la place et du traitement de ces sources primaires dans les trois œuvres doit également être posée. Nous nous attacherons à faire émerger dans une première partie les traits saillants de la représentation de Clara Campoamor et de son rôle politique, avant de souligner, dans une seconde partie, la multiplicité des facettes du personnage, les inflexions et les variations observées dans les trois portraits.

1. Des lignes de force dans le portrait de Clara Campoamor

Les trois incipits attirent d'emblée l'attention du téléspectateur sur la question du droit de vote des femmes et sur le rôle joué par Clara Campoamor. Celui de 1983 débute par un lent travelling horizontal sur l'image de sa signature, suivi d'un autre ascendant sur une photo de l'avocate vêtue de sa toge. Une voix off cite alors un extrait de son célèbre discours du 1er octobre 1931 tandis que les images suivantes nous montrent de jeunes manifestantes. Clara Campoamor est donc ici introduite dans sa dimension politique et professionnelle. Elle est celle qui a laissé son empreinte dans l'histoire de l'Espagne et qui a mis son art oratoire au service de la défense des droits des femmes. Elle est la porte-parole des revendications de ses concitoyennes, comme nous le suggère le montage qui associe à des images d'archives de femmes scandant des slogans dans la rue, une voix off citant un extrait de son discours au Parlement.

C'est également en allusion directe à ce même discours que débute le second documentaire : aux images du Congrès des députés vide se superpose un enchaînement de voix extra-diégétiques. La première cite le président de l'Assemblée annonçant le vote de l'article et les suivantes reprennent les vives réactions de différents parlementaires. La réalisatrice apparaît alors à l'écran, au milieu de l'hémicycle, pour évoquer « la tenacidad, la valentía y el saber hacer de una mujer », qu'elle qualifie de « verdadera artífice de aquella victoria » (Álvarez, 2003 : 1'21–1'32).

Le biopic débute, quant à lui, sur la conséquence de cette victoire en situant l'action en 1933 dans un bureau de vote. Dans une file d'attente d'électeurs

---

8   Le catalogue digital de l'hémérothèque de la Bibliothèque Nationale d'Espagne permet un accès à de nombreux journaux et revues de l'époque. Consulter : http://hemerotecadigital.bne.es/index.vm

9   Les *Diarios de sesiones* de 1814 à 1977 sont consultables sur la page internet du Congrès des députés. Voir : http://www.congreso.es/est_sesiones/

masculins apparaît une femme, Clara Campoamor, qui, après avoir voté et avant de quitter les lieux, se retourne pour regarder une autre femme sur le point d'exercer son droit au suffrage[10]. C'est donc par l'implicite que le téléfilm évoque ici le rôle joué par la députée en 1931. Le flash-back de la scène suivante ramène le téléspectateur à Madrid en 1930 au siège du *Tribunal Supremo*, au milieu d'une plaidoirie de l'avocate[11].

Tous les documents font donc apparaître tout d'abord une avocate et une femme politique engagée pour la défense des droits des femmes. Le portrait qui s'esquisse dans ces incipits et qui ressort par la suite est celui d'une femme qui lutte avec acharnement pour la défense d'un idéal, la reconnaissance pleine et entière de l'égalité entre les sexes, qui ne transige pas avec ses principes, qui se bat pour le Droit, pour la Justice et n'est en aucun cas au service d'une ambition personnelle.

Clara Campoamor fut, comme nous l'avons souligné, la seule femme à siéger au sein de la commission constitutionnelle. Ses prises de parole dans cette instance, puis à l'assemblée face à l'ensemble des députés, furent déterminantes dans son combat en faveur du droit de vote des femmes. Ainsi, le talent d'oratrice de la députée constitue le second trait que mettent en lumière les trois œuvres. Dans le documentaire de 1983, bien qu'une voix masculine se fasse entendre à différents moments – notamment dans les premières minutes pour retracer le parcours de Clara Campoamor et inscrire le combat pour le droit de vote en Espagne dans le contexte des mouvements féministes occidentaux –, la bande-son repose pour l'essentiel sur de longues citations[12] des interventions de la députée dans l'hémicycle[13]. La partie centrale du documentaire est consacrée au débat précédant le vote de l'article 34. Elle reflète dans une mise en scène phonique l'échange qui opposa Clara Campoamor à Victoria Kent avec

---

10 Bien que les femmes espagnoles aient obtenu le droit de vote en 1931, elles ne votèrent pour la première fois qu'en 1933 aux élections municipales du mois d'avril puis aux élections législatives du mois de novembre.

11 Clara Campoamor y défend une jeune employée de maison qui a été licenciée et veut faire reconnaître la paternité de son patron sur son fils et l'injustice de son renvoi suite à cette naissance non assumée. Le téléspectateur peut alors reconnaître dans le personnage de la plaignante l'électrice de la scène précédente.

12 Le décompte du temps imparti à ces citations est tout à fait révélateur : presque 9 minutes, soit 40% de la durée totale du documentaire alors que les interventions du commentateur masculin mises bout à bout durent environ 6 minutes.

13 Il s'agit, en particulier, de ses interventions lors des débats sur les articles 25, 43 et 34 (futur article 36).

l'apparition d'une seconde voix off féminine citant cette dernière. À celle-ci s'ajoute une troisième citant Margarita Nelken[14], bien qu'il ne s'agisse pas ici d'un extrait de discours prononcé au Parlement puisque la députée socialiste n'était pas présente lors des débats. C'est par le contraste entre les trois voix off, par les différences d'intonation, de débit et de ton que le réalisateur met en valeur tout l'engagement de Clara Campoamor. La voix posée et le rythme assez lent utilisé pour le discours de Victoria Kent contrastent avec la parole rythmée, vive, cadencée, pleine de passion de sa contradictrice. On note également l'enchaînement des voix sans intermède musical (par ailleurs utilisé dans d'autres passages) pour mieux souligner la volonté de la députée de défendre pied à pied sa position. La mise en scène des voix souligne donc l'engagement total de la femme politique et se veut sans nul doute une illustration, par le son, de l'affrontement entre, d'une part, une position pragmatique – celle de Victoria Kent et de Margarita Nelken – arguant du nécessaire report temporaire du droit de vote des femmes afin de mieux protéger la République naissante et, d'autre part, le plaidoyer pour un idéal et des principes défendus avec passion et acharnement[15]. Le second documentaire cite lui aussi des extraits de discours mais repose principalement sur la mise en scène d'une actrice jouant le rôle de Clara Campoamor occupée à l'écriture de son ouvrage, *El voto femenino y yo. Mi pecado mortal*. Tandis que la comédienne tape à la machine ou qu'elle parcourt du regard la dernière feuille dactylographiée, une voix off cite des passages de l'ouvrage, tel un fil conducteur. Une grande importance est ici donnée à la production écrite de Clara Campoamor. Il s'agit d'un écrit mis en voix pour mieux faire percevoir toute sa maîtrise de la rhétorique, du langage, sa finesse d'analyse et d'auto-analyse.

---

14 Le documentaire est divisé en 10 chapitres. Le 6ᵉ consacré à la prise de position de Victoria Kent est intitulé « El no de Victoria Kent » (12'30–15'08) et le suivant « Los reparos de M. Nelken » (15'09–16'41). Les 5 premiers chapitres sont intitulés : « Una vocación política », « Crónica del movimiento feminista », « La mujer, definida por el hombre », « El amor, la pareja, el divorcio », « 3 tendencias » ; et les 3 derniers : « Las ventajas de las derechas », « Ciudadanía y mujer », « Un voto condicionado ».

15 On remarquera par ailleurs que la voix off interprétant le rôle de la députée devient plus calme et posée dans le dernier chapitre du documentaire lorsqu'elle fait une lecture de l'article finalement adopté. L'exaltation du combat laisse place à un certain apaisement ; ce changement opéré dans la voix symbolise la sérénité retrouvée, une fois la mission accomplie et le but atteint, et permet de rendre compte de la différence de nature entre les sources – la reprise d'un discours et la citation d'un article de la Constitution –

Dernier élément commun aux trois portraits qu'il convient de souligner : la volonté manifeste de rendre hommage au personnage, d'inscrire dans l'Histoire le rôle politique crucial joué par Clara Campoamor et de le faire connaître du grand public. Ainsi, le titre du biopic *Clara Campoamor, la mujer olvidada* fait clairement allusion à cette tendance à ne retenir que, ou principalement, les noms des grands hommes dans le récit historique. Le caractère hagiographique du documentaire de 2003 s'annonce dès le sous-titre, *una mujer valiente*, et repose en particulier sur plusieurs interviews de chercheuses espagnoles, spécialistes de l'histoire des femmes, auteures pour certaines d'ouvrages sur Clara Campoamor ou sur la question du droit de vote. Il s'agit de la philosophe Amelia Valcárcel, de la sociologue Paloma Saavedra, qui publia avec Concha Fagoaga, en 1977, *La española ante las urnas*, et, en 1981, *Clara Campoamor. La sufragista española*, de l'historienne Rosa María Capel, auteure de l'ouvrage de référence *El sufragio femenino en la Segunda República,* dont la première édition date de 1975 et également de Cristina Alberdí, avocate, députée et militante féministe pendant la Transition démocratique[16]. Leurs interventions forment ainsi un hommage choral complété par les commentaires d'une voix masculine. La récurrence d'une série de termes élogieux[17] cherche à souligner son immense mérite et le caractère exceptionnel de son parcours en comparaison, notamment, avec la place occupée par les femmes dans la société de l'époque ; mais ce discours n'oublie pas d'analyser les conséquences personnelles et politiques de son engagement. Il s'agit là d'un trait marquant pour ce documentaire de 2003, sur lequel la réalisatrice insiste dès l'introduction puisque, après avoir évoqué la victoire politique de Clara Campoamor de 1931, elle précise : « sin embargo, se vería obligada a pagar un alto precio » (Álvarez, 2003 : 1'33). Malgré les approches communes que nous venons de souligner, les trois documents comportent en effet de nettes divergences dans leur façon d'aborder le personnage.

---

16 Les interviewées répondent presque à chaque fois face caméra. La question que leur a posée la réalisatrice n'est jamais explicitée mais leur donne l'occasion à maintes reprises d'exprimer une opinion sur Clara Campoamor et sur son action politique.

17 « convicciones », « extraordinaria », « apasionada », « coherencia », « firmeza », « fuerza », « tenacidad », « decidida », « inteligencia », « valía », « valentía », « combatiente », « defensora », « luchadora », « crítica ».

2. Variations et inflexions, des représentations aux multiples facettes

Une des inflexions perceptibles dans ces portraits est tout d'abord le degré de prise en compte de la rançon de la victoire remportée par Clara Campoamor. Cette facette pratiquement occultée dans le premier documentaire est analysée en détail dans le second et très partiellement dans le biopic de 2011. Le documentaire de 2003 met en effet en lumière deux éléments marquants de la vie politique de la députée et en fait des corollaires de son combat pour le droit de vote des femmes en 1931. Il s'agit tout d'abord des résultats des élections de 1933 qui virent la victoire de la droite et à la suite desquelles Clara Campoamor perdit son siège de députée. Les partis et la presse de gauche interprétèrent alors cette défaite électorale comme une conséquence du vote des femmes en incriminant directement Clara Campoamor pour cet échec[18]. La force et l'injustice des attaques subies à l'époque est ainsi relevée et analysée. Second événement sur lequel s'attarde ce même documentaire : le refus, en 1935, du parti *Izquierda Republicana* d'accueillir Clara Campoamor en son sein[19]. Précisons tout d'abord qu'elle avait démissionné quelques mois auparavant du Parti Radical – alors au gouvernement – après la violente répression de l'insurrection révolutionnaire d'octobre 1934 dans les Asturies. Le contenu de la lettre qu'elle adressa à Alejandro Lerroux, chef du parti (et du gouvernement), est entièrement cité et l'acte politique assez longuement commenté par les chercheuses interviewées (Álvarez, 2003 : 31'20–36'36)[20]. L'ostracisme politique dont fut victime Clara Campoamor est analysé par les chercheuses comme une conséquence directe

---

18 L'intéressée répondit à l'accusation, par voie de presse, en procédant à une analyse exhaustive et comparative des résultats des scrutins de 1933 et 1931. Le documentaire de 2003 se fait l'écho de cette contre-argumentation, tout en soulignant le caractère expiatoire de l'accusation et l'empressement de la gauche à faire porter au vote des femmes la responsabilité du revers électoral pour s'épargner une remise en cause de leur propre stratégie politique.

19 En juillet 1935, Clara Campoamor sollicita l'affiliation à *Izquierda Republicana* (ce parti fondé en avril 1934 résultait de l'union de républicains de gauche suite à la défaite de 1933) ; cependant, malgré le soutien de son président Santiago Casares Quiroga, le parti lui refusa cette adhésion après un vote : 183 voix contre 68 favorables.

20 Ces dernières soulignent la grande cohérence de Clara Campoamor dans son combat pour les droits de ses concitoyens, sa réflexion critique, sa fermeté, son courage, sa grande maîtrise de la rhétorique, mais également à quel point la lettre reflète ce qui a caractérisé toute sa vie : la lutte pour un idéal, la force des convictions.

du débat sur le droit de vote des femmes et des polémiques nées des résultats des élections de 1933 ; il apparaît surtout comme le revers de la médaille des multiples qualités de Clara Campoamor : son intelligence fine, sa capacité d'autocritique, sa fermeté et son opiniâtreté. En un mot, elle « dérange » – terme qui revient dans presque toutes les interviews – car elle avait indéniablement acquis un poids politique et démontré qu'elle ne transigeait pas sur ses convictions, notamment féministes ; or c'était là des qualités encore peu recherchées chez une femme dans un parti politique.

Une seconde facette occupe une place inégale dans les trois portraits. Clara Campoamor vécut 36 ans d'exil, tout d'abord en Suisse puis en Argentine jusqu'en 1955, et à nouveau à Lausanne où elle décéda en 1972. Cette période de sa vie n'est évoquée que très brièvement dans la dernière minute du documentaire de 1983, qui rappelle juste les dates et les lieux, comme nous venons de le faire. La référence à l'exil dans le biopic de 2011 est encore plus brève. Juste avant le générique, un texte se superpose à l'image finale – où l'actrice interprétant Clara Campoamor avance seule dans la nuit une valise à la main – et précise « la Guerra civil condenó a numerosos republicanos al exilio, entre ellos a Clara Campoamor. Nunca volvió a España y murió en Suiza en 1972 » (Mañá, 2011 : 1 h 31 min). Le documentaire de 2003 consacre une place importante à cette seconde période de sa vie pour insister plus particulièrement sur la souffrance qui en découla[21]. Le courage et la persévérance de Clara Campoamor apparaissent ici, à nouveau, à travers l'évocation de ses tentatives de retour clandestin en Espagne, à deux reprises, dans l'espoir qu'il lui soit permis de revenir définitivement sans être emprisonnée[22]. Néanmoins, c'est principalement le ressenti de cet exil que la réalisatrice tente de faire percevoir au téléspectateur, en particulier à travers le témoignage de María Telo Núñez, fondatrice en 1971 de l'AEMJ[23]. Cette dernière évoque sa rencontre avec Clara Campoamor

---

21 On notera également une mise en scène de la rupture. L'actrice jouant le rôle de Clara Campoamor éteint les lumières de l'appartement tandis qu'une voix off cite son ouvrage *El voto femenino y yo, mi pecado mortal*. S'en suit un fondu au noir puis l'image d'un train traversant un tunnel, autant de symboles visant à souligner la fin d'une époque et de sa vie en Espagne et le début d'une seconde étape marquée par l'exil, mais non exempte de lutte.

22 L'accusation formulée par le régime franquiste à l'encontre de Clara Campoamor – elle fut accusée d'avoir appartenu à une loge maçonnique – est alors analysée dans le documentaire.

23 La *Asociación Española de Mujeres Juristas* œuvra dans les dernières années du régime franquiste pour la défense des droits des femmes, notamment des femmes

à l'occasion d'un congrès de la FIMCJ[24] et les lettres qu'elles échangèrent par la suite. Le témoignage de María Telo Núñez, qui tient entre ses mains les lettres manuscrites envoyées par Clara Campoamor, permet de percevoir de façon plus intime l'état d'esprit de l'exilée : sa souffrance[25], mais également sa combativité pleine et entière formulée, dans les lettres, par des encouragements à poursuivre le combat. Clara Campoamor est donc ici dépeinte dans un rôle de passeuse entre deux générations de femmes engagées pour la défense de leurs droits[26].

Enfin, parmi les variations remarquables entre les trois documents, citons la part plus ou moins grande accordée dans le portrait à l'individu Clara Campoamor et à la sphère privée. Le documentaire de 1983 ne fait que rappeler dans les grandes lignes les données biographiques que nous avons mentionnées en introduction. S'il évoque l'obligation matérielle d'aider sa mère, il ne parle pas, par exemple, de l'existence et du rôle de son frère. Il ne précise à aucun moment que celui-ci fit partie des prisonniers du soulèvement républicain avorté en décembre 1930 à Jaca. Cet élément est, au contraire, mis en relief dans le biopic de 2011 dans lequel le frère de la députée joue un second rôle important. Incarnant un certain renoncement face à l'adversité, un certain désabusement[27], le personnage souligne, par un jeu de miroir, la ténacité de l'héroïne. Si l'âge de la protagoniste est mentionné dans les trois œuvres, notamment celui auquel elle décida de reprendre des études (33 ans) et celui auquel elle fut élue députée (43 ans), la question est abordée dans le biopic de 2011 en lien avec celle de l'état civil.

Ce sujet, totalement absent dans les documentaires, est ici suggéré à travers différents personnages secondaires féminins telles que la mère ou la belle-sœur. Citons par exemple une scène dans laquelle la mère de Clara

---

mariées, et pour une réforme du Code civil afin de faire disparaître, en particulier, la *licencia marital*.

24 Clara Campoamor avait contribué à fonder la *Federación Internacional de Mujeres de Carreras Jurídicas* en 1929.

25 Elle témoigne de la nostalgie de l'exilée, de sa souffrance de ne pouvoir retrouver son pays et les siens.

26 Notons que le documentaire évoque par ailleurs toute l'énergie déployée par Clara Campoamor pour rendre hommage à l'engagement de Concepción Arenal et faire ériger une statue à son effigie dans la capitale.

27 Ignacio Campoamor fit partie des accusés jugés en 1931 pour leur implication dans le soulèvement de Jaca. Le personnage est décrit dans le téléfilm comme déçu, désenchanté suite au manque de soutien reçu par les membres du Comité Révolutionnaire.

Campoamor offre à sa belle-fille le trousseau qu'elle gardait pour sa fille car celle-ci n'en fera pas usage. Cette belle-sœur non politisée, essentiellement centrée sur son mari, qui annonce au milieu du film sa grossesse, apparaît comme un portrait en creux de Clara Campoamor et met en évidence la personnalité bien spécifique du personnage central, tout en l'ancrant dans une époque où le mariage et la maternité restaient une norme sociale bien présente pour les femmes. Un biopic inscrit son héros dans le cours de l'histoire et cherche à esquisser le contexte politique, économique, social dans lequel a évolué le biographé. Il s'agit ici de rappeler la place habituellement dévolue aux femmes dans la société de l'époque pour mieux mesurer l'écart de l'héroïne avec ce modèle traditionnel. Le célibat de Clara Campoamor est également ment abordé à travers un autre personnage, totalement fictif cette fois-ci : un journaliste présenté comme un homme volage et dont l'affiliation politique reste assez floue mais qui, lorsqu'il rencontre la députée pour l'interviewer, est rapidement subjugué par la force de ses opinions. Les auteurs du biopic se servent ainsi de ce second rôle pour illustrer l'intensité de la détermination de Clara Campoamor à travers sa capacité à provoquer un changement de mentalité chez ce personnage, mais ils évoquent également, par la suggestion de l'impossibilité d'une relation plus intime, la priorité de l'engagement au détriment d'un bonheur personnel.

Conclusion

Pour conclure, le documentaire de 1983 et le biopic de 2011 donnent à entendre et/ou à voir leur sujet au cœur de l'activité archétypique qui a fait la notoriété de la députée, l'un via un jeu de voix off et l'autre via la mise en scène des débats de la commission constitutionnelle et des débats parlementaires. Le documentaire de 2003 élargit le point de vue puisqu'il s'appuie sur différents regards distanciés. La réalisatrice y rend hommage à Clara Campoamor et choisit clairement de donner la parole aux femmes pour rendre visibles les ponts établis entre les générations. La mise en avant de la dimension humaine de Clara Campoamor, bien que recherchée dans le biopic de 2011, apparaît principalement dans le documentaire de 2003. Ce dernier ne se limite pas à reconstruire le combat politique de la députée. Il donne à voir la part d'ombre liée à sa victoire de 1931 : l'ostracisme politique, l'épreuve de l'exil, la souffrance de l'individu. Dans leur volonté de combler un oubli de l'histoire, le premier documentaire et la fiction de 2011 posent un regard sur Clara Campoamor à travers l'événement politique de 1931. Le documentaire de 2003, tout en reconstituant, par un jeu d'intertextualité entre les différentes sources primaires et sur la base d'une historiographie scientifique, le récit d'une victoire, déconstruit ce même récit au profit d'une représentation plus complexe et sans aucun doute plus juste.

Bibliographie

Barnier, Martin et Fontanel, Rémi (dir.). 2010. *Les biopics du pouvoir politique de l'antiquité au XIXe siècle. Hommes et femmes de pouvoir à l'écran*, Lyon : ALÉAS cinéma.

Campoamor, Clara. 2006. *El voto femenino y yo. Mi pecado mortal*, Madrid: Horas y Horas.

Capel Martínez, Rosa María. 1992. *El sufragio femenino en la Segunda República*, Madrid: Horas y Horas.

Díaz Sánchez, Pilar. 2006. *Clara Campoamor (1888–1972)*, Madrid: Ediciones del Orto.

Domingo, Carmen. 2004. *Con voz y voto. Las mujeres y la política en España*, Barcelona: Lumen.

Fagoaga, Concha et Saavedra, Paloma. 1986. *Clara Campoamor. La sufragista española*, Madrid: Instituto de la Mujer.

Fontanel, Rémi (dir.). 2011. *Biopic : de la réalité à la fiction*, Condé-sur-Noireau : Éditions Corlet.

Lafuente, Isaías. 2006. *La mujer olvidada. Clara Campoamor y su lucha por el voto femenino*, Madrid: Temas de hoy.

Niney, François. 2009. *Le documentaire et ses faux-semblants*, Paris, Klincksieck.

Rodrigues, Denis. 2008. « Clara Campoamor : Une féministe en résistance », in *Pandora : revue d'études hispaniques*, n° 8, p. 125–140.

Sources audio-visuelles :

Álvarez, María Teresa. 2003. *Clara Campoamor. Una mujer valiente*, TVE, en ligne : http://www.rtve.es/alacarta/videos/mujeres-en-la-historia/mujeres-historia-clara-campoamor/713371/

Dueñas, Jesús García. 1983. *Clara Campoamor. Su pecado mortal*, en ligne : http://www.rtve.es/alacarta/videos/personajes-en-el-archivo-de-rtve/mundo-feliz-clara-campoamor/1032309/

Mañá, Laura. 2011. *Clara Campoamor, la mujer olvidada*, TVE, en ligne : http://www.rtve.es/alacarta/videos/clara-campoamor-la-mujer-olvidada/clara-campoamor-mujer-olvidada/3283280/

Marie-Soledad Rodriguez

(U. Sorbonne Nouvelle-Paris 3/ ARCE-CREC)

Du documentaire au *biopic* : la figure d'Adolfo Suárez et le mythe de la Transition.

Abstract: The article analyzes the construction of the biopic, *Adolfo Suárez, el presidente*, broadcast in 2010 by Antena 3, after the private channel had already broadcast a documentary on the politician: *Suárez, 30 años de democracia* in 2007. Although this work of fiction comes in the wake of an "official" narrative that highlights politicians who played a leading role during the Transition, it also seeks to consolidate a certain memory of the recent past in the face of current criticism of the process of political transition to democracy, considered incomplete. Therefore we will study the representation of the character and his actions, the elements that the biopic leaves out, while considering how documentaries and mini-series propose a certain interpretation of the period through their portraits of the politician.

Dès les premières années de la Transition[1], celle-ci a fait l'objet de jugements variés et antagonistes, qui ont donné lieu à des récits discordants (Demange, 2010). Pour certains (journalistes, historiens ou hommes politiques), l'évolution du régime, pilotée par d'anciens franquistes, n'a pas été menée à son terme et n'a pu donner lieu à une authentique réconciliation des deux Espagne. Ainsi, dès 1981, José Vidal Beneyto considère que « nous savons tous que la démocratie qui nous gouverne a été construite sur la dalle qui recouvre notre mémoire collective » (Aróstegui, 2007 : 39). Il est également reproché à la Transition de ne pas avoir permis un véritable débat sur la nouvelle forme du régime (monarchie ou république), d'avoir promu une loi électorale qui favorise le bipartisme tandis que la Constitution n'affirmait pas clairement la laïcité de l'État ou contenait un article rendant difficile la rédaction d'une loi sur l'avortement. En revanche, le récit dominant voit dans la Transition une des rares périodes historiques

---

[1] Par Transition, nous entendons ici la période qui s'ouvre avec la mort du dictateur (20 novembre 1975) et se ferme avec la victoire des socialistes aux élections générales (25 octobre 1982). Le cadre chronologique de la Transition a suscité de nombreuses discussions et pourrait aussi débuter à partir de la nomination de Suárez le 3 juillet 1976. Voir, à ce sujet, par exemple, R. Quirosa-Cheyrouse (2007 : 18).

dont les Espagnols peuvent s'enorgueillir. Ce récit rappelle, en particulier, que l'adoption de la Constitution a permis de mettre en place une véritable démocratie, fruit d'un consensus, garantissant l'acceptation du nouveau régime par la grande majorité des Espagnols. La Transition espagnole a ainsi été érigée en processus exemplaire de sortie d'une dictature et modèle exportable à d'autres pays (Fuentes, 2006 : 132).

Si la Transition a donné lieu à un discours enthousiaste, elle a aussi suscité ce désenchantement (*el desencanto*) qui a bientôt caractérisé l'époque. Parmi les productions culturelles reflétant le décalage entre les espoirs suscités par la mort du dictateur et l'évolution politique, sociale et économique du pays, le documentaire *Después de...*(Cecilia et Juan José Bartolomé, 1981) constitue sans doute, au cours de la période, l'un des discours les plus critiques. Donnant la parole aux Espagnols anonymes, il met en avant l'insatisfaction de divers groupes sociaux (notamment, les ouvriers et les femmes), en attente de changements qui n'ont pas lieu (Rodriguez, 2018). L'oscillation entre deux points de vue opposés sur la Transition, réussite absolue ou relatif échec, a perduré au fil du temps, même si les arguments des uns et des autres ont pu évoluer tout comme les usages politiques de cette référence historique.

Au sein de la production historienne sur cette période, plusieurs auteurs ont relevé la présence d'une seconde historiographie constituée de documentaires et de films sur la Transition. Cette « historiographie médiatique » serait parvenue à construire et « figer des clichés et des stéréotypes qui se maintiennent malgré l'apparition de nouveaux et solides arguments historiographiques » (Sánchez González, 2007 : 55). L'un des documentaires visés par cette critique, et le plus souvent cité, est celui de Victoria Prego, diffusé en 1995 par RTVE[2], *La Transición (los años más decisivos de nuestra historia reciente)*. Cette série présente l'évolution du pays à travers l'action de certains personnages, issus des élites politiques, culturelles et économiques du pays et « propose une histoire tournée vers le progrès continu » (Demange, 2010). Le documentaire renvoie ainsi à une des interprétations dominantes du processus politique, qui privilégie l'action des acteurs politiques. Dans les récits journalistiques ou historiens, il est, en effet, d'usage de mettre en avant le Roi et les hommes politiques qui ont joué un rôle de premier plan au cours de la période, qu'ils soient issus du régime ou de l'opposition. Et, parmi ces hommes, une des figures majeures est le président du gouvernement de 1976 à 1981, Adolfo Suárez.

---

2 Radio Télévision Espagnole, soit la télévision du service public.

La chaîne de télévision privée, Antena 3, commande et diffuse un documentaire sur ce personnage en 2007, *Suárez, 30 años de democracia*[3], puis une mini-série en 2010, *Adolfo Suárez, el presidente*[4]. Le documentaire adopte une construction assez traditionnelle, faisant alterner, photos, documents d'archives et témoignages de personnes ayant côtoyé Suárez à divers moments ; son fil directeur est le tableau-portrait que réalise par petites touches un peintre, mettant ainsi en parallèle deux façons d'immortaliser un acteur politique : la peinture – support traditionnel de la mémoire des « grands hommes » – et le nouveau médium télévisuel. Si le documentaire est un récit de vie linéaire qui va de la naissance au temps présent, la mini-série propose une série de *flashback*, et construit son fil conducteur à partir de la nuit du 23 février 1981, lors la tentative de coup d'État militaire. Notre propos est ici de nous intéresser, en particulier, au *biopic*, aux éléments qu'il sélectionne et met en avant, à ceux qu'il laisse hors-champ, tout en considérant de quelle façon documentaire et mini-série construisent une certaine interprétation de la période à travers le portrait de l'homme politique.

Le documentaire : récit téléologique

L'un des éléments récurrents de *Suárez, 30 años de democracia* consiste à présenter l'accession de Suárez à la présidence du gouvernement en 1976 comme une évidence. Les témoins convoqués ainsi que la voix *off* masculine, qui commente les diverses étapes du parcours de Suárez, mettent en avant les traits dominants du personnage dans un récit qui relève de l'hagiographie. Ainsi Suárez est charismatique, il séduit son entourage (femmes et hommes), rêve très jeune d'une carrière politique et n'hésite pas à vingt ans à offrir des livres où il appose comme dédicace : « futur président du gouvernement ». Le documentaire, comme bien des récits biographiques, cherche donc à démontrer que « toutes les qualités » du personnage « sont déjà présentes dès le berceau » ou presque (Barnier, 2010 : 23). Parce que son grand-père était le maire républicain de Cebreros, que des membres de sa famille ont été exécutés pendant la guerre

---

3 Le réalisateur est Jesús M. de Morentín et ce sont Juan Rubiales et Antonio Amaro qui ont écrit le scénario. Le documentaire est diffusé sur Antena 3 le 4 juin 2007 pour commémorer les premières élections démocratiques de 1977 (*El País*, 4-6-2007).

4 Le réalisateur est Sergio Cabrera et les scénaristes sont Carlos Asorey et Juan Carlos Rubio. La mini-série est constituée de deux épisodes de 1h16min. et 1h14min. Les deux parties sont diffusées le 27 janvier et le 3 février 2010 (Bellido Acevedo, 2015 : 38).

civile, il fuit les dissensions et développe un esprit conciliateur, qui sera si utile lors de la Transition. Il est capable d'envisager l'avenir avec réalisme lorsque Franco l'interroge sur celui-ci et est l'un des rares hommes à oser lui répondre que « sans lui, rien ne sera plus pareil. Il y aura des changements »[5]. Lorsqu'il devient directeur de la télévision, il se met au service de l'image du prince Juan Carlos, et contribue à rendre celui-ci populaire. Enfin, nommé président du gouvernement, il parvient à réaliser les réformes qui vont conduire jusqu'à la démocratie. Amis et ennemis politiques reconnaissent le rôle primordial qu'il a joué à cette époque. Ainsi, pour Leopoldo Calvo Sotelo, les réformes politiques menées par Suárez « relèvent de la maestria », tandis que Felipe González reconnaît son « rôle-clef », et que Santiago Carrillo considère qu'il a été le « président le plus important de la période démocratique ».

Le discours du documentaire, tout en reprenant les grandes étapes de l'ascension politique du personnage, évoque aussi son progressif isolement lorsqu'il est à la tête du gouvernement ; tête de turc de l'Armée, après la légalisation du PCE[6], il se sent menacé ; il perd ensuite le soutien des barons de son parti, l'UCD[7], puis du Roi. Après la figure de l'homme triomphant, du séducteur à qui tout sourit, il s'agit de présenter l'homme confronté au revers de fortune, mais affrontant dignement la disgrâce.

Bien que l'opus contienne quelques séquences d'un entretien avec Suárez, daté de 1995, le documentaire parvient rarement à toucher le spectateur. L'usage des brèves séquences avec le peintre rompt le défilement principal constitué d'images d'archives et de témoignages, et le décalage entre l'interview de 1995 et la date de réalisation et d'émission du documentaire, en 2007, crée une distanciation entre l'émetteur et le téléspectateur qui reçoit ce discours en différé. Finalement l'impression qui prédomine est double : certes, Suárez a été un homme politique « intelligent et habile » (selon les paroles de F. González), et il est normal que la nation reconnaisse ce qu'elle lui doit, en tirant de l'oubli cette figure, mais son destin est finalement à l'image d'un monde politique où une personnalité chasse l'autre. L'aveu cynique de José María Aznar, déclarant que Suárez était un obstacle pour son parti (AP puis PP[8]), qui cherchait à se repositionner davantage au centre, clôt le récit d'une ascension suivie d'une

---

5   Ces phrases, comme celles énoncées par les hommes politiques et citées dans cette
     partie, proviennent du documentaire et nous les avons traduites.
6   Parti communiste d'Espagne.
7   Union du centre démocratique, parti créé en 1977.
8   Alliance populaire, Parti populaire.

chute irrémédiable. Bien que le documentaire ait pour objet de faire de Suárez l'homme prédestiné à mener à bien la Transition, son propos va donc au-delà et rejoint la figure tragique dessinée par certains de ses biographes[9].

En revanche, le *biopic* s'arrête en 1981 et centre donc son récit uniquement sur la phase ascendante du personnage et son rôle pendant la Transition. Si le documentaire avait une vocation élégiaque, la mini-série s'intéresse au « battant » et en fait le père de la démocratie.

Images d'archives et référent audiovisuel ou la recherche de véracité

Ainsi que l'a relevé François Dosse dans son ouvrage sur la biographie, celle-ci constitue un « genre hybride », « en tension constante entre une volonté de reproduire un vécu réel passé selon les règles de la *mimesis*, et en même temps le pôle imaginatif du biographe qui doit recréer un univers perdu selon son intuition et ses capacités imaginatives » (2011 : 57). Alors même que le *biopic* sur Suárez se présente comme une fiction et utilise des comédiens qui vont incarner les acteurs de ce passé, le réalisateur manifeste dès le générique son désir de mêler fiction et non-fiction en utilisant une série de photographies qui peuvent apparaître comme les éléments du pacte générique qu'il propose. La première, en couleur avant de passer au noir et blanc, montre Suárez au moment où il jure fidélité aux lois du régime et à la couronne, lors de la cérémonie qui l'intronise président du gouvernement nommé par le Roi. Il n'est pas anodin que celui-ci soit présent, au second plan, ainsi que Torcuato Fernández Miranda, puisque les trois hommes ont souvent été considérés comme le trio ayant orchestré la Transition[10]. Le rapide passage de la couleur au noir et blanc instaure déjà l'image comme appartenant à un temps révolu et contribue à faire de la période photographiée une page d'histoire. Les images d'archives qui suivent présentent Suárez dans sa facette d'homme politique, en particulier au Congrès, mais se

---

9   P. Urbano intitule un de ses chapitres « le héros maudit » (2014 : 335), J.A. Tirado évoque « un héros tragique » (2015 : 93) et J.F. Fuentes conclut son portrait avec un sous-chapitre au titre éloquent : « La malédiction de Tibère » (2011 : 528). Ces portraits prennent en compte non seulement son incapacité à revenir au premier plan politique après sa démission en 1981, mais aussi les deuils familiaux et, enfin, sa maladie d'Alzheimer.

10   Ainsi Torcuato Fernández Miranda utilisait une métaphore filmique dans laquelle il se présentait comme le « scénariste », tandis que le Roi était le « producteur » et Suárez « l'acteur » (Tirado, 2015 : 93).

glisse aussi une photographie avec sa femme. Ainsi, tout est déjà annoncé : si c'est bien le président du gouvernement qui est au centre du récit filmique, une autre facette va également être privilégiée, sa vie de couple. Les photographies choisies pour clore les deux épisodes, après le dernier plan fictionnel, soulignent que cette seconde dimension a bien été traitée puisqu'elles montrent alors le couple et sa famille. Ce double portrait du personnage se distingue ainsi de celui proposé par le documentaire qui dépeint avant tout l'homme public tandis que sa vie de famille est peu abordée.

Si certaines photographies ont donc vocation à évoquer l'intimité du personnage, les extraits d'actualités intégrés à la fiction, en dehors du générique, ont une autre finalité. En général, le *biopic* utilise assez peu les images d'archives (Moine, 2011 : 23), pourtant le réalisateur de *Adolfo Suárez, el presidente* y recourt dans diverses séquences, celles qui témoignent de l'activité réformatrice du protagoniste mais aussi celles qui présentent les menaces pesant sur l'évolution pacifique des institutions. Ainsi, les actualités choisies sont employées soit pour donner à voir les *Cortes* et ce qui s'y déroule, soit pour rendre compte des attentats ou encore de l'effervescence dans les rues[11]. L'insertion des images d'archives dans ce type de séquences permet de souligner le caractère véridique des moments représentés (véracité qui semble valoir alors pour l'ensemble de l'opus) et vise à rappeler aux spectateurs les difficultés qui ont émaillé le chemin vers la démocratie, soulignant ainsi la virtuosité et l'opiniâtreté de Suárez. Le recours à des extraits audiovisuels pour trois des moments clés se déroulant aux *Cortes* – la présentation du projet de Loi sur les associations politiques en 1976 (9 juin), l'approbation du projet de Réforme politique en novembre 1976 (18 novembre), l'entrée des gardes civiles aux *Cortes* le 23 février 1981 – permet de remémorer trois épisodes significatifs qui servent, notamment, à construire le parcours du personnage et à témoigner de son savoir-faire politique et de son courage. Il n'est évidemment pas anodin que le réalisateur ait privilégié ces moments qui sont l'occasion d'asseoir les convictions démocratiques de Suárez. En effet, les deux lois présentées permettent d'instaurer la pluralité politique et apparaissent aisément comme le socle nécessaire à la restauration de la démocratie. De surcroît, les parties du discours reprises par le comédien incarnant

---

11 Parmi les actualités télévisuelles sélectionnées, apparaissent notamment des reportages informant de la mort d'une étudiante lors d'une manifestation suite à l'action de la police (24-01-1977), retransmettant les images du cortège en hommage aux avocats assassinés par l'extrême droite (25-01-1977) ou encore annonçant l'enlèvement par le GRAPO de Antonio María Oriol y Urquijo, président du Conseil d'État (11-12-1978).

Suárez, Ginés García Millán, témoignent à leur tour de l'engagement du personnage envers un processus démocratique dont il semble être le principal appui, avec le Roi. Lors de la présentation de la Loi sur les associations politiques, il reprend les paroles de Juan Carlos évoquant une « monarchie démocratique » où « trouvera place chaque Espagnol » et ose citer quelques vers du poète républicain Antonio Machado, parmi lesquels « le passé est mort », qui semble mettre un terme à la période dictatoriale. Au cours de la présentation de la Loi de réforme politique, les phrases reproduites sont celles qui annoncent la création d'un Parlement (les *Cortes*) et d'un Sénat élus au suffrage universel et affirment que la démocratie est l'œuvre des citoyens. Ces deux séquences cherchent par conséquent à mettre en avant l'action décidée du politique et tendent à le présenter comme le grand artisan de l'évolution du régime, puisque capable de convaincre les anciens soutiens de la dictature qui vont voter les deux lois[12]. Le choix récurrent de présenter des images d'époque pour ces votes aux *Cortes* encore franquistes, associe très clairement le personnage à un lieu devenu par la suite le symbole de la démocratie restaurée, ce pourquoi il est aussi la cible des militaires le 23 février 1981. En rappelant quelle fut la conduite de l'homme face aux militaires ce jour-là, c'est à nouveau son engagement envers la réforme institutionnelle qui se voit souligné. Impassible sur son siège de député (avec Gutiérrez Mellado et Carrillo) lorsque les militaires insurgés tirent dans l'hémicycle, il apparaît bien comme le défenseur absolu d'une démocratie qu'il a fait advenir et dont il reste le bastion au péril de sa vie.

Si Cabrera insère des images d'archives qui attestent de la réalité des faits narrés, il en justifie souvent l'apparition par des séquences où le poste de télévision est central. En effet, la référence à la télévision est récurrente tout au long du *biopic*, soit que Suárez s'y exprime, soit que des personnages regardent un téléviseur. La chaîne Antena 3 réalise une sorte d'hommage au média en plaçant celui-ci au cœur même de l'actualité politique de l'époque, montrant de quelle façon il a joué le rôle d'un intermédiaire entre les élites politiques et la population, permettant une sorte de relation directe, quoique médiatisée, entre Suárez et les Espagnols. Ainsi, diverses séquences mettent en scène la famille de Suárez ou celle du Roi devant une télévision, comme si c'étaient de simples Espagnols qui, grâce au téléviseur, avaient accès en direct à l'histoire en train de se jouer. Si cette façon de procéder est habile et permet de légitimer l'usage des actualités, elle contribue aussi à renforcer une certaine interprétation du

---

12　Comme l'a observé C. Demoulin, dans le *biopic* politique, le protagoniste « se construit souvent à travers […] ses prises de parole » (2016).

processus de Transition, celle qui fait des citoyens des individus passifs (tels des téléspectateurs) recevant de la monarchie et du gouvernement une démocratie élaborée sans leur participation et devenue ici l'équivalent d'un programme télévisuel qu'ils ne feraient que regarder.

Rendre l'homme attachant

Suárez est, certes, un homme d'État, mais ce n'en est pas moins un homme tout court, avec sa vie privée et ses sentiments. Sans doute s'agit-il ici d'un des traits distinctifs du *biopic*, en général, puisque ce genre filmique cherche non seulement à révéler des épisodes particuliers de la vie des « grands hommes » mais aussi à susciter « l'émotion » (Barnier, 2010 : 14) en soulignant les aspects qui les rapprochent de l'homme ordinaire. Comme l'a expliqué le réalisateur[13], il s'est servi de certains épisodes connus de la vie privée de Suárez mais a aussi cherché à reconstituer une vie de couple bien moins publique. Le personnage d'Amparo, épouse de Suárez, a une fonction importante dans ce *biopic* dont la vocation première est d'intéresser et d'attirer tous les téléspectateurs, hommes et femmes. Il semblait ainsi nécessaire de proposer au moins une figure féminine dans un monde politique dominé alors par les hommes. Le choix du réalisateur s'est porté également sur un second personnage féminin, Carmen Díez de Rivera, collaboratrice de Suárez dès son passage à la direction de la télévision en 1969. La fonction de ces deux personnages féminins s'avère double. Leur présence permet tout d'abord d'ébaucher une sorte de trio virtuel, de justifier une certaine jalousie de la part d'Amparo, et donc de susciter une certaine tension mais sans la développer véritablement[14]. Elle permet également de donner au protagoniste deux interlocutrices avec lesquelles développer ses idées et, par conséquent, les exposer pour le spectateur.

Alors que Carmen est présentée comme une femme moderne, ayant fait des études et se caractérisant par des idées avancées, Amparo est construite comme

---

13 Dans le making-off du DVD édité.

14 Après qu'Amparo a découvert Carmen dans le bureau de son mari, alors directeur de la télévision, elle lui pose certaines questions sur cette nouvelle collaboratrice et manifeste une certaine jalousie. Dans une séquence où Carmen arrange la cravate de Suárez et se trouve en étroit contact physique avec lui, le jeu des acteurs laisse deviner une grande complicité ; enfin, Amparo découvre un magazine qui évoque une possible liaison entre Carmen et son mari. Toutefois, malgré la mise en scène de ces « soupçons », il reste évident pour le spectateur que le couple est très uni et que Suárez est fidèle.

une épouse traditionnelle[15], s'occupant principalement de ses enfants, guère intéressée par la politique et peu favorable à certaines réformes. En fait, les deux femmes représentent les grands corps absents du film : d'un côté, les groupes d'opposition, ceux qui attendent le changement et placent de grands espoirs dans l'évolution du régime, de l'autre, les groupes conservateurs, qui se méfient des partis d'opposition, de certaines de leurs revendications[16], et refusent, notamment, la loi sur le divorce. Le réalisateur utilise ainsi les personnages féminins pour souligner le don d'écoute de Suárez, sa faculté à convaincre, mais aussi sa capacité à accepter les critiques et les suggestions, c'est-à-dire finalement à dialoguer même s'il est ensuite seul à prendre ses décisions.

L'insistance sur ces caractéristiques du personnage n'est bien entendu pas gratuite. Si la relation avec ces deux femmes sert à mettre en avant les qualités énoncées, d'autres séquences sont également consacrées à rappeler que pour lui l'essentiel est de discuter avec tous. Après l'attentat visant Carrero Blanco, il considère que la seule voie possible est de « dialoguer et d'aboutir à des pactes », « de faire comprendre aux gens que les choses peuvent changer sans recourir à la violence »[17]. Cette volonté conciliatrice se retrouve évidemment dans les deux séquences où il rencontre les leaders du PSOE[18] et du PCE, Felipe González et Santiago Carrillo. La capacité à comprendre les arguments de l'autre, à trouver un accord possible est donc mise en relief par le *biopic*, car elle permet de rappeler ce qui a constitué le socle de la Transition, le « consensus », et de faire de Suárez son plus grand artisan.

Afin de rendre l'homme plus proche des téléspectateurs et susciter « l'empathie » (Dosse, 2011 : 63), le *biopic* le montre également dans diverses séquences en compagnie de ses enfants. Si le politicien est souvent absorbé par ses obligations, il essaie cependant de ménager du temps pour ses enfants, et déplore de n'être pas plus présent. L'échange avec son fils, concernant la menace d'attentat qui pèse sur la famille, donne lieu à une scène tendre, qui trace ainsi le portrait d'un homme sensible et d'un père attentif.

---

15 Il y a là une divergence quant à la présentation de l'épouse par rapport à ce qui en est dit dans le documentaire, où elle est décrite comme « moderne, en avance sur son temps ».

16 Ainsi, Amparo déclare à son mari, au sujet de l'opposition, que « ces gens ne vont nous amener que des problèmes » alors que Carmen encourage Suárez à rencontrer Santiago Carrillo, le secrétaire général du PCE, la bête noire des militaires.

17 Ces phrases sont prononcées par Suárez dans le *biopic* et nous les avons traduites.

18 Parti socialiste ouvrier Espagne.

Une Transition pensée de longue date ou les franquistes démocrates

Tel qu'il est présenté dans la fiction, Suárez est tout d'abord un jeune homme qui cherche à travailler pour son pays, et cette volonté patriote s'exprime de pair avec une ambition, un goût pour le pouvoir politique, qui devient alors une visée noble, au service du bien général. Ainsi, après avoir obtenu le poste de gouverneur civil de Ségovie, il cherche activement à être utile aux habitants de la province en les interrogeant sur leurs besoins, en obtenant des fonds spécifiques de l'État pour le développement de la région. Cette vision sans doute trop complaisante du personnage s'appuie notamment sur son désir réformateur, manifeste lors de la séquence mettant en scène sa première rencontre avec le prince, Juan Carlos, à Ségovie, en 1968 ; il expose alors la nécessité de mener à bien un changement politique qui « rende la souveraineté au peuple » tout en respectant l'appareil législatif en vigueur. La séquence où Juan Carlos lui demande de s'exprimer librement sur la situation espagnole et de noter par écrit les points de sa réforme politique constitue sans doute un des moments clés du récit. La Transition en effet apparaît comme un projet déjà pensé, mûri, qui attend le moment adéquat pour se développer. L'un des termes importants lors de cette rencontre est le mot « changement » (*cambio*) qui caractérise précisément la période de Transition et les aspirations de la société, et qui sera au cœur des discours et des revendications politiques. Cette séquence a son pendant, lorsque le Roi remet à Suárez cette même feuille de papier après le vote de la Constitution, en 1978. Il s'agit bien de présenter ainsi la Transition comme le fruit de ses acteurs de premier plan. Les revendications populaires, l'action des partis d'opposition, les projets concurrents au sein du régime franquiste ont été écartés et sont restés hors-champ, comme si tout cela n'avait guère existé.

Sergio Cabrera opère aussi une seconde variation par rapport au récit dominant qui a établi une sorte de « trinité » à l'œuvre pour réaliser le « miracle » de la Transition ou ce que Vidal-Beneyto dénommait ironiquement « l'immaculée Transition ». Il fait de Suárez le véritable moteur de l'évolution politique, en accord avec le Roi, tandis que la figure de Torcuato Fernández Miranda passe au second plan : celui-ci a simplement permis à Suárez d'occuper la première place au gouvernement. De surcroît, la seule séquence où ils évoquent le projet politique, et l'éventualité de discussions avec le PCE, témoigne du manque de vision de Fernández Miranda qui déconseille une rencontre personnelle avec Carrillo alors que Suárez prend ce risque et démontre ensuite qu'il a eu raison.

Si les années 1975 à 1981 sont bien entendu le cadre principal pour mettre en valeur le talent du personnage et son engagement pour la démocratie, le *biopic* se sert également de certains épisodes de la jeunesse de Suárez pour étayer cette présentation. Ainsi, dans une séquence où l'un des membres de son club de football est arrêté par la police politique, Suárez veut le défendre et manifeste qu'il ne comprend pas sa détention. La scène permet au personnage de rappeler que son grand-père était républicain, ce qui en fait donc un représentant des vaincus, mais intégré dans l'Espagne de Franco. Ce passé familial républicain est à nouveau mentionné lors de sa rencontre avec Carrillo et lui permet d'exprimer son rejet d'une Espagne divisée en factions ennemies, disposées à s'entretuer. De même, lors de sa rencontre avec le général Gutiérrez Mellado, en 1972, il affirme qu'il faut « vivre en paix » et « refermer les blessures dues à la guerre ». On peut évidemment considérer que cette insistance à présenter la sensibilité du personnage envers les vaincus est bienvenue en 2010, trois ans après l'adoption de la loi communément appelée « Loi sur la mémoire historique »[19].

Le 23F et la réévaluation de l'œuvre de Suárez

Le réalisateur a choisi d'ordonner le récit principalement à partir de *flash-black*, lorsque Suárez retenu dans une pièce par un militaire se remémore divers moments passés. L'importance accordée à la tentative de coup d'État rappelle évidemment combien l'Armée a pesé sur le processus de Transition et peut constituer l'une des raisons de la démission du président, annoncée en janvier. Elle offre aussi un rappel de son courage face à la menace en reprenant les plans où Suárez est l'un des rares députés à rester assis sur son siège quand les autres se cachent par peur des coups de feu. Ce courage est à nouveau mis en scène dans les séquences où le lieutenant-colonel Antonio Tejero le menace verbalement et avec son arme et où le comédien le défie. Cette fermeté peut être lue symboliquement comme celle du pouvoir politique face à la menace militaire. Le réalisateur utilise surtout à la fin de la prise d'otages un montage parallèle au ralenti qui place en opposition Suárez, lors de la cérémonie de son investiture comme président, et Tejero, dans un des couloirs des *Cortes*. Suárez se déplace sereinement de gauche à droite, selon une trajectoire qui l'emmène vers le futur, Tejero avance pistolet à la main de la droite vers la gauche, selon une direction qui évoque le retour vers le passé.

---

19 Cette loi 52/2007 a été approuvée le 31 octobre 2007 ; son intitulé définitif est « Loi par laquelle sont reconnus et accrus les droits de ceux qui ont subi une persécution ou des violences durant la Guerre civile et la dictature et sont établies des mesures en leur faveur ».

La place centrale accordée dans le récit à l'assaut des *Cortes*, la mise en scène de l'affrontement entre Tejero et Suárez donnent finalement sens à la démission de l'homme politique. Alors que celle-ci a souvent été présentée comme la résultante de divers éléments (critique interne au sein de l'UCD, attaques des socialistes, perte de la confiance populaire et du soutien du monarque) qui cependant n'expliquent pas totalement cette décision, l'attitude de Suárez au cours du 23 février puis de la nuit transforment la démission en un choix réfléchi pour éviter la catastrophe. Lorsque Suárez défie Tejero qui le menace, il démontre qu'il est prêt à perdre la vie (comme il a déjà perdu sa fonction de président du gouvernement) au nom de la démocratie. Le personnage construit par Cabrera prouve ainsi qu'il était bien l'homme de la situation, le seul capable d'accepter de s'effacer pour sauver l'œuvre accomplie.

Si l'attitude de Suárez est mise en scène pour susciter l'admiration, le *biopic* n'en oublie pas pour autant la figure royale et rend hommage également à Juan Carlos. Ainsi, à travers les paroles de Suárez qui félicite le Roi – « Tu as sauvé la démocratie » –, la fiction rappelle et célèbre l'action qui a permis au monarque de gagner sa légitimité aux yeux des Espagnols : stopper les putschistes. En quelque sorte, il s'agit aussi de présenter une interprétation de la période où l'échec du coup d'État entérine la fin du processus de Transition et clôt une époque : la démocratie est parachevée.

Conclusion : mythifier le personnage pour simplifier l'histoire

En 2007, le documentaire *Suárez, 30 años de democracia*, commandé par Antena 3, se propose de contribuer à « tirer de l'oubli » l'homme politique, comme l'énonce la *voice over*. En 2010, le *biopic Adolfo Suárez, el presidente* cherche lui aussi à récupérer la figure de Suárez, mais, en plaçant l'homme au premier plan, il construit un récit où celui-ci semble être le principal artisan d'un processus de démocratisation où les autres protagonistes seraient des interlocuteurs plutôt que des acteurs. Ainsi, le récit gomme certaines des aspérités et des incertitudes de la période pour construire une image plus lisse, plus facilement assimilable par les téléspectateurs. De la sorte, le *biopic* remplit son rôle de « médiateur » pour un « public non spécialisé » (Barnier, 2010 : 16), auquel il permet d'appréhender certains éléments d'une époque complexe. Mais il entérine aussi une certaine interprétation de la Transition et construit une mémoire particulière de ce passé récent, notamment pour les générations qui n'ont pas connu la période et ne peuvent contrebalancer ces images par leurs propres souvenirs.

Or cette mémoire médiatique de la Transition que la mini-série vient donc confirmer, n'aurait-elle pas aussi une certaine visée partisane ? En effet, les historiens ont établi que plusieurs projets politiques étaient en concurrence à la mort de Franco et que la « démocratisation n'a obéi à aucun plan préconçu » (Quirosa-Cheyrouse, 2007 : 17), pourtant le *biopic* transforme Suárez en père de celle-ci et fait de la Transition un projet conçu par les héritiers de la dictature. Or, comme le rappelle Carme Molinero, le projet réformateur imaginé au sein de la dictature s'est avéré un échec et c'est « le projet de rupture, tel qu'il avait été formulé dans des déclarations conjointes par les divers organismes de l'opposition, qui en définitive a fini par être réalisé » (2016 : 13–14). De surcroît, les nombreuses grèves et manifestations qui ont accompagné l'évolution du régime après la mort du dictateur sont quasiment absentes du récit et pour le téléspectateur ne semblent donc guère avoir pesé sur l'adoption des réformes et la démocratisation du régime[20].

En laissant hors-champ ces éléments pour mieux mettre en valeur l'homme et l'œuvre réalisée, le *biopic* renforce une certaine image de la Transition, précisément celle que revendique le PP. Car montrer que la démocratie a été l'œuvre d'un homme issu de la dictature, créant par la suite un parti de centre droit, dont le PP se déclare l'héritier (*El País*, 3-5-2003) n'est-ce pas en quelque sorte contribuer à légitimer celui-ci[21] ? Sans doute n'est-il pas étonnant qu'Antena 3 ait choisi de rendre hommage à la figure de Suárez et construise un récit orienté, puisque comme le révèle une enquête d'opinion cette chaîne est regardée principalement par des électeurs du PP et du parti de centre droit, Ciudadanos[22]. Enfin, la mini-série s'inscrit dans une suite de programmes télévisés fictionnels produits par Antena 3 et destinés à revisiter le passé récent espagnol, comme *20 N. Los últimos días de Franco* (2008), un récit télévisé dont l'un des objectifs déclarés était de « montrer la dimension humaine » du dictateur au moment de son agonie (Coronado, 2015 : 112), c'est-à-dire d'édulcorer son image.

---

20 Certains historiens considèrent, en effet, qu'il serait nécessaire de réévaluer le rôle « des mobilisations sociales » quant au résultat du processus de Transition et de relativiser celui des « élites » politiques (Sánchez González, 2007 : 56).

21 Comme le rappelle Alberto Reig Tapia, depuis l'accession du PP au pouvoir en 1996, le parti a cherché à démontrer à l'opinion publique qu'il avait des antécédents démocratiques irréprochables (2007 : 169).

22 Ainsi, les électeurs du PP et de Ciudadanos représentent respectivement 25% et 32,7% des téléspectateurs de la chaîne, loin devant ceux du PSOE et de Podemos (14,9 et 10,7%) selon l'enquête publiée par *El Mundo* (5-5-2016).

Bibliographie

« Antena 3 estrena el documental 'Suárez, 30 años de democracia' », *El País*, 4 juin 2007.

Aróstegui Sánchez, Julio. 2007. « La Transición a la democracia, "matriz" de nuestro tiempo reciente » in R. Quirosa-Cheyrouse y Muñoz (éd.), *Historia de la Transición en España. Los inicios del proceso democratizador*, Madrid: Biblioteca Nueva, p. 31–43.

Barnier, Martin et Fontanel, Rémi (éds.). 2010. *Les biopics du pouvoir politique de l'antiquité au XIXe siècle. Hommes et femmes de pouvoir à l'écran*, Lyon : Aléas cinéma.

Barnier, Martin. 2010. « Biographie filmée et historiographie » in M. Barnier et R. Fontanel (éds.), *Les biopics du pouvoir politique de l'antiquité au XIXe siècle. Hommes et femmes de pouvoir à l'écran*, Lyon : Aléas cinéma, p. 13–25.

Bellido Acevedo, Gema. 2015. « Ficción y no ficción en "Adolfo Suárez, el presidente"», *Área abierta* vol. 15 n° 2, juillet, p. 35–48.

Coronado, Carlota. 2015. « Desmontando a Franco. El ocaso de Franco en la ficción televisiva española actual », *Historia Actual Online*, 38(3), p. 101–114.

Demange, Christian. 2010. « La Transition espagnole : grands récits et état de la question historiographique », *ILCEA* [en ligne] n° 13 « Les voies incertaines de la démocratisation ». https://journals.openedition.org/ilcea/874?lang=fr (consulté le 11-5-2018)

Demoulin, Claire. 2016. « Les biopics d'hommes politiques : des "films de discours" ? Croisements esthétiques, rhétoriques et politiques autour du film *Le Discours d'un roi* », *Revue LISA/LISA e-journal*, vol. XIV–n° 2.http://journals.openedition.org/lisa/8988 (consulté le 20-5-2018)

Dosse, François. 2011. *Le pari biographique. Ecrire une vie*, Paris : La Découverte [2005].

Fontanel, Rémi. 2011. « Biopic : de la réalité à la fiction », *CinémAction* n° 139, Editions Corlet.

Fuentes, Juan Francisco. 2006. « Lo que los españoles llaman la transición. Evolución histórica de un concepto clave », *Mélanges de la Casa de Velázquez* « Transitions politiques et culturelles en Europe méridionale (XIXe–XXe siècles) » n° 36–1, p. 131–149.

Fuentes, Juan Francisco. 2011. *Adolfo Suárez. Biografía política*, Barcelona: Planeta.

Guillamet, Jaume, 2008, « L'ombre du franquisme : politique, mémoire et médias », *Hermès* n° 52, p. 99–106.

Marcos, Pilar. 2003. « Aznar se presenta como "heredero" de la tarea democratizadora de Adolfo Suárez », *El País*, 3-5-2003.

Moine, Raphaëlle. 2017. *Vies héroïques : biopics masculins, biopics féminins*, Paris : Vrin.

Moine, Raphaëlle. 2011. « Le genre biopic », in R. Fontanel (éd.), « Biopic : de la réalité à la fiction », *CinémAction* n° 139, Editions Corlet, p. 22–27.

Molinero, Carme. 2006. *La Transición, treinta años después. De la dictadura a la instauración y consolidación de la democracia*, Barcelona, Ediciones Península.

Morán, Gregorio. 2009. *Adolfo Suárez. Ambición y destino*, Barcelona: Debate.

Piña, Raúl, 2016, « El medio donde te informas delata a qué partido votas », *El Mundo*, 5-5-2016.

Powell, Charles. 1991. *El piloto del cambio. El Rey, la Monarquía y la transición a la democracia*, Barcelona: Planeta.

Quirosa-Cheyrouse y Muñoz, Rafael. 2007. « La Transición a la democracia : una perspectiva historiográfica » in R. Quirosa-Cheyrouse y Muñoz (éd.), *Historia de la Transición en España. Los inicios del proceso democratizador*, Madrid, Biblioteca Nueva, p. 13–27.

Reig Tapia, Alberto. 2007. « El debate sobre el pasado y su importancia para el presente » in Bernecker, W. R. et Maihold, G. (éds.), *España : del consenso a la polarización. Cambios en la democracia española*, Madrid / Frankfurt: Iberoamericana / Vervuert, p. 167–202.

Rodriguez, Marie-Soledad. 2018. « *Después de …* (Cecilia et juan José Bartolomé, 1981) : une autre image de la Transition ? », *Historia Actual online* n° 45, p. 61–72.

Rueda Laffond, José Carlos. 2011. « *Adolfo Suárez* y *Felipe y Letizia*: ficción televisiva memorias inmediatas sobre la monarquía española », *Hispanic Review*, vol. 79, n° 4, p. 639–660.

Sánchez González, Juan. 2007. « La historia del tiempo presente en España y los estudios sobre la Transicón democrática española: un balance y algunas reflexiones » in R. Quirosa-Cheyrouse y Muñoz (éd.), *Historia de la Transición en España. Los inicios del proceso democratizador*, Madrid: Biblioteca Nueva, p. 45–59.

Tirado, Juan Antonio. 2015. *Siete caras de la Transición. Arias Navarro. Juan Carlos I. Adolfo Suárez. Torcuato Fernández Miranda. Santiago Carrillo. Carmen Díez de Rivera*, Madrid: San Pablo.

Urbano, Pilar. 2014. *La gran desmemoria. Lo que Suárez olvidó y el Rey prefiere no recordar*, Barcelona: Planeta.

Karine Rivière-De Franco

(Université d'Orléans, CEPOC-POLEN)

La (re)construction de l'image de Margaret Thatcher dans le biopic *The Iron Lady*

Abstract: This article intends to analyse the representation of Margaret Thatcher in the biopic *The Iron Lady* released in 2011. With a strong personality and deep-rooted convictions, Thatcher was the first woman Prime Minister in the United Kingdom and she remained in power for eleven years (1979–1990). The article will question the link between history and filmic representation. It will focus on the (re)construction of the image of the former Prime Minister by highligting a focus on gender and on personal life, at the expense of political action.

Icône de la politique britannique et première femme à devenir Premier ministre du Royaume-Uni, Margaret Thatcher détient le record de longévité au pouvoir avec onze années passées à la tête du pays entre 1979 et 1990. Dotée d'une forte personnalité, elle a incarné une ligne politique en rupture avec le consensus de l'après-guerre, a été adulée par certains et détestée par d'autres, ce qui a contribué à rendre ses trois mandats très controversés.

Cet article se propose d'analyser la représentation de M. Thatcher dans le film qui lui a été consacré, *The Iron Lady*, dont le titre reprend son plus célèbre surnom[1]. Si elle a été l'objet de nombreux ouvrages et de multiples représentations dans la culture populaire britannique (documentaires, téléfilms, caricatures de presse, marionnette dans une émission télévisée satirique, chansons, comédie musicale)[2], *The Iron Lady* constitue la première adaptation cinématographique consacrée à sa carrière[3]. Dans ce film, basé sur le scénario de la britannique Abi Morgan et réalisé par une autre britannique Phyllida Lloyd, l'actrice américaine Meryl Streep incarne l'ancien Premier ministre. Cette évocation biographique,

---

1   Ce surnom lui a été attribué à l'origine par un journal russe en 1977, lorsqu'elle était chef de l'opposition.

2   *Thatcher: The Final Day*, 1991 ; *The Rise and Fall of Margaret Thatcher*, 2008 ; *Spitting Image*, ITV, 1984–1996 ; *Thatcher – The Musical*, 2006.

3   Le film a rapporté 115 millions de dollars à travers le monde, <http://www.boxofficemojo.com/movies/?id=ironlady.htm>, consulté le 18 juillet 2018.

sortie au Royaume-Uni en 2011, plus de vingt ans après sa démission, a reçu de
nombreuses récompenses, notamment pour l'interprétation de Meryl Streep[4].
Sa réception auprès du public a été plus mitigée : les sympathisants de M. Thatcher ont dénoncé ce qu'ils considéraient comme un manque de respect pour
l'ancien leader politique, tandis que ses détracteurs ont critiqué une représentation jugée trop complaisante.

The Iron Lady – une adaptation libre de la biographie de John Campbell
(2009) – se classe dans la catégorie des biopics politiques, un genre désormais
bien ancré dans le cinéma britannique[5]. Toutefois, il se distingue des réa-
lisations antérieures : pour la première fois (à l'exception des œuvres sur les
membres de la famille royale), il met à l'honneur une femme, et, de surcroît,
de son vivant. Le Premier ministre conservateur de l'époque, David Cameron,
a d'ailleurs estimé que le film avait été fait « trop tôt »[6]. Abi Morgan a basé le
scénario sur les révélations de la fille de M. Thatcher selon lesquelles sa mère
souffrait de démence depuis plusieurs années[7]. Délaissant l'évocation linéaire et
chronologique, la scénariste et la réalisatrice ont mélangé présent et passé, réel
et fiction, flashbacks et hallucinations. Alors qu'elle perd la mémoire et qu'elle
est victime de visions, des objets, des photographies et des musiques conduisent
M. Thatcher à se remémorer certains événements de sa vie : souvenirs personnels (enfance avec ses parents, vie de couple avec Denis et vie de famille avec
ses enfants) et professionnels (élection comme député, élection à la direction du
parti conservateur, victoire électorale de 1979 et temps forts de son action de
Premier ministre jusqu'à sa démission en 1990).

Cet article entend s'interroger sur le rôle du cinéma comme « agent de l'histoire », pour reprendre les termes de Marc Ferro, et étudier comment cette évocation biographique du parcours de M. Thatcher participe à la (re)construction

---

4   Elle s'est vue décerner un Oscar, un Golden Globe et un BAFTA.
5   « Le biopic met en scène la vie d'un ou de plusieurs personnages historiques, passé(s)
     ou présent(s), avec un degré d'exactitude variable », (Custen, 1992 : 5). Pour les biopics
     politiques, voir notamment : *Disraeli*, 1916 ; *The Life Story of David Lloyd George*,
     1918 ; *The Prime Minister*, 1941 ; *Young Winston*, 1972 ; *The Deal*, 2003. *The Special
     Relationship*, 2010. *Darkest Hour*, 2018.
6   <http://www.bbc.com/news/uk-politics-16439209>, consulté le 29 mai 2018.
7   La réalisatrice Phyllida Lloyd avait d'ailleurs précisé : « *We considered very deeply
     the morality of discussing this issue about someone who was still alive. But we felt
     Carol (Thatcher) had given us this cue, that it was something that could be discussed* »,
     <http://www.timminspress.com/2011/12/27/thatchers-iron-lady-image-softened-by-
     new-movie-7>, consulté le 12 juin 2018.

de l'image de l'ancien Premier ministre. En partant des notions de transmission de l'Histoire, de construction de la mémoire collective et du rapport entre représentation biographique à l'écran et réalité historique, l'étude va analyser le film comme un éloge de la pionnière politique, une version idéalisée de M. Thatcher, et s'intéresser à la focalisation sur l'intime et le personnel au lieu du politique.

1. Une exception dans la sphère publique

A l'instar des médias et des analystes politiques qui ont largement commenté l'arrivée d'une femme à la tête du Royaume-Uni en 1979, *The Iron Lady* – un film de femmes –, fait de l'éloge de la pionnière politique son thème central. Abi Morgan, Phyllida Lloyd et Meryl Streep ne cachent d'ailleurs pas leur admiration pour le parcours exceptionnel de M. Thatcher. Meryl Streep révèle que « nous, à gauche, nous n'aimions pas sa politique mais en secret nous étions ravis qu'une femme l'ait fait et nous pensions 'si cela arrive là-bas en Angleterre, ça peut arriver ici' »[8].

La scénariste et la réalisatrice ont adopté l'angle de la femme pionnière qui « brise le moule » et rompt avec la tradition, cadre traditionnellement utilisé par les médias pour aborder la question des femmes en politique[9]. M. Thatcher ne se cantonne pas à la sphère privée du foyer, mais entend également réussir dans la sphère publique du monde professionnel. Cette opposition apparaît à plusieurs reprises dans le film, notamment à travers l'activité de la vaisselle, qui symbolise la fonction domestique de la femme et qui revient comme un motif récurrent tout au long du film. Jeune fille, M. Thatcher ne peut écouter la fin d'un discours public de son père, car elle doit s'occuper des « tasses ». Lorsqu'elle reçoit son courrier d'admission pour l'université, sa mère ne peut en prendre

---

8   « *we on the Left didn't like her policies but secretly we were thrilled that a woman had made it, and we thought, 'Wow, if it can happen there in England, it could happen here'* », <http://www.dailymail.co.uk/tvshowbiz/article-2061106/The-Iron-Lady-Meryl-Streep-reveres-Margaret-Thatcher.html#ixzz5Bh6sdzKW>, consulté le 12 juin 2018.
      « *Just as I remember not voting for her, I remember sitting in my room at university when the radio announced that she had been asked to form a government, and I went 'Yes!' It felt like one for our team* », Phyllida Lloyd, <http://www.nytimes.com/2011/12/25/movies/for-iron-lady-armor-added-to-streeps-wardrobe.html>, consulté le 12 juin 2018.
9   Outre les « *outsiders* », qui réussissent contre toute attente, et les femmes comme « acteurs de changement », les femmes politiques sont régulièrement présentées comme « brisant le moule » et rompant avec la tradition. (Ross, 2002 : 95).

connaissance car ses mains sont mouillées par l'eau de vaisselle. Jeune femme, M. Thatcher prévient Denis qu'elle ne se contentera pas d'un rôle d'épouse et de mère, et qu'elle ne compte pas passer sa vie à « laver des tasses ». De manière ironique, à la fin du film, cette activité domestique semble désormais la contenter.

M. Thatcher souhaite s'émanciper du rôle traditionnel attribué aux femmes à l'époque, et, lorsqu'elle devient Premier ministre, des voix d'hommes (journalistes à la radio) soulignent la rupture que sa victoire représente avec les habitudes politiques passées. Sa singularité est énoncée tout au long du film et M. Thatcher apparaît systématiquement représentée comme la seule figure féminine parmi une foule d'hommes (pendant une allocution politique de son père, lors des débats parlementaires, sur la photographie des membres du gouvernement). De même, lors de la guerre des Malouines, vêtue d'une robe, elle est entourée des militaires en uniforme et des conseillers politiques en costume. Lors d'une visite à l'étranger en 1990, elle est photographiée au milieu d'une trentaine de chefs d'Etat et de gouvernement masculins après la signature du traité de désarmement Est-Ouest. Diverses techniques cinématographiques, comme l'angle de prise de vue et le cadrage, permettent d'accentuer son côté précurseur. La plongée dévoile l'unique habit coloré parmi une masse de costumes sombres. La contreplongée révèle la seule paire de chaussures à talons au milieu d'une multitude de chaussures plates. Le gros plan différencie les mains de M. Thatcher, ornées de bagues, de celles de ses collègues du Cabinet lors d'une réunion autour d'une table.

Le monde politique est présenté comme un milieu hostile et misogyne qui exclut les femmes et dans lequel M. Thatcher doit lutter pour s'imposer. Lorsqu'elle cherche une circonscription dans laquelle se présenter comme député, elle dîne avec des membres locaux du parti conservateur, mais doit s'éclipser lorsque les discussions sérieuses entre hommes débutent autour d'un cigare à la fin du repas. A son arrivée au Parlement, elle se voit refuser l'entrée de la salle commune des députés, animée et bruyante, et doit se rabattre sur le local réservé aux femmes, dans lequel seule trône une planche à repasser. A ses débuts, elle ne trouve que deux alliés masculins : le député conservateur Airey Neeve, et le conseiller en image Gordon Reece. Les autres l'ignorent et émettent des remarques désobligeantes. Un député ironise sur sa voix « stridente » et lui conseille de « se calmer si elle veut être prise au sérieux »[10]. Comme ministre de l'Education, elle peine à se faire entendre lors d'une réunion du Cabinet et

---

10 « *The honorable lady screech too much. She must learn to calm down if she wants to be taken seriously* ».

le Premier ministre dédaigne ostensiblement son point de vue. Le film dépeint une société dans laquelle la politique apparaît comme un domaine réservé que les hommes cherchent à protéger de toute intrusion. M. Thatcher a d'ailleurs bien conscience que ses origines sociales et son sexe l'empêcheront de vraiment s'intégrer[11]. Son statut est également utilisé contre elle : des opposants à ses politiques lui reprochent de se comporter en « monstre » et non en « mère de famille »[12]. Le Premier ministre essaie toutefois de transformer ce handicap en atout. Elle réplique à des officiers qui soulignent son inexpérience dans le domaine militaire que sa vie est un combat quotidien et, par ailleurs, elle fait preuve d'empathie envers les mères des soldats tués aux Malouines[13].

Hormis M. Thatcher, les femmes visibles à l'écran jouent un rôle mineur ou occupent une fonction subalterne. La mère de M. Thatcher est uniquement représentée dans la cuisine, symbole du destin auquel Margaret veut échapper. Sa sœur Muriel semble également quasiment mise à l'écart dans l'histoire familiale, le père constituant la figure dominante et l'influence formatrice. Si la fille de l'ancien Premier ministre est présente au cours des trois jours pendant lesquels se déroule le récit filmique, M. Thatcher paraît attendre davantage de la relation avec son fils, qui réside pourtant en Afrique du Sud. En politique, seules des épouses apparaissent ; lorsque Michael Heseltine annonce sa candidature à la tête du parti conservateur, sa femme se tient à ses côtés. Les autres figures féminines du film sont au service de M. Thatcher, à l'instar de l'intendante et de la secrétaire qui gèrent son quotidien. A son départ de *Downing Street*, le personnel lui fait une haie d'honneur et les spectateurs découvrent à cette occasion de nombreuses femmes, invisibles jusqu'alors.

Le film construit M. Thatcher comme une figure exemplaire ; toutefois, en dehors de ce rôle de modèle, *The Iron Lady* ne semble pas revendiquer une égalité entre les sexes. Or, pour Ann Philips, la défense de la parité s'appuie sur un principe d'équité et nécessite un renouveau de la politique et une défense des enjeux féminins (Phillips, 1995 : 62–63). Lorsque le film sort, plus de vingt ans après la démission de M. Thatcher, aucune autre femme n'est parvenue à ce poste.

---

11 « *I will never be truly one of them [...] it's my background and my sex* ».
12 « *You're supposed to be a mother. You're not a mother, you're a monster* ».
13 « *as the only PM in the history of this country, who is also a mother with a son of my own* ».

2. Une représentation idéalisée mais inexacte

Dans quelle mesure cette hagiographie reflète-t-elle l'idéologie et les actions de l'ancien Premier ministre, ainsi que sa conception de la place de la femme dans la société ? La volonté de souligner le caractère exceptionnel de M. Thatcher amène le film à s'affranchir d'une partie de la réalité historique. A l'époque, la sphère politique britannique était effectivement très largement masculine, et la sous-représentation des femmes n'évoluait que très lentement (4% de femmes parlementaires en 1959, 3% en 1979, 9,2% en 1992)[14]. Le film reprend d'ailleurs une phrase prononcée par M. Thatcher dans un entretien au *Liverpool Daily Post* le 17 juin 1974 : « il faudra des années avant qu'une femme devienne *leader* du parti ou Premier ministre. Je ne crois pas que cela arrive de mon vivant »[15]. Pourtant, M. Thatcher n'était pas la seule députée, comme cela apparaît à l'écran. Constance Markievicz fut la première femme à être élue au Parlement en 1918 ; républicaine irlandaise, elle refusa de siéger et Nancy Astor fut alors la première à entrer au Parlement l'année suivante. Lorsque M. Thatcher était au pouvoir, les femmes constituaient environ 5% de l'ensemble des parlementaires, mais, dans le film, aucune figure féminine n'est visible sur les bancs de la chambre des Communes. La réalisatrice Phyllida Lloyd explique qu'elle souhaitait montrer l'ancien Premier ministre « comme une femme isolée dans une mer d'hommes »[16]. John Campbell – biographe et consultant sur le film – reconnaît que cette « légère exagération » vise à « montrer la manière dont elle le ressentait. C'est sa lutte, son combat pour s'affirmer au milieu d'un grand nombre d'hommes condescendants »[17]. Par ailleurs, M. Thatcher n'a pas tenté de se rapprocher des femmes qui siégeaient déjà au Parlement (Edith Pitt, Patricia Hornsby-Smith, Evelyn Emmet, Muriel Gammans, Irene Ward ou Betty Harvie Anderson chez les conservateurs). Plusieurs femmes avaient également déjà été nommées au gouvernement, dont Margaret Bondfield comme ministre du Travail dès 1929, ou Barbara Castle, secrétaire d'Etat à la Santé et aux Services

---

14 <http://www.ukpolitical.info/FemaleMPs.htm>, consulté le 27 juillet 2018.

15 « *It will be years before a woman either leads the party or becomes Prime Minister. I certainly do not expect to see it happening in my time* », <http://www.margaretthatcher.org/document/102369>, consulté le 27 juillet 2018.

16 « *like a lone woman in a sea of men* », interview, bonus du film, DVD.

17 « *That is slightly exaggerated, yes [...] but it is intended to show how it felt to her. It is her struggle, her battle to assert herself against a lot of patronizing men* », <https://www.npr.org/2011/12/29/144449825/how-accurate-is-the-iron-lady>, consulté le 12 juin 2018.

sociaux lorsque M. Thatcher était chef de l'opposition. Si M. Thatcher fut effectivement la première à accéder à la fonction suprême, d'autres femmes l'avaient
précédée au Parlement comme au gouvernement.

En élevant M. Thatcher au rang de symbole pour les femmes, le film laisse
penser que sa présence au plus haut niveau politique va se traduire par des avancées en matière d'égalité et de lutte contre les discriminations. Or, la réalité fut
tout autre et M. Thatcher ne fut nullement une fervente féministe. Elle estimait
suffisante la loi de 1970 sur l'égalité salariale (*Equal Pay Act*) et celle de 1975
sur les discriminations (*Sex Discrimination Act*) ; elle jugeait que les femmes
devaient faire leurs preuves et se saisir des opportunités qui s'offraient à elles
dans le cadre législatif existant. Elle ne considérait d'ailleurs pas la population
féminine comme un groupe électoral spécifique et a refusé d'inclure un chapitre
dédié aux femmes dans le programme électoral de 1987, s'opposant à la segmen-
tation de la population[18]. D'ailleurs, sur les 581 lois votées sous ses mandats,
seules 20 concernent les femmes dans des proportions plus importantes que les
hommes[19]. En outre, elle a régulièrement fait l'éloge de la structure familiale
traditionnelle et souligné le rôle primordial qu'occupe la femme en son sein,
notamment en tant que mère[20]. Pour elle, les femmes participent au rétablissement d'un ordre moral dans la société à travers le maintien de règles morales au
sein du foyer et l'éducation des enfants (Kent, 1999 : 349), une vision traditionnelle de la femme, à l'opposé de son cas personnel : une femme moderne qui a
réussi dans un monde d'hommes, tout en ayant une famille.

Elle n'a mené aucune action en vue de promouvoir davantage de femmes
en politique, s'est opposée à toute forme de discrimination positive et, en onze
ans, n'a nommé aucune femme au gouvernement. Une seule a participé aux
réunions du Cabinet, Lady Young, membre de droit en tant que présidente de la
chambre des Lords. Fière de n'avoir bénéficié d'aucune mesure de faveur et de
ne devoir sa réussite qu'à son travail, M. Thatcher prônait une idéologie individualiste basée sur l'effort, le travail et le mérite, se comportant en « reine des

---

18 « *Policies are for all the people [...] we really do not live in wholly separate compart-
    ments* », discours, 29 juillet 1988. « *As I indicated, you do not have a policy especially
    for women. Women now have opportunities we never had before [...] I just want more
    women to take advantage of those opportunities* », conférence de presse, 10 juin 1987.

19 581 Public General Acts entre mai 1979 et novembre 1990, Hansard Parliamentary
    Archive, <www.legislation.gov.uk>, consulté en juin 2014.

20 « *It is vital that we safeguard the institution of family life, and undoubtedly the mother
    has the most important role in bringing up the children* », séance de questions au
    Premier ministre, 23 janvier 1990.

abeilles » : « Les 'reines des abeilles' ont une idéologie individualiste, sachant qu'elles ont réussi grâce à leurs propres efforts et estimant, par conséquent, que toutes les femmes peuvent le faire » (Rowland, 1995)[21]. L'image que l'opinion publique retient est celle de la Dame de fer, d'un leader à poigne, aux priorités masculines (guerre des Malouines, réduction du pouvoir des syndicats ...).

Certaines militantes féministes considèrent que, loin de servir la cause fémi-nine, sa politique a eu des répercussions néfastes pour nombre de femmes, tou-chées de manière disproportionnée par les coupes budgétaires dans le domaine de la santé, des transports et du logement. Elles déplorent que « le programme de la première femme Premier ministre semble, de manière ironique, heurter de plein fouet nombre des priorités des féministes »[22].

3. L'intime et le personnel au lieu du politique

3.1 Une vieille dame sénile

The Iron Lady met essentiellement l'accent sur l'intime et les sentiments per-sonnels et non sur la représentation de l'action politique de M. Thatcher. Le récit filmique se déroule sur trois jours pendant lesquels M. Thatcher a décidé de trier les vêtements de son mari décédé, alors que lors de ses hallucinations, elle le croit toujours vivant et lui parle. La détresse de l'ancien Premier ministre, qui n'accepte pas la solitude, crée chez les spectateurs un sentiment d'empa-thie, d'autant que sa préoccupation principale concerne le bonheur passé de son mari[23]. Lorsque, sans lui apporter de réponse, il disparaît définitivement à la fin du film, une larme coule sur la joue de M. Thatcher. Sa faiblesse, physique et mentale, contraste avec l'image de pouvoir et de domination qui fut la sienne en tant que Premier ministre. Si le film retrace un destin, de la jeune fille à la vieille dame, en passant par la Dame de fer, il place également au premier plan l'his-toire d'amour, introduisant un décalage avec l'image publique de femme forte,

---

21 Rowland, R. « Women Who do and Women Who don't Join the Women's Movement » In « The Gender Significance of Women in Power. British Women Talking about Margaret Thatcher », Pilcher, Jane. *The European Journal of Women's Studies*, 2:4 (1995). DOI : 10.1016/0277-5395(85)90004-4

22 « *The agenda of Britain's first female Prime minister appeared, ironically, to collide head-on with many feminist priorities* » (Bashevkin, 1996: 52).

23 « *I wanted you to be happy Denis. Were you happy Denis? Tell me the truth* ».

indépendante et réputée « sans cœur » de l'ancien Premier ministre. Ainsi, nombre de flashbacks concernent également sa vie personnelle et familiale : sa rencontre avec Denis ou les vacances en bord de mer avec ses enfants.

Ce traitement cinématographique du leader politique correspond à la tendance moderne des biopics qui est de dévoiler la personnalité politique par le prisme de l'intime, ce qui revient à dépolitiser le sujet[24] et à vider en partie le film de son contenu politique. Il est donné à voir aux spectateurs l'être humain sans le Thatchérisme, cette révolution économique et sociale qui a marqué le retour du libéralisme économique au prix d'importantes conséquences sociales. Les événements historiques, traités de manière partielle, se trouvent largement occultés par les souvenirs personnels mélancoliques. Ainsi, la philosophie économique qui sous-tend son programme est totalement passée sous silence, les mesures phares de ses mandats sont survolées et seules quelques images illustrent le mécontentement d'une partie de l'opinion publique. Par ailleurs, le film propose une « incarnation mimétique » du personnage politique, pour reprendre l'expression de Raphaëlle Moine (Moine, 2017 : 30) : Meryl Streep ressemble physiquement à M. Thatcher et cherche à reproduire sa voix et ses attitudes. Cette exigence de réalisme conduit à la reconstitution des événements de l'époque et à la création de « faux documents d'archives » qui évitent le « décalage entre les images documentaires et les images de fiction » (*ibid.*: 30). La réalisatrice revendique un tel parti pris, son objectif consistant à mettre à l'écran « une histoire universelle » et à narrer « l'histoire d'une femme ordinaire qui, après avoir atteint le pouvoir, vieillit et retrouve une vie normale, comme tout le monde »[25].

3.2 Une représentation trop complaisante

Si pour Phyllida Lloyd, « la question n'est pas d'approuver ou de désapprouver l'action politique » de l'ancien chef de gouvernement, certains ont considéré que cet angle de traitement conduit à une représentation largement favorable à M. Thatcher, d'où les vives critiques d'une partie de la presse britannique. L'hebdomadaire le *New Statesman* estime que la focalisation sur le drame personnel

---

24 <http://www.lepoint.fr/cinema/biopics-le-naufrage-politique-14-02-2012-1431433_35.php>, consulté le 15 mars 2018.

25 « *People will be very surprised by how unpolitical the film is. That isn't really the issue whether you approve of the policies or not* », « *it's a universal story* », Interview, bonus du film, DVD. « *They wanted to tell the story of a woman of ordinary origins who rose to great power only to fall back again into a normal, elderly life that is much like anyone's* », <http://www.timminspress.com/2011/12/27/thatchers-iron-lady-image-softened-by-new-movie-7>, consulté le 12 juin 2018.

rend M. Thatcher bien plus sympathique qu'elle ne l'était[26]. Le *Times* dénonce « un parti pris qui laisse les années Thatcher méconnaissables » et qui édulcore « la politique de division que Thatcher a menée sous son règne au profit d'un hymne à la féminité et d'un chant funèbre à la démence »[27]. A l'inverse, le *Daily Telegraph*, soutien traditionnel des conservateurs, dénonce un « film honteux », qui fait fi de la dignité de la personne humaine et du respect de la vie privée[28]. Ces deux types de réactions se retrouvent chez les spectateurs britanniques, partagés entre déception et colère. Cette représentation de la période Thatcher s'avère d'autant plus importante que, pour les plus jeunes, le biopic contribue à ancrer la personnalité politique dans la culture populaire, même s'il ne restitue qu'une vision partielle, partiale ou tronquée des événements. Comme le rappelle Marc Ferro, « le cinéaste sélectionne dans l'histoire les faits et les traits qui nourrissent sa démonstration, et il laisse de côté les autres, sans avoir à justifier ou légitimer ses choix » (1993 : 220).

Conclusion

Loin de constituer un documentaire historique sur le Thatchérisme, le film représente la personnalité politique comme un modèle de réussite au féminin. La scénariste et la réalisatrice retracent le parcours d'une femme qui parvient à briser le plafond de verre pour parvenir au sommet du pouvoir politique. Cet éloge de celle qui fût une exception – jusqu'à ce que Theresa May succède à David Cameron en 2016 –, fait, en revanche, largement l'impasse sur les politiques menées pendant onze ans. En outre, si comme l'explique Raphaëlle Moine, « le régime auctorial [...] propose, et le régime spectatorial [...] dispose », pour de multiples raisons, *The Iron Lady* n'a pas répondu aux attentes de la plupart des spectateurs (2002 : 83).

---

26 « *She is arguably too likeable in comparison to the lady herself* », <https://www.newstatesman.com/blogs/cultural-capital/2011/12/biopic-film-life-truth-bush>, consulté le 12 juin 2018.

27 <https://www.lemonde.fr/cinema/article/2012/01/05/the-iron-lady-ou-thatcher-sans-le-thatcherisme_1626270_3476.html>, consulté le 12 juin 2018.

28 « *The Iron Lady is a disgraceful film. You do not have to support her politics to defend her right to privacy in old age. She deserves to be treated with as much dignity as anyone else* », <https://www.telegraph.co.uk/news/politics/margaret-thatcher/9013910/The-Iron-Lady-and-Margaret-Thatchers-dementia-Why-this-despicable-film-makes-voyeurs-of-us-all.html>, consulté le 12 juin 2018.

Si ce biopic ne fait qu'effleurer les questions politiques, d'autres films, dits réalistes, traitent des conséquences économiques et sociales du Thatchérisme. Mike Leigh (*Mean Time*, 1984 ; *High Hopes*, 1988 ; *Life is sweet*, 1991), Stephen Frears (*My Beautiful Laundrette*, 1985) et Ken Loach (*Riff-Raff*, 1990 ; *Raining Stones*, 1993 ; *Ladybird*, 1994 ; *The Navigators*, 2001) mettent à l'écran les drames humains de Britanniques ordinaires, victimes des politiques libérales des gouvernements conservateurs.

La sortie du film en 2011 a déclenché de vives polémiques, à l'image de celle qui reste l'une des personnalités politiques britanniques les plus controversées du XXe siècle. Son décès, deux ans plus tard, a, de nouveau, déclenché les passions et prouvé les réactions épidermiques que l'évocation de son nom suscite ; certains ont rendu hommage à la femme qui a sauvé le pays de la crise économique, sociale et politique des années 1970, tandis que d'autres se sont réjouis de la disparition de celle qui a creusé les inégalités et divisé la nation. « Adorée, haïe, jamais oubliée », pour reprendre la Une du *Northern Echo*, un quotidien régional du Nord de l'Angleterre, le 8 avril 2013.

Bibliographie

Bashevkin, Sylvia. January 1996. « Tough Times in Review. The British Women's Movement during the Thatcher Years », in *Comparative Political Studies*, 28:4.

Campbell, John. 2009. *The Iron Lady: Margaret Thatcher, from Grocer's Daughter to Prime Minister*, London: Vintage Books.

Cheshire, Ellen. 2015. *Bio-Pics: A Life in Pictures*, New York, Chichester, West Sussex: Wallflower Press.

Custen, George F. 1992. *Bio/Pics, How Hollywood Constructed Public History*, New Brunswick, New Jersey: Rutgers University Press.

de Baeque, Antoine. 2008. *Histoire et cinéma*, Paris : Cahiers du cinéma.

Ferro, Marc. 1993. *Cinéma et histoire*, Paris : Gallimard, « Folio histoire ».

Kent, Susan Kingsley. 1999. *Gender and Power in Britain, 1640–1990*, London: Routledge.

Moine, Raphaëlle. 2002. *Les genres au cinéma*, Paris : Nathan.

Moine, Raphaëlle. 2017. *Vies héroïques. Biopics masculins, biopics féminins*, Paris : Librairie philosophique J. Vrin.

Moore, Charles. 2013. *Margaret Thatcher. The authorized biography, volume 1 – Not for Turning*, London: Allen Lane.

Moore, Charles. 2013. *Margaret Thatcher. The authorized biography, volume 2 – Everything She Wants*, London: Allen Lane.

Phillips, Ann. 1995. *The Politics of Presence*, Oxford: Clarendon.

Ross, Karen. 2002. *Women, Politics, Media: Uneasy Relations in Comparative Perspective*, Cresskill, N.J.: Hampton Press.

Thatcher, Carol. 2008. *A Swim-On Part In The Goldfish Bowl*, London: Headline Review.

Thatcher, Margaret. 1993. *The Downing Street Years*, London: HarperCollins.

Carole Viñals

(Université de Lille, CECILLE)

Les femmes politiques espagnoles face aux stéréotypes dans les médias et sur les réseaux sociaux.

Abstract: We analyze the image of Spanish political women in the Spanish media, social networks, trending topics... Despite remarkable changes, differences between men and women remain. The stereotypes (housewife, the perfect mother, women as objects, femme fatale) remain deeply anchored in the collective sub-consciousness. Society makes women feel guilty when they try to escape from traditional roles. We will show this through recent cases concerning Cospedal, Bescansa, Colau, Saenz de Santamaria and Ana Gabriel.

On considère d'ordinaire que les médias sont le lieu où les sociétés industrielles produisent notre réel. Pour Eliseo Verón, l'un des meilleurs spécialistes de la communication de masse, « les événements sociaux ne sont pas des objets qui se trouveraient tout faits quelque part dans la réalité et dont les médias nous feraient connaître, après coup, les propriétés : ils n'existent que dans l'exacte mesure où ces médias les façonnent » (1981 : 14). Le paysage médiatique s'étant vu bouleversé ces dernières années par les nouvelles technologies, ce travail s'appuie sur les gros titres de la presse papier et numérique, ainsi que sur les représentations données par certains réseaux sociaux et films de campagne.

Le cas espagnol est intéressant car il éclaire le mode de fonctionnement de nos sociétés occidentales et nous invite à nous interroger sur nos codes et nos préjugés. La misogynie à l'encontre des femmes politiques dans les médias et les réseaux sociaux, témoigne des difficultés auxquelles les femmes sont confrontées lorsqu'elles veulent s'affirmer comme des êtres indépendants, investis d'autorité, capables d'incarner un pouvoir de commandement. Tous ces moyens d'information permettent de saisir la nature du regard porté sur les femmes, traditionnellement désignées par leurs caractéristiques physiques et rattachées à un cadre familial omniprésent (époux, enfants). Cette différence de traitement se retrouve aussi bien chez les femmes politiques de droite que de gauche. Bien que le gouvernement de Pedro Sánchez compte aujourd'hui plus de femmes que d'hommes à la tête des ministères régaliens, la parité n'est pas encore atteinte dans la sphère politique. En effet, si l'irruption des femmes dans le paysage politique bouscule les représentations collectives, le leadership demeure traditionnellement associé au masculin.

Dans cet article, nous allons voir que les femmes politiques espagnoles sont encore représentées à travers les stéréotypes habituels : la femme au foyer, la femme-mère, la femme-objet et la femme-fatale. Nous aborderons, d'une part, les différentes manières de culpabiliser les femmes : celles qui abandonnent leur famille et négligent leurs enfants, celles qui séduisent les hommes ; et nous étudierons, d'autre part, l'association des femmes au mal.

1. Le stéréotype de la femme au foyer

Les stéréotypes de genre véhiculent et reproduisent, en les renforçant, des normes sociales très inégalitaires entre les hommes et les femmes. La femme au foyer s'affaire aux tâches de la maison. Soumise au bon plaisir de son partenaire, elle reste cantonnée dans la sphère domestique. Ce modèle de féminité, bien qu'il soit peu fréquent aujourd'hui, est utilisé pour culpabiliser indirectement la femme au travail, qui sortirait de son rôle de ménagère. Bien des femmes politiques espagnoles ont été renvoyées par leurs collègues masculins à cette fonction puisque le ménage est considéré comme une tâche réservée aux êtres inférieurs et dévolue en particulier aux femmes. La secrétaire générale du Parti Populaire, María Dolores de Cospedal, avait été qualifiée de « chacha » sur Europapress par Emiliano García-Page, secrétaire général du PSOE de Castille-La-Manche. Après s'être exprimé ainsi le 21 août 2014, García Page a rectifié le lendemain : « Le pido disculpas a los trabajadores y trabajadoras domésticos, sobre todo los que trabajen al servicio de Cospedal en sus múltiples propiedades. A esos especialmente porque con ellos no iba el tema » (*Libertad digital*, 22/08/ 2014). García Page a tiré profit de la controverse (qui lui a notamment permis d'attirer l'attention sur sa personne) pour souligner le fait que Cospedal bénéficiait d'un personnel domestique plus que conséquent. Cospedal, quant à elle, s'est déclarée victime de machisme de la part d'une gauche qui, selon ses dires, instrumentaliserait le sexisme pour en tirer parti et se victimiser :

> « A la señora Irene Montero se le dice en la tribuna su relación con Pablo Iglesias y se pone a llorar » y esto « es un acto machista », ha criticado la secretaria general del PP, que ha acusado a la formación morada de « utilizar » la figura de su esposo « para perjudicarme a mí ». Una actitud que para Cospedal « es de un machismo asqueroso ». Pero aquí no ha quedado la cosa. La ministra ha afirmado estar « harta de lecciones de feminismo » (*Elboletin*, 29/05/2018).

Cospedal a pointé du doigt le recours à la victimisation de la part des femmes de gauche qui instrumentalisent le féminisme à leur profit, alors que le sexisme subi par les femmes de droite serait passé sous silence. Renvoyer les femmes aux tâches ménagères dont elles devraient s'acquitter au lieu de faire de la politique (ce dont elles sont par nature incapables) est un procédé de dénigrement assez fréquent. Le 4 mars 2013, un autre socialiste, Jesús Fernández Herrera, avait conseillé à Fátima Báñez, ministre du Travail, de rentrer chez elle « hacer punto de cruz » (*ABC*, 4/03/2013) après la publication des chiffres du chômage. Cette remarque sous-entendait qu'une femme n'est pas à sa place à la tête d'un ministère et qu'elle sort de son rôle naturel lorsqu'elle s'entête à faire de la politique. Certaines femmes ont cristallisé tout particulièrement les attaques masculines. Tel a été le cas d'Ada Colau, maire de Barcelone, qui a été l'objet de critiques acerbes. Oscar Berman, député du PP, avait affirmé le 14 mars 2016 (*20 minutos*) qu'Ada Colau « en una sociedad seria y sana, estaría limpiando suelos y no de alcaldesa de Barcelona ». Il pointait ainsi du doigt, entre autres choses, le manque de diplômes d'Ada Colau qui est issue du militantisme et des mouvements sociaux. S'agissant d'une femme, il la rattache « naturellement » aux activités domestiques. Rabaisser les femmes politiques, les renvoyer à des tâches ménagères qui correspondent à leur nature est une forme d'intimidation destinée à les écarter des postes politiques. La tradition sert ainsi à éliminer la concurrence.

La compétence des femmes est en effet remise en question régulièrement. De plus, leur faiblesse naturelle les rendrait inaptes à se lancer dans des débats politiques souvent violents. En mai 2014, le Commissaire européen au Climat, Miguel Arias Cañete, s'était ouvertement plaint de la présence des femmes en politique en arguant du fait que « el debate entre un hombre y una mujer es muy complicado. Porque si haces abuso de superioridad intelectual parece que eres un machista que está acorralando a una mujer indefensa » (*CadenaSer*, 16/05/2014). La supériorité intellectuelle des hommes leur porterait préjudice, permettant ainsi aux femmes de se poser systématiquement en victimes.

Pourtant certains hommes étalent sans complexe leur supériorité naturelle. Le 25 novembre 2015, le maire de Carboneras (Almería), Salvador Hernández, demande à une députée de l'opposition en pleine séance : « Cállese y guarde el respeto cuando está hablando un hombre » (*Larioja.com*, 25/11/2015). Les femmes se trouvent ramenées à une condition d'enfants devant le respect à leurs aînés. Teresa Pitarch, directrice de l'Institut Catalan des Femmes, a dénoncé ce sexisme politique : « Muchas mujeres políticas dicen sentirse tratadas como si estuviesen en un terreno que no es el propio, como si estuviesen jugando en el campo del contrario. Y esto no puede ser. Hace demasiado tiempo que dura esto » (*Elperiodico.com*, 20/03/2016).

Une loi visant à établir l'égalité entre les hommes et les femmes a été promulguée par le gouvernement de Zapatero, la Ley orgánica 3/2007, du 22 mai, « para la igualdad efectiva de hombres y mujeres », mais les changements culturels et sociaux se font encore attendre. Les lois n'ont pas suffi à éradiquer les vieux stéréotypes. Cette résistance inconsciente à accepter de voir les femmes occuper un poste à haute responsabilité vient du fait que la figure traditionnelle du leader est d'ordinaire associée à une personne forte et décidée, indépendante – caractéristiques associées non à la féminité mais à la masculinité. En effet, la féminité se caractérise dans l'imaginaire collectif par la compassion, l'empathie, la sensibilité et le souci des autres. Le féminin incarne ainsi la faiblesse, c'est-à-dire tout le contraire du pouvoir. Le modèle féminin est la femme au foyer qui prend soin des autres.

2. La femme-mère

Pourtant, lorsqu'une femme politique est mère et qu'elle le montre ouvertement, cela suscite de violentes polémiques médiatiques. L'une des causes de ces attaques est qu'entre l'espace public et l'espace privé, il n'y a pas traditionnellement de complémentarité. Le premier représente l'espace visible du prestige social : c'est la politique, l'espace masculin par excellence. Le second renvoie à ce qui est dévalorisé : l'espace de l'intime, la famille, les enfants… Carolina Bescansa, figure incontournable du parti politique Podemos, a porté sur la place publique ce qui relève du domaine de la sphère privée en allaitant son bébé au Parlement : elle a ainsi politisé ce qui est privé et fait de l'allaitement un enjeu collectif de reconnaissance sociale.

La mère est une figure sacralisée. Pourtant, le fait de montrer son sein, non pas dans une symbolique sexuelle, mais maternelle, est un geste qui a suscité de terribles remous. Il est vrai que son statut économique privilégié aurait permis à Bescansa de confier son bébé à une femme plus modeste, mais ce serait au détriment de son rôle de mère (pour une femme, travail et famille s'opposent toujours et nombre de femmes actives se voient encore reprocher de délaisser leurs enfants). Faire de la politique, pour une femme, équivaudrait à sacrifier sa famille. L'éducation étant sous la responsabilité des femmes, en négligeant leurs enfants, c'est toute la société qu'elles mettraient en péril. La répartition traditionnelle des rôles (Fraisse, 2001 : 16) fait que les hommes fabriquent la liberté dans la sphère publique tandis que les femmes ont pour mission de fabriquer les mœurs dans la sphère privée.

En montrant ostensiblement une scène réservée au domaine de l'intime dans un lieu public, l'espace politique par excellence, Bescansa a aussi rappelé l'importance des tâches assumées par les femmes qui viennent s'ajouter à leur labeur politique. Bien qu'officiellement leurs droits soient les mêmes, la réalité est tout autre : lorsque l'homme et la femme se retirent de l'espace public, lui se ressource, tandis qu'elle s'occupe de la famille… (Murillo, 1996 : 16).

Bescansa a essuyé des critiques de toutes parts : Jorge Fernández Díaz, ministre de l'Intérieur sous la présidence de Mariano Rajoy en 2011, a qualifié le geste de « lamentable » ; Carme Chacón (qui, elle-même, avait été critiquée lorsqu'elle avait voyagé en Afghanistan enceinte de son bébé) a dit « no hacía falta » ; Celia Villalobos lui a rappelé que les Cortes ont une garderie… Si la rivalité entre le PSOE et Podemos explique les critiques des femmes de gauche, on peut voir aussi dans les propos de celles-ci l'intériorisation des préjugés masculins et de la misogynie. Les hiérarchies se maintiennent en provoquant la soumission des dominés et en consacrant l'ordre établi comme légitime : « l'insistance avec laquelle les dominés sont toisés au moyen de stéréotypes influe sur la perception qu'ils ont d'eux-mêmes » (Lorenzi-Cioldi, 2002 : 152). En règle générale, les femmes adhèrent au sexisme ambiant à l'encontre de leurs congénères. Les psychologues sociaux comme Lorenzi-Cioldi mais aussi des collègues américains comme Sidanius et Pratto dans *Social Dominance* (1999) soulignent que ces manières de lire la réalité sont des « mythes légitimateurs », qui participent à la justification et donc au maintien des inégalités sociales, notamment le racisme et le sexisme.

Atteinte à la pudeur au sein de l'hémicycle ? C'est sans doute comme cela que certains l'avaient perçu. Il s'agissait aussi d'une volonté de choquer de la part de Podemos qui se veut un parti en rupture avec la tradition. Cela fait partie de la conception de la politique de Podemos : faire en sorte de ressembler aux Espagnols de la rue. Il s'agirait pour Bescansa d'un acte de revendication (*Elpais.com*, 14/01/2016) : le droit, pour les femmes, d'élever leurs enfants « como quieran ». Carolina Bescansa (qui a aussi une petite fille de quatre ans) ne s'est jamais séparée de son bébé, depuis sa naissance, malgré la campagne et la pré-campagne. Elle a fait semblant de s'étonner du scandale suscité :

> « He tenido el privilegio de no separarme de él desde que nació y me parece que es muy sorprendente que sea noticia que una madre con un bebé tan pequeño acude a su trabajo con él », señaló. « Claro que es un privilegio », insistió. « He tenido baja por maternidad de cuatro meses, más una adicional [de dos meses] por lactancia materna ». (*Elpais.com*, 14/01/2016)

Pablo Iglesias a souligné la dimension symbolique de l'acte lors d'une cérémonie célébrée au Teatro Circo de Murcia disant qu'il s'agissait de « llevar la calle a las instituciones ». Le geste de Bescansa aurait, selon lui, trois objectifs :

1. Poner los cuidados en el centro del debate, hablar de ellos cuando hacen política y que no sean un asunto privado que las mujeres tienen que resolver por su cuenta en la invisibilidad.
2. Repartir esos cuidados entre hombres y mujeres. Es decir, que los permisos sean iguales.
3. Ponerlos al alcance de todos y todas, lo que incluye el acceso universal a la educación infantil, para que no sea un "privilegio" para quienes pueden pagar 400 euros al mes (*Elpais.com*, 16/01/2016).

La maternité s'est trouvée ainsi politisée par l'ensemble des médias alors qu'elle faisait partie jusqu'alors de la sphère privée, c'est-à-dire ce qui relève de l'invisible et doit rester caché. Pour Belem Cañizar :

> Se habla de ello y puede significar un giro en la interpretación de lo que es público y privado, común y colectivo, del derecho a cuidar o a no cuidar, y de la corresponsabilidad en un sistema que imposibilita la conciliación no solo familiar, sino con la propia vida. Creo que es una oportunidad para incluir a toda la opinión pública en un tema que, se da por hecho, solo atañe a las mujeres. Por ello, habría sido más transgresor si un varón hubiese acudido con un hijo o un mayor a su cargo, y tal vez hubiera puesto aún más el debate sobre la colectividad de la responsabilidad del cuidado. ¡No quiero ni imaginar la que se habría formado! (*elperiodico.com*, 16/1/2016).

Pour la spécialiste du genre Belem Cañizar, Bescansa a transgressé les codes car le Parlement est un lieu traditionnellement masculin, complètement étranger aux mères de famille allaitantes. Elle a brisé le mur qui sépare l'espace masculin de l'espace féminin, et mêlé le temps consacré aux enfants et celui dédié au travail. Carolina del Olmo (2013) a souligné l'urgence de faire disparaître la séparation entre espace public et espace privé.

Avec l'arrivée de femmes jeunes au pouvoir en Espagne, la maternité est passée sur le devant de la scène médiatique. A son retour du sommet de Bogota, Ada Colau a ainsi annoncé à la presse qu'elle était enceinte. Ces nouvelles femmes politiques issues de la société civile ont fait le choix de mettre en avant leur vie familiale, alors même qu'elles assument de hautes fonctions. Dans le film *Alcaldessa*, un documentaire de 2016 qui retraçait sa campagne pour briguer la mairie de Barcelone, Ada Colau évoquait déjà ouvertement la douleur qu'elle ressentait en tant que mère privée de son fils du fait de son engagement politique. Selon Colau, il faudrait pouvoir concilier famille et responsabilités sans renoncer à la maternité. Lors des Journées des Villes Citoyennes, organisées les

27 et 28 juin 2017 à Barcelone, un système de garderie était mis à la disposition des participants venus du monde entier. Ces *Jornadas de Democracia directa* mettaient en avant l'importance de la participation de tous les citoyens sans les mettre dans l'obligation de renoncer à leurs enfants.

3. Le stéréotype de la femme-objet

A l'opposé de la figure sacralisée de la mère, se trouve le stéréotype de la femme-objet abondamment représentée dans la presse, même chez les femmes politiques qui ne peuvent échapper à l'univers domestique qu'en devenant des objets du désir, fortement érotisés. Les femmes politiques sont le plus souvent désignées par des caractéristiques physiques. La « voix stridente » de Carme Chacón était connue de tous, même de ceux qui n'avaient jamais entendu le son de sa voix. Même si le corps de certains hommes a fait l'objet de commentaires (par exemple, le physique avantageux de Pedro Sánchez ou la queue de cheval d'Iglesias…), c'est surtout le corps des femmes que les médias mettent en avant, alors même qu'il s'agit de femmes politiques que l'on devrait juger selon leurs discours, leurs fonctions ou leurs actes. On retrouve là une forme de culpabilisation : les femmes séduiraient par leur corps, comme si la politique, art du spectacle, ressemblait à un concours de beauté. Il est fréquent de lire et d'entendre qu'Ada Colau est « gordita ». Il s'agit de la dévaloriser en sous-entendant qu'elle ne prend pas soin d'elle, voire qu'elle se laisse aller. Or comment faire confiance à quelqu'un qui n'est même pas capable de prendre soin de son corps ? Insister sur le physique d'une femme contribue à ôter à celle-ci toute autorité. Une femme qui s'exprime sur la place publique et donne de la voix et se met en avant se comporterait ainsi parce qu'elle n'a pas un homme à la maison pour calmer son hystérie naturelle. Les adjectifs concernant Anna Gabriel, députée de la CUP (Candidature d'Unité Populaire) sont assez fleuris : « amargada y malfollada », selon Eduardo García Serrano, de la chaîne *Intereconomía*. Les députées de la CUP ont, dans leur ensemble, été dénigrées parce qu'elles auraient, semble-t-il, un physique peu avantageux et une apparence négligée. Le manque d'attrait d'une femme expliquerait son attitude : trop laides pour qu'on fasse attention à elles, ces femmes frustrées s'exprimeraient et se comporteraient avec violence.

Pourtant, lorsqu'une femme politique est attirante, sa beauté devient également problématique. Pendant un débat de *La Sexta Noche*, Xavier Sardá a apostrophé familièrement la conseillère de CDC (Convergencia Democrática de Cataluña), Miriam Nogueras, en la qualifiant de « rubia » (*elperiodico.com*, 11/1/2016). Or le terme, très familier et teinté de paternaliste, est assez dénigrant.

Finalement l'apparence séduisante d'une femme politique ne fait que la des-
servir puisque la beauté est souvent associée au manque d'intelligence. Inés
Arrimadas de Ciudadanos ou Miriam Nogueras ont fait les frais de ce préjugé
sexiste.

Ce mépris des femmes peut se traduire parfois par des insultes d'une extrême
violence. La porte-parole du PSOE de Castille-La-Manche, Cristina Mestre, a
été qualifiée sur Facebook par José Luis Valladolid, maire de Villares del Saz
à Cuenca, de « puta barata podemita » lorsqu'elle demandait au PP de laisser
travailler les socialistes qui avaient repris le pouvoir dans cette Communauté
Autonome. Valladolid a invoqué une « confusion ».

Être séduisante peut s'avérer un handicap pour une femme. En juin 2013,
Soraya Sáenz de Santamaría, vice-présidente au sein du gouvernement du PP, a
été qualifiée par un conseiller du BNG (Bloque Nacionalista Gallego), Xaquín
Charlín, sur son compte personnel, de « chochito de oro » en raison de ses
dépenses gynécologiques. L'Exécutif a alors précisé qu'il s'agissait d'un programme de prévention du cancer de l'utérus dont avaient bénéficié toutes les
fonctionnaires de la Moncloa. Bizarrement, le « con » de la dame avait été étalé
sur les réseaux sociaux sans que l'on s'émeuve de cette trangression des sphères
privée et publique.

Lorsque Leire Pajín avait pris ses fonctions comme Ministre de la Santé,
en octobre 2010, l'ancien maire de Valladolid, Javier León de la Riva, avait
déclaré : « La Leire Pajín es una chica preparadísima, hábil, discreta, que va a
repartir condones a diestro y siniestro por donde quiera que vaya y va a ser la
alegría de la huerta (...). Cada vez que le veo la cara y esos morritos pienso lo
mismo, pero no lo voy a decir aquí » (*Publico.es*, 21/10/2010). L'image d'une
femme ministre répartissant des préservatifs est assez dénigrante, d'autant plus
que l'allusion à son physique avantageux est associée, d'un côté, aux instincts
sexuels du maire et, de l'autre, à la figure d'une prostituée.

Sur Twitter, la députée de Podemos, Tania Sánchez, reçoit quotidiennement
des insultes sexuelles : « puta », « zorra asquerosa », « zorra de mierda ». Certes,
les hommes politiques sont également l'objet d'insultes, mais celles-ci prennent
rarement un caractère sexuel aussi marqué. Un hashtag a été créé en l'honneur
de la Présidente de la Communauté de Madrid, Cristina Cifuentes : 'hashtag'
#putacifuentes.

4. La femme puissante et le Mal

Depuis la Bible, les femmes sont associées au Mal. Paradoxalement, la quête
d'acceptation collective les conduit souvent à vouloir mettre en avant leur bonté

pour s'opposer à cette tradition. Or, en politique, la bonté et la douceur ne sont pas les meilleures armes pour contrer l'adversaire. Il arrive souvent que les femmes, lorsqu'elles sont puissantes, peinent à assumer ce rôle car il contient une part négative. Pour conquérir le pouvoir et le conserver, il est souvent nécessaire de se montrer dur et lorsque l'on est une femme, la dureté choque davantage. Ce qui chez un homme est perçu comme une qualité, est perçu négativement chez les femmes. Une femme politique doit, pour survivre, se montrer forte, ce qui fera d'elle la cible de reproches.

Certaines femmes politiques ont incarné plus que d'autres cet aspect maléfique, attirant sur elles une hostilité marquée, l'instrumentalisant parfois pour se rendre visibles et, pourquoi pas, se victimiser peut-être. Anna Gabriel est désormais l'une des représentantes de la CUP les plus célèbres grâce à son odeur nauséabonde. En octobre 2016, Anna Gabriel, qui avait pour habitude d'arborer des tee-shirts aux slogans féministes, avait reniflé ses dessous de bras. Des caméras ont capté ce geste somme toute assez banal :

> Cuando la señora Gabriel se pasó la mano por su axila y se la olió para comprobar si el desodorante la había abandonado, inmediatamente fue grabada, en un minuto estaba en todos los digitales, en media hora era trending topic y enseguida empezaron a cebarse con ella, con su sobaco, su olor y su desodorante (*hoy.es*, 6/10/2016).

Elle est devenue ainsi un *trending topic*. Les réseaux sociaux et la vitesse de l'information l'ont rendue célèbre. Des années plus tard, elle est toujours associée à une odeur nauséabonde. Les conséquences médiatiques de cet incident invitent aussi à réfléchir sur la fonction symbolique de l'odeur (Le Guérer, 2014), traditionnellement associée aux classes les plus populaires qui sont censées avoir un manque d'hygiène ; or Gabriel incarne un parti politique très à gauche. Attirer l'attention sur l'odeur renvoie donc à ce qui est dévalorisé socialement, même chez les philosophes. Chez Kant, l'odorat, tout comme le goût, sert la jouissance et non le savoir, il est même considéré comme un obstacle à la liberté et à la sociabilité. Chez Freud également, la répression de l'odorat, associé à l'animalité et à l'érotisme anal, est une condition nécessaire au développement de la civilisation. Gabriel incarne ainsi des valeurs animales, régressives, dangereuses. L'odorat renvoie l'homme à ses instincts, à son animalité. Or la femme est traditionnellement associée à ce qui est étranger à l'intellect. Son degré d'évolution est inférieur à celui de l'homme. Gabriel est donc naturellement devenue une figure emblématique de dégoût. Le 29 novembre 2017, l'Association « Por España me atrevo » avait dessiné sur son affiche Anna Gabriel en grand avec des mouches qui sortaient de ses dessous de bras. Tout un symbole.

Dans un tout autre registre, une publication sérieuse comme *La Vanguardia* a consacré un article le 21 février 2018 à l'arrivée d'Anna Gabriel en Suisse dans lequel son physique faisait l'objet de toute l'attention du journaliste :

> En su primera aparición pública desde Suiza, la cupera ha dejado atrás los tonos oscuros y las camisetas reivindicativas para dar paso a los jerséis de punto. Sin embargo, el verdadero cambio radical reside en su nuevo peinado. Después de deshacerse de su famoso flequillo, en parte el sello personal que la ha acompañado acto tras acto como jefa de filas de la CUP, Gabriel ha mostrado por primera vez su melena *midi* suelta.

La transformation physique de Gabriel serait le signe inéquivoque de sa versatilité idéologique. Celle qui s'habillait en révolutionnaire à Barcelone, arbore désormais une tenue et une coupe de petite bourgeoise, dévoilant ainsi son manque de sincérité.

Nous avons vu à quel point la violence verbale à l'égard des femmes était visible dans les médias. De plus, en politique, et cela est particulièrement vrai lorsque la compétition pour le pouvoir est aigüe, les femmes sont constamment remises en question et se remettent en question elles-mêmes, ayant intériorisé la norme selon laquelle elles seraient inférieures. Or, dans le combat politique, c'est la force qui prime. C'est le plus fort qui gagne, celui qui sait s'imposer. Les femmes en politique doivent sembler très arrogantes pour parvenir à être écoutées, elles doivent faire montre parfois d'une force supérieure à celle des hommes, car la moindre faiblesse, le moindre faux pas seront relevés et suffiront à les pointer du doigt. L'ironie vient du fait que pour être considérées comme des égales, les femmes doivent adopter les codes des hommes (Butler, 2006 : 48). Si une femme n'accepte pas la norme masculine, elle court le risque de ne pas être acceptée dans le groupe où les valeurs reconnues sont masculines. Il y a donc une sorte de *resoumissions* à l'ordre patriarcal. Elles ne sortent pas du pouvoir « phallique ». Pour réussir en politique, les femmes doivent se montrer fortes, violentes, masculines ; elles apparaissent donc à l'opposé de leur supposée nature et par conséquent monstrueuses. Les femmes occupant des postes de pouvoir se voient ainsi contraintes de mettre en avant une certaine masculinité. Mais cela les pénalise car elles ne semblent pas féminines. Le *leadership* étant fortement masculinisé, les femmes associées au pouvoir sont en effet souvent caractérisées de manière négative, voire diabolique ; ainsi Ada Colau est qualifiée de « muy mandona » (« très autoritaire ») par Xavier Trías (*La Vanguardia*, 25/05/2015). Pour un homme, avoir de l'autorité est perçu comme quelque chose de naturel alors que pour une femme, cela ne l'est pas. Monstrueuse, car échappant à sa nature, la femme fatale est avide de pouvoir. Une femme occupant un poste d'autorité se transforme ainsi en femme autoritaire, une femme décidée est une femme difficile, une femme ambitieuse est sans scrupules. Colau doit se montrer rude pour se faire respecter, mais son autorité, nécessaire à sa charge, lui sera reprochée. Pas moyen donc d'échapper aux reproches : une femme est soit trop faible, soit trop autoritaire.

Le pouvoir chez les femmes continue de faire peur et la mère incarne cette puissance féminine tant redoutée. Dans un vieux texte, la féministe Amelia Valcárcel proclamait le « derecho al mal » comme étant salutaire (2002 : 28). Amorós a souligné que le niveau d'excellence exigé pour les femmes en politique est bien supérieur à celui que l'on est en droit d'attendre des hommes :

> Yo creo que la principal reivindicación de un feminismo que quiera verdaderamente mantener su garra reivindicativa y revolucionaria es luchar por el « derecho al mal ». No tenemos opción ante el hecho de que los varones son los detentadores de la universalidad en cuanto sujetos de la vida social y sujetos dominantes —que, por lo tanto, definen los valores dominantes (Amorós, 1994 : 58).

Incarner le Mal, paraître autoritaires, être taxées d'arrogantes, assumer cette réputation biblique. Pas d'autre solution pour les femmes en politique. Jusqu'à ce qu'un jour, peut-être, les femmes soient considérées comme des humains à part entière...

Conclusion

Dans l'imaginaire patriarcal qui imprègne notre société les femmes sont associées au Mal, au péché, à la faiblesse. La dichotomie vierge-prostituée oppose une femme soumise et angélique à une femme active et dangereuse. L'infériorité physique et intellectuelle des femmes les rendrait plus fragiles et influençables par le Mal. Quant à la figure maternelle, elle incarne souvent un Mal en puissance : il y a les mères castratrices et dominatrices, les mères incestueuses....

Ce parcours à travers les représentations du genre dans les médias montre qu'il s'agit de ramener les femmes à leur corps, à une animalité, pour leur dénier le droit de participer aux affaires politiques pour que le pouvoir reste entre les mains des hommes. Nous avons vu que c'est sur les réseaux sociaux que la misogynie la plus crasse est sans limite, le plus souvent en meute et abritée derrière des pseudonymes. Les femmes y subissent systématiquement des attaques sur leur physique. La vie politique est violente. Mais se plaindre du sexisme expose à faire figure de petite chose fragile qui n'a pas les épaules assez larges pour encaisser les coups. De plus, la preuve du sexisme en question est parfois complexe à établir

La femme politique cristallise cette peur que les hommes ont de déchoir, surtout à une époque où ces dernières semblent s'affranchir du rôle imposé par la société et se voient diabolisées, sexualisées à outrance. L'ambigüité de la figure maternelle, rassurante mais également investie de pouvoirs domestiques disproportionnés, ne suffira pas à contrebalancer la construction d'une féminité dangereuse. L'ordre social masculin ne se laissera pas amadouer. D'où l'importance, pour tous, de la construction d'un nouvel imaginaire collectif.

Bibliographie

Amorós, Celia.1994. *Feminismo: igualdad y diferencia*, México : UNAM-PUEG.

Butler, Judith. 2006. *Trouble dans le genre*, Paris : La Découverte Poche.

Del Olmo, Carolina. 2013. *¿Dónde está mi tribu ? Maternidad y crianza en una sociedad individualista*, Madrid : Clave intelectual.

Fraisse, Geneviève. 2001. *Les deux gouvernements : la famille et la Cité*, Paris : Gallimard.

Le Guérer, Annick. 2014. *Les pouvoirs de l'odeur,* Paris : Odile Jacob.

Lorenzi-Cioldi, Fabio. 2002. *Les représentations des groupes dominants et dominés*, Grenoble : PUG.

Murillo de la Vega, Soledad. 1996. *El mito de la vida privada, de la entrega al tiempo propio,* Madrid : Siglo XXI.

Sidanius Jim et Pratto Felicia. 1999. *Social Dominance*, Cambridge : Cambridge University Press.

Valcárcel, Amelia. 2002. *Ética para un mundo global,* Madrid : Temas de hoy.

Verón, Eliseo. 1981. *Construire l'événement*. Paris : Editions de Minuit.

Webographie :

20minutos, https://www.20minutos.es/noticia/2697174/0/oscar-berman/ada-colau/limpiando-suelos/, consulté le 23 mai 2018.

ABC, *https://sevilla.abc.es/andalucia/20130305/sevi-ministra-punto-cruz-2013 03042100.html*, consulté le 23 mai 2018.

CadenaSer, http://cadenaser.com/ser/2014/05/16/espana/1400197818_850215.html

Elboletin, https://www.elboletin.com/noticia/163698/nacional/cospedal-estalla:-a-mi-se-me-ha-llamado-la-chacha-del-pp.html

Eleconomista, http://www.eleconomista.es/politica/noticias/4648364/03/13/2/Un-politico-socialista-Fatima-Banez-estaria-mejor-haciendo-punto-de-cruz.html

Elpais.com, https://elpais.com/politica/2016/01/14/actualidad/1452771662_840526.html, consulté le 4 mai 2018.

Elperiodico.com, https://www.elperiodico.com/es/opinion/20160111/ada-colau-miriam-nogueras-ines-arrimadas-anna-gabriel-4808062, consulté le 30 mai 2018.

Elperiodico.com, https://www.elperiodico.com/es/mas-periodico/20160116/carolina-bescansa-bebe-congreso-4821659, consulté le 14 mai 2018.

Elperiodico.com, https://www.elperiodico.com/es/politica/20160320/insultos-machistas-mujeres-politicas-4974580, consulté le 16 mai 2018.

Europapress, http://www.europapress.es/nacional/noticia-garcia-page-cree-caso-barcenas-surge-porque-dirigen-pp-no-saben-hacer-nada-chacha-20140821130306.html, consulté le 16 mai 2018.

Hoy.es, https://www.hoy.es/extremadura/201610/06/axila-anna-gabriel-2016 1006001751-v.html, consulté le 16 mai 2018.

Larioja.com, https://www.larioja.com/la-rioja/201511/25/callese-cuando-habla-hombre-20151125131817.html, consulté le 16 mai 2018.

LaVanguardia, https://www.lavanguardia.com/local/barcelona/20150525/54431436708/trias-colau-senora-muy-mandona-alcaldesa.html, consulté le 16 mai 2018.

LaVanguardia, https://www.lavanguardia.com/de-moda/.../anna-gabriel-nueva-imagen-ginebra.html, consulté le 16 mai 2018.

LibertadDigital, https://www.libertaddigital.com/espana/2014-08-22/page-pide-disculpas-a-las-chachas-sobre-todo-a-las-de-cospedal-1276526473, consulté le 16 mai 2018.

Publico.es, https://www.publico.es/espana/vez-veo-morritos-leire-pajin.html, consulté le 15 mai 2019.

Mouvements indépendantistes et représentations

Élodie Gallet

(Université d'Orléans)

D'ennemis publics à artisans de la paix. Retour sur le parcours médiatique de Gerry Adams et de Martin McGuinness.

Abstract: The Belfast Agreement put an official end to the conflict in Northern Ireland in 1998. Twenty years later, a new era began for the Republican movement with new representatives. Gerry Adams and Martin McGuinness, who had embodied this movement for nearly half a century left the movement in the hands of two women, thus drawing a line under the violent past of Sinn Féin and the IRA. As Martin McGuinness, the former Northern Irish Deputy First Minister passed away and Gerry Adams resigned as leader of Sinn Féin after 35 years, this article aims at examining how the British media helped these men to move from the status of public enemies to that of peacemakers.

Le 10 avril 1998, les Accords de Belfast mettaient un terme officiel à trente ans de conflit violent en Irlande du Nord. L'absence des représentants du Democratic Unionist Party (DUP) parmi les signataires était effacée par la présence de Gerry Adams et de Martin McGuinness, entre les mains desquels semblait reposer la paix en Irlande du Nord. Officiellement représentants du Sinn Féin, parti politique militant pour une réunification de l'Irlande, ces deux hommes constituaient une garantie de soutien de l'IRA (Irish Republican Army) au processus de paix.

Vingt ans plus tard, l'anniversaire de la signature de ces Accords de paix coïncide avec un véritable tournant politique et médiatique opéré par le Sinn Féin. Gerry Adams et Martin McGuinness ont pendant presqu'un demi-siècle incarné à eux-seuls le mouvement républicain, depuis le début du conflit violent (fin des années 1960) jusqu'à 2018. Alors qu'ils viennent de tirer leur révérence, une attention particulière mérite d'être portée au parcours médiatique de ces deux hommes dont, au fil des années et de l'évolution du conflit et du post-conflit, le statut d'ennemi public a été déconstruit pour construire un nouveau statut d'interlocuteurs légitimes et d'artisans de la paix.

1. Gerry Adams et Martin McGuinness, ennemis à combattre

L'engagement de Gerry Adams et de Martin McGuinness au sein du mouvement républicain remonte à leur jeunesse, dans les années 1960. L'un à Belfast Ouest, l'autre à Derry. Né en 1948 à Belfast d'un père ouvrier et activiste républicain, de confession catholique, Gerry Adams rejoint le Sinn Féin dès le début des années 1960. En 1972, il est soupçonné d'être l'un des dirigeants de l'IRA et emprisonné sans pouvoir être jugé. Mais il sort rapidement de prison pour participer à des négociations secrètes avec le gouvernement britannique. Les négociations échouant, il retourne à la prison de Maze jusqu'en 1977 où il contribuera de manière décisive à la définition de la stratégie politique du Sinn Féin. En effet, le rôle de Gerry Adams dans le mouvement républicain est important au point de le propulser en 1978 à la vice-présidence du Sinn Féin (O'Halloran, 2017 : 127–136), puis à sa présidence en 1983. C'est alors que commence la carrière entièrement politique, officiellement, de Gerry Adams, qui ne quittera ces fonctions qu'en 2018, soit 35 ans plus tard.

En 1983, Gerry Adams devient député au parlement britannique pour la circonscription de Belfast Ouest, mais il n'occupera littéralement jamais son siège à Londres pour ne pas avoir à prêter allégeance à la Reine, respectant ainsi la tradition abstentionniste du Sinn Féin (Hennessey, 1997 : 8). À la fin des années 1980 et au début des années 1990, Adams discute activement de la paix avec le SDLP[1], parti nationaliste non violent. La déclaration commune qu'il réalise avec le leader du SDLP, John Hume, en 1993, constitue une étape importante puisqu'elle montre, en particulier à l'international, la volonté du Sinn Féin de mettre un terme à la violence en Irlande du Nord. Ce message permet au parti d'afficher une distance vis-à-vis de l'IRA et des actes de violence perpétrés par ces paramilitaires alors que, pendant des décennies, le Sinn Féin a été considéré par le gouvernement britannique comme inextricablement lié à l'IRA et au terrorisme.

Lorsque les accords de paix multipartites sont finalement signés en avril 1998, sous le gouvernement de Tony Blair, Gerry Adams conserve la présidence du Sinn Féin sans toutefois prendre place au sein de l'exécutif nord-irlandais, lequel est partagé avec les unionistes. En 2011, Gerry Adams est élu député pour siéger au parlement non plus britannique, mais irlandais, à Dublin, orientant désormais ses aspirations politiques vers la République d'Irlande. Par ailleurs, bien qu'il n'ait jamais lui-même reconnu ses liens et son investissement au sein

---

1 Social Democratic and Labour Party.

de l'IRA, les doutes sur le passé de Gerry Adams refont régulièrement surface. Ainsi, en 2014, il est interrogé et placé en garde à vue dans le cadre d'une enquête sur la mort de Jean McConville, mère de 10 enfants enlevée et tuée par l'IRA. Il sera innocenté l'année suivante. En novembre 2017, il annonce lors du Congrès du Sinn Féin qu'il se retirera bientôt de ses fonctions de président du parti, ce qu'il fit en février 2018.

Martin McGuinness est né en 1950 à (London)Derry et rejoint l'IRA vers 1970 avant d'être arrêté en République d'Irlande et condamné à 5 mois de prison car il transportait de grandes quantités d'explosifs dans une voiture. Le nom des principaux dirigeants de l'IRA n'a jamais été officiellement révélé, mais Martin McGuinness a reconnu avoir fait partie de cette organisation paramilitaire. À la même époque, toutefois, Martin McGuinness discutait et négociait secrètement avec le gouvernement britannique. C'est seulement en 1997 qu'il est élu député Sinn Féin au parlement britannique, après avoir perdu plusieurs élections, en refusant toutefois d'y siéger et de prêter allégeance à la Reine. On reconnaît à Martin McGuinness le rôle de négociateur en chef de l'IRA dans les divers pourparlers qui ont eu lieu, notamment ceux qui ont conduit aux Accords de Belfast en 1998. Les Accords de Belfast prévoyant un partage de l'exécutif en Irlande du Nord, McGuinness fut nommé Ministre de l'Éducation en 1999 avant de devenir en 2007 vice-Premier ministre de l'Irlande du Nord, partageant cette fonction avec Ian Paisley, leader historique du DUP.

En janvier 2017, Martin McGuinness partageait toujours le pouvoir avec le DUP, non plus avec Ian Paisley, décédé entre temps, mais avec Arlene Foster. Il annonçait alors sa démission accusant cette dernière de ne pas vouloir quitter ses fonctions sur fond de scandale lié aux énergies renouvelables. Peu de temps après, il se retirait de la vie politique pour des raisons de santé, cédant sa place à Michelle O'Neill pour représenter le Sinn Féin lors des élections locales provoquées par sa démission. Quelques semaines plus tard, Martin McGuinness décédait des suites de sa maladie.

Malgré leur intégration progressive au sein de la scène politique, Gerry Adams et Martin McGuinness ont pendant longtemps constitué des figures controversées aux yeux de l'opinion publique et des acteurs politiques, notamment britanniques. Pour certains, ils le sont encore aujourd'hui. Cette intégration progressive a été accompagnée par des stratégies médiatiques diverses visant à servir des objectifs politiques et de communication complémentaires. Ces stratégies médiatiques ont permis à Gerry Adams et à Martin McGuinness de passer du statut d'ennemis publics à combattre à celui d'interlocuteurs légitimes.

2. D'ennemis à combattre à interlocuteurs légitimes

Gerry Adams et Martin McGuinness ont pendant longtemps incarné le mouvement républicain irlandais dans les médias britanniques. Cela a commencé très
tôt. En décembre 1983, un épisode de « World in Action » ironiquement intitulé
« The Honourable Member for Belfast West », présentait Gerry Adams comme
un homme sans pitié, qui avait planifié des tueries en Irlande et en Angleterre,
mais qui était sorti vainqueur des urnes[2]. Cette émission était représentative
de la vision gouvernementale et dominante du conflit depuis Londres : les
républicains, au sens large, étaient l'ennemi à combattre. Ce statut d'ennemi à
combattre poussait le gouvernement britannique à employer diverses stratégies
pour écarter les voix républicaines des ondes et des écrans de télévision, non
seulement en focalisant l'attention sur les actes de violences qu'ils perpétraient
mais aussi en passant presque sous silence ceux commis par l'armée britannique et par les paramilitaires loyalistes.

Une véritable censure audiovisuelle était ainsi mise en place en 1988 pour
interdire de diffuser la voix des républicains. Cette censure visait principalement les organisations – et leurs sympathisants – interdites dans le cadre du
Prevention of Terrorism Act de 1984 et du *Northern Ireland (Emergency pro-
visions) Act* de 1978, auxquelles s'ajoutaient le Sinn Féin, le Republican Sinn
Féin et l'Ulster Defence Association. Ce choix était difficile à justifier dans la
mesure où le Sinn Féin était un parti politique comptant des députés élus au
Parlement britannique. Ce qui posait aux acteurs de l'audiovisuel la difficulté
de savoir si les membres du Sinn Féin s'exprimaient en leur nom propre (dans
ce cas, leurs propos ne pouvaient pas être diffusés sur les ondes ni à l'écran) ou
bien en leur qualité de député. Selon une célèbre formule de Margaret Thatcher,
alors Premier ministre britannique, cette censure audiovisuelle visait à priver
les « terroristes » de l'« oxygène de la publicité ». Bien que cette *broadcasting ban*
ait été interprétée de diverses manières, elle fut majoritairement perçue comme
l'instrument de censure le plus explicite et le plus durable ayant été utilisé à
l'encontre de l'audiovisuel britannique (Ellis Owen, 244).

Ce statut d'ennemi à combattre a commencé à évoluer pour trois raisons
principales. Tout d'abord, les négociations du Sinn Féin avec le SDLP ont permis à Gerry Adams d'afficher publiquement et à l'international une véritable
volonté de trouver une solution au conflit. Ensuite, alors même que la censure

---

2   « World in Action: The Honourable Member for Belfast West », ITV, 19 décembre
    1983. « *a ruthless man […], a man who has planned mass murder in Ireland and
    England and emerged victorious at the ballot box* ».

audiovisuelle était en place, la presse nationale britannique révélait à l'opinion publique l'existence d'échanges secrets entre les républicains et le gouvernement britannique. Enfin, le Sinn Féin a bénéficié d'un soutien croissant aux États-Unis puisque Gerry Adams a obtenu un visa pour y lever des fonds auprès de la communauté américano-irlandaise et a même été convié à la Maison Blanche par Bill Clinton en 1994.

Un examen plus attentif de la médiatisation des républicains, alors que la censure audiovisuelle était en vigueur, permet d'illustrer ces diverses étapes. L'élément déclencheur qui, dans le discours officiel, a fait passer le Sinn Féin du statut d'ennemi d'État à celui d'interlocuteur légitime dans les discussions au sujet de l'Irlande du Nord est précisément lié aux médias. La révélation inattendue, par la presse britannique, de l'existence d'échanges secrets entre le gouvernement et le Sinn Féin a en effet précipité ce changement de politique de communication.

Dans une déclaration commune datée du 25 septembre 1993, Gerry Adams et John Hume (SDLP) indiquaient que leurs pourparlers avaient permis de réaliser des « progrès considérables »[3] et qu'ils allaient transmettre un rapport aux gouvernements irlandais et britannique[4]. Le 19 octobre 1993, John Major affirmait devant la Chambre des communes qu'il n'avait aucune connaissance du contenu de cet accord et saisissait cette occasion pour affirmer que le gouvernement ne négociait ni avec les terroristes ni avec les personnes qui utilisent des balles et des bombes ; il ajoutait également qu'il ne céderait pas à leur violence, « ni aujourd'hui, ni à l'avenir »[5].

En Grande-Bretagne, le fait que le gouvernement cherche régulièrement à rejeter toute idée de contact avec les républicains n'a pas attiré l'attention des médias ni de l'opinion publique puisque ce discours était cohérent avec la politique menée depuis deux décennies à l'égard des républicains. L'étonnement de la population fut donc réel lorsque *The Observer*[6] (Bevins, 1993) révéla le

---

3   Ce communiqué faisait référence à un document détaillant l'initiative Hume/Adams, qui aspirait à la « création d'un processus de paix ». L'intégralité du texte ne fut finalement jamais publiée. V. « The Irish Peace Process – Chronology of Key Events (April 1993 – April 1998) », http://cain.ulst.ac.uk/events/peace/pp9398.htm (consulté le 13 janvier 2019).

4   Les premiers échanges entre les deux hommes remontent en réalité à 1988. Pour une chronologie complète, v. http://cain.ulst.ac.uk/events/peace/pp8893.htm (consulté le 13 janvier 2019)

5   Voir *Hansard*, 19 octobre 1993, col. 143.

6   Bevins, Anthony/Mallie, Eamonn/Holland, Mary. « Major's Secret Links with IRA Leadership Revealed », *The Observer*, dimanche 28 novembre 1993.

28 novembre 1993 la nature et l'étendue des échanges secrets entre le gouvernement britannique et les républicains. *The Observer* indiquait qu'un canal de communication avait existé entre le gouvernement britannique et l'IRA pendant plusieurs années et qu'ils étaient en contact régulier depuis février 1993 (Moloney, 1993 ; Rowan, 2008 : 40 et s.).

Face à cette révélation, le gouvernement ne put nier son implication et chercha alors à convaincre le pays qu'il n'avait pas été à l'origine de ces contacts (Miller, David/McLaughlin, 1996 : 427–428). Patrick Mayhew déclara que l'IRA avait pris contact la première en février 1993, ce que réfuta le Sinn Féin en publiant dans la foulée plusieurs documents apportant des détails sur les pourparlers secrets. Ces documents confirmaient le rôle central joué par les médias : d'un côté, les républicains voyaient les médias comme des éléments cruciaux car ils se méfiaient des manipulations et de la désinformation britanniques (*Ibid* : 435) ; de l'autre, le gouvernement britannique avait conscience de l'importance de contrôler la couverture médiatique. Un semblant de normalité devait être maintenu, notamment à travers une forme d'hostilité à l'égard du Sinn Féin, tout en préparant le public à l'idée d'un possible arrangement.

À la télévision, la première émission s'intéressant aux échanges entre le gouvernement britannique et le Sinn Féin fut diffusée dès le lendemain de la révélation de *The Observer*. Un épisode de « Panorama » intitulé « Talking to Mr Adams » était ainsi diffusé en première partie de soirée sur BBC 1[7]. La réactivité de la chaîne atteste l'hypothèse que négocier avec Gerry Adams était déjà envisagée et qu'une émission était déjà prête. On remarque par ailleurs le choix d'identifier un homme et non le parti qu'il représentait, le Sinn Féin. En agissant ainsi, la pression était mise sur un seul homme, auquel on reconnaissait le pouvoir de décider de l'avenir. L'émission visait justement à comprendre pourquoi l'attention était focalisée sur cet homme, et non pas sur le Sinn Féin ou sur l'IRA, et si le fait de discuter avec lui était un pré-requis pour parvenir à un accord de paix en Irlande du Nord.

Les républicains reviennent sur les écrans en juillet 1994 et bénéficient alors d'une représentation moins hostile. Dans « The Long War: Frontline »[8], Gerry Adams et John Hume s'exprimaient sur les perspectives de paix en Irlande du Nord. En figurant ainsi aux côtés de John Hume, Gerry Adams s'imposait comme un homme politique au même titre que le leader du SDLP. En écho à « Talking to Mr Adams »[9], ITV diffusait en décembre 1994 « Talking to the

---

7 « Panorama: Talking to Mr Adams », BBC 1, lundi 29 novembre 1993, 21h30–22h10.
8 « The Long War: Frontline », Channel 4, mercredi 6 juillet 1994, 21h–21h45.
9 « Panorama: Talking to Mr Adams », BBC 1, lundi 29 novembre 1993, 21h30–22h10.

Enemy »[10], une émission dans laquelle des membres de l'IRA condamnés pour leurs actes témoignaient. Il s'agit de l'une des rares émissions où des membres de l'IRA sont présentés de manière plus positive que les membres des mouvements unionistes qui, dans le cadre de cette émission, sont les seuls à agir de manière violente en brûlant une effigie de Gerry Adams (Miller, 1995 : 71). Le choix de ce titre s'explique donc essentiellement par son caractère accrocheur ayant pour but de donner au téléspectateur le sentiment de visionner des scènes rares où l'« ennemi » longtemps banni des écrans, allait finalement pouvoir s'exprimer. L'interdit attire le téléspectateur. Cela explique le sentiment à la fois de fascination et de répulsion des médias face aux terroristes (Wievorka /Wolton, 1987 : 27)[11]. Tout comme la violence est attirée par les caméras, les caméras sont attirées par la violence (O'Brien, 2005 : 31).

La censure audiovisuelle fut finalement levée en 1994 et Gerry Adams subitement considéré comme l'homme capable de mettre un terme au conflit en réussissant à convaincre l'IRA de déclarer un cessez-le-feu. Cette position était renforcée en 1995 avec la diffusion de « Gerry Adams, the Man we Hate to Love » où il était présenté comme l'homme incarnant le meilleur espoir de parvenir à la paix. Le but du programme était notamment de déterminer si le gouvernement britannique fournissait assez d'éléments à Gerry Adams pour que les partisans de la ligne dure de l'IRA continuent à le soutenir, alors que les négociations s'intensifiaient et que la paix semblait se rapprocher. D'interlocuteur légitime, Gerry Adams devenait ainsi un véritable artisan de la paix.

3. D'interlocuteurs légitimes à artisans de la paix

L'étape suivante intervient lorsque l'IRA rompt le cessez-le-feu de 1994 en commettant en 1997 un attentat à Londres. Aussitôt, les têtes se tournent vers Gerry Adams pour s'assurer qu'il dénonce bien ces attentats. Pour la première fois, Gerry Adams et Martin McGuinness engageront publiquement une action de communication commune en participant à deux émissions d'actualité britanniques, en même temps, l'un sur BBC1, l'autre sur ITV, à savoir les deux principales chaînes nationales. On peut voir dans le choix d'impliquer également Martin McGuinness, lequel avait jusque-là été peu présent à la télévision, une stratégie de communication pour assurer la visibilité du Sinn Féin à ce moment délicat. En effet, celui-ci risquait de se voir exclu des pourparlers, en représailles

---

10 « Network First: Talking to the Enemy », ITV, mardi 20 décembre 1994, 22h40–23h40.
11 Voir aussi Kitt-Hewitt (1995) et Rohner /Frey (2007 : 129–145).

du fait des activités de l'IRA. À ce stade, Gerry Adams et Martin McGuinness ne sont plus seulement des interlocuteurs légitimes mais de véritables artisans de la paix.

Lors de la signature des accords de paix en 1998, ce statut est confirmé, sans faire bien sûr l'unanimité. Alors que Gerry Adams renforce sa présence sur le terrain, en particulier en République d'Irlande, on constate son absence dans les médias britanniques ; en revanche, Martin McGuinness occupe de plus en plus la scène médiatique, devenant une figure politique incontournable, cherchant à prôner la réconciliation en Irlande du Nord. Des images marquantes furent ainsi diffusées dans les années qui suivirent le rétablissement de l'exécutif à Stormont en 2007 : une poignée de main échangée avec la Reine Elizabeth II, en visite en Irlande du Nord, et Martin McGuinness et Ian Paisley – cliché qui leur vaudra le surnom de « Chuckle Brothers » (Faith, 2018 : 206–209) ; en 2014 Martin McGuinness au Château de Windsor où la Reine Elizabeth II l'avait convié, à l'occasion de la visite officielle du président Irlandais en Angleterre. Cette dernière image fut fortement controversée dans la mesure où Martin McGuinness leva, avec les autres convives, son verre en l'honneur de la Reine pendant qu'un orchestre jouait l'hymne britannique « God Save the Queen ». Ces images, très médiatisées, ont toutefois eu pour effet d'envoyer des signes forts d'apaisement et surtout de réconciliation, et ont joué un rôle fondamental pour favoriser le succès du processus de paix en Irlande du Nord.

Le parcours médiatique de Gerry Adams après 1998 est très différent, bien qu'il ait accepté de serrer la main du Prince Charles en 2015. Martin McGuinness est généralement représenté comme un homme souriant, aimant, proche de ses enfants, presque tombé dans l'IRA malgré lui. Gerry Adams apparaît davantage comme un homme de l'ombre qui semble se cacher derrière ses cheveux longs, sa barbe et ses lunettes teintées. Dans les fictions télévisuelles sur l'Irlande du Nord, où il est un personnage incontournable, il est représenté comme « le grand manitou », extrêmement difficile à rencontrer. Il est généralement mis en scène dans une pièce sombre et sans fenêtre, rendant difficile son identification. Dans un article récent, un journaliste se félicite d'avoir réussi à le faire rire[12], donnant ainsi un caractère humain à celui qu'on ne présente généralement que de manière austère. Cette description peut surprendre lorsqu'on considère son image en République d'Irlande et à l'étranger où il est généralement représenté dans ses fonctions politiques, en extérieur et entouré de

---

12 Cullen, Kevin. « Gerry Adams: The man behind the mask », *The Irish Times*, 9 février 2018.

sympathisants. Gerry Adams fut par exemple sollicité par la famille de Nelson Mandela pour porter son cercueil, ou invité au Pays Basque, en mai 2018, pour participer à la cérémonie marquant la dissolution de l'ETA et se porter garant de la bonne foi de celle-ci. De manière plus triviale, il existe aux États-Unis une Bière Adams, et le maire de New York a proclamé que le 17 mars serait désormais le « Gerry Adams Day ». Certains se sont étonnés de voir à quel point cet homme pouvait être si détesté chez lui alors qu'il était tant apprécié à l'étranger. L'image de Gerry Adams à l'international est très éloignée de celle d'un homme manifestement très puissant mais peu médiatique au Royaume-Uni où chacune de ses interventions est très mesurée, comme l'illustre une interview qu'il accordait à France 24[13] en avril 1998, à l'occasion des vingt ans des Accords de Belfast, . Celle-ci était réalisée dans une usine désaffectée devenue centre communautaire, mais la scène était filmée dans un espace entièrement vide, Gerry Adams apparaissant sur fond noir, filmé ni de face ni de profil, mais de trois-quarts. Chaque mot est pesé, mesuré.

Contrairement à l'image qu'il peut donner à l'international, au sein des frontières du Royaume-Uni, Gerry Adams se présente comme un homme ouvert à ses sympathisants et fermé à tous les autres. Le jour même des funérailles de Martin McGuinness, retransmises à la télévision et auxquelles de nombreuses personnalités ont été conviées, Gerry Adams réservait son éloge funèbre au cimetière, là où seuls famille et proches étaient présents.

Conclusion : 2018, le début d'une nouvelle ère pour le Sinn Féin

Les parcours médiatiques contrastés mais complémentaires de Gerry Adams et de Martin McGuinness invitent pour conclure à s'interroger sur leur départ et sur l'interprétation à donner à un demi-siècle de stratégie politique républicaine en Irlande du Nord. À l'heure du bilan concernant les deux décennies écoulées depuis la signature des accords de paix en Irlande du Nord, les deux hommes qui ont incarné le militantisme politique et armé républicain ont quitté la scène politique. Le retrait de ces figures emblématiques marque un véritable tournant dans l'histoire du Sinn Féin mais aussi dans la lutte politique et armée républicaine, en Irlande du Nord. Plus qu'un tournant, ces départs ont entraîné ce que d'aucuns qualifieraient de véritable vide politique, un vide synonyme de crise politique exacerbée par le Brexit. D'autres y distinguent le début d'une nouvelle

---

13 Interview réalisée le 10 février 2018 et disponible en ligne à l'adresse https:// www.france24.com/fr/20180410-entretien-gerry-adams-irlande-nord-ira-consequences-brexit (consulté le 13 janvier 2019).

ère où l'évolution démographique voit la population catholique et athée augmenter, avec elle une population potentiellement favorable à une réunification de l'Irlande.

Lors du décès de Martin McGuinness, les réactions furent très variées, certains pointant son passé au sein de l'IRA, d'autres insistant sur le rôle qu'il a joué dans le processus de paix en Irlande du Nord. Les titres de la presse nationale et internationales lui rendirent un hommage plutôt positif, donnant le sentiment que le fait d'avoir admis son passé au commandement de l'IRA avait été non pas oublié ni pardonné mais compensé par son investissement pour la paix et la réconciliation.

Le retentissement médiatique du retrait de Gerry Adams de la présidence du Sinn Féin fut bien différent malgré sa notoriété à l'international. En effet, les avis furent très partagés en raison du caractère controversé de son engagement politique. Si certains articles de presse se contentaient d'annoncer que le « Président » démissionnait, d'autres ont fait référence au « paria »[14]. L'interprétation de cette démission fut elle aussi variable. Selon *The Irish Times*, en raison de son implication dans le conflit en Irlande du Nord, Gerry Adams avait fini par être « Un fardeau pour les siens »[15]. Cette position s'est vue partagée par la presse au Pays-Bas où *NRC Handelsblad* considère que la présidente du Sinn Féin veut faire entrer le parti dans une nouvelle ère[16]:

> Mary Lou McDonald (…) veut faire du Sinn Féin un parti normal dans un pays normal. (...) Le Sinn Féin et Mary Lou McDonald risquent toutefois de se heurter à l'omniprésence de Gerry Adams. (…) Son plus grand défi pour les années à venir sera de faire en sorte que l'ombre d'Adams ne plane pas sur le nouveau Sinn Féin.

Nul doute qu'une page vient de se tourner pour le Sinn Féin alors que les deux figures emblématiques du parti pendant le conflit en Irlande du nord et le processus de paix viennent de le quitter. Ce constat est renforcé par le choix stratégique, politique et médiatique de laisser ces fonctions vacantes à deux femmes d'une autre génération, Mary Lou McDonald et Michelle O'Neill. Non seulement ce choix permet d'afficher une rupture avec le passé violent du parti tout en assurant une continuité politique avec ses objectifs. Lors de sa prise

---

14 Voir, par exemple, « Gerry Adams, le paria devenu faiseur de paix », *Ouest France*, 18 novembre 2017. Cet article a été publié dans divers journaux français et internationaux, faisant même l'objet de plusieurs traductions, notamment en espagnol.
15 « The Gerry Adams era comes to an end », Éditorial, *Irish times*, 10 février 2018.
16 Garschagen, Melle. « Met vertrek Gerry Adams zet Sinn Féin een historische metamorfose in », *NRC Handelsblad*, 10 février 2018.

de fonction, Mary Lou McDonald déclarait qu'avec l'arrivée d'une nouvelle génération, leur travail serait de trouver des moyens innovants et modernes pour faire avancer leur politique. Mais ce choix permet aussi de s'aligner avec les principales figurent de la scène politique au Royaume-Uni, à savoir Arlene Foster leader du DUP, Nicola Sturgeon, Premier ministre de l'Écosse, ou bien Theresa May, Premier ministre britannique.

Bibliographie

Bevins, Anthony/Mallie, Eamonn/Holland, Mary. « Major's Secret Links with IRA Leadership Revealed », *The Observer*, dimanche 28 novembre 1993.Corcoran, M. et O'Brien, M. (éd.). 2005. *Political Censorship and the Democratic State*, Dublin : Four Courts Press.

Dawson, G., Dover, J. et Hopkins S. (éd.). 2017. *The Northern Ireland Troubles in Britain. Impacts, Engagements and Memories*, Manchester: Manchester University Press.

Ellis Owen, Arwell. 1994. *The Anglo-Irish Agreement. The First Three Years*, Cardiff: University of Wales Press.

Faith, Paul. 2018. « I could see the picture before it happened », in Henderson, D. et Little, I. (éd.), *Reporting the Troubles*, Newtownards: Blackstaff Press, pp. 207–210.

Hansard, 19 octobre 1993, col. 143.

Henderson, D. et Little, I. (éd.). 2018. *Reporting the Troubles*, Newtownards: Blackstaff Press.

Hennessey, T. 1997. *A History of Northern Ireland, 1920–1996*, Basingstoke: Macmillan.

Kitt-Hewitt, David (éd.). 1995. *Crime and the Media: The Post-Modern Spectacle*, Londres: Pluto Press.

McDonald, Henry. 2017. *Martin McGuinness: A Life Remembered*, Newtownards: Blackstaff Press.

Miller, David/McLaughlin, Greg. 1996. « Reporting the Peace in Ireland », in Rolston, B., Miller, D. (éd.), *War and Words: the Northern Ireland Media Reader*, Belfast: Beyond the Pale Publications, pp. 421–440.

Miller, David. 1995. « The Media and Northern Ireland. Censorship, Information Management and the Broadcasting ban », in Philo, G. (éd.), *Glasgow Media Group Reader: Industry, Economy, War and Politics, vol. 2*, Londres : Routledge, pp. 45–75.

Moloney, Ed. « The Battle of the Documents », *The Sunday Tribune*, 5 décembre 1993.

O'Brien, Conor Cruise. 2005. « Broadcasting and Violence: the Case for Media Restriction », in Corcoran, M. et O'Brien, M. (éd.), *Political Censorship and the Democratic State*, Dublin : Four Courts Press, pp. 23–33.

O'Doherty, Malachi. 2017. *Gerry Adams: An Unauthorised Life*, Londres: Faber & Faber.

O'Halloran, Susan. 2017. « Memories of Sinn Féin Britain, 1975–85 », in Dawson, G., Dover, J. et Hopkins S. (éd.), *The Northern Ireland Troubles in Britain. Impacts, Engagements and Memories*, Manchester: Manchester University Press, pp. 127–136.

Philo, G. (éd.), *Glasgow Media Group Reader: Industry, Economy, War and Politics, vol. 2*, Londres: Routledge.

Rohner, Dominic/Frey, Bruno. 2007. « Blood and Ink! The Common-Interest-Game between Terrorists and the Media », *Public Choice* vol. 133, n° 1/2, pp. 129–145.

Rolston, B., Miller, D. (éd.). 1996. *War and Words: the Northern Ireland Media Reader*, Belfast: Beyond the Pale Publications.

Rowan, Brian. 2008. *How the Peace was Won*, Dublin: Gill & Macmillan.

Wievorka, Michel/Wolton, Dominique. 1987. *Terrorisme à la Une. Média, terrorisme et démocratie*, Paris : Gallimard.

Ludivine Thouverez

(Université de Poitiers, Mimmoc)

Le dessin de presse face à la violence de l'ETA (1974–2004) : contre-pouvoir ou outil de propagande politique ?

Abstract: This paper aims at analyzing the graphic representation of the violence of the Basque separatist organization ETA in two satirical Spanish magazines *(Por Favor* and *El Jueves),* between 1974 and 2004. After noting the main interpretive frameworks employed in the Spanish daily press over the last four decades, we will try to determine whether the magazines contest or accept these frameworks and proceed to the (de)construction of dominant discourses. As caricature may be considered as an opinion piece and, consequently, a vector of ideology, we will see that it reflects the balance of power in society and can either act as an opposing power, or contribute to the promotion of war propaganda.

Parce qu'il est à la fois artiste et journaliste, le dessinateur de presse a longtemps souffert d'une double déconsidération. Artiste de second rang pour les tenants d'une conception hiérarchique des beaux-arts (Ory, 2015 : 15), et propagandiste d'actualité pour les défenseurs d'un journalisme basé sur la sacralité des faits et la noblesse des lettres, le caricaturiste n'en demeure pas moins un formidable acteur de la démocratie, en cela qu'il contribue – par le rire – à la transgression des normes sociales et au questionnement du fait politique. Partant de ce postulat, nous nous sommes interrogés sur la représentation de la violence de l'organisation séparatiste basque ETA[1] dans les revues satiriques espagnoles de référence *Por Favor* et *El Jueves* au cours de la période 1974–2004. Si la presse d'information générale s'est illustrée par un discours partisan, fondé sur une condamnation du terrorisme et une défense consensuelle de l'action de l'État et des forces de l'ordre, qu'en est-il de la presse satirique ? Observe-t-elle une

---

1 Euskadi Ta Askatasuna (Pays basque et Liberté) naît en 1959 d'une scission au sein des jeunesses du Parti nationaliste basque (PNV). Après une phase de militantisme culturel et d'actions symboliques contre la dictature franquiste, l'organisation s'engage dans la lutte armée en 1968 pour « chasser les colonisateurs français et espagnol » de la terre basque. S'ensuit une série d'attentats contre des cibles militaires, politiques et civiles, jusqu'à sa dissolution en juillet 2018.

ligne éditoriale similaire à celle des grands médias ? Cède-t-elle à l'indignation populaire et aux pressions de la classe politique ? Ou procède-t-elle, au
contraire, à une déconstruction des discours dominants de manière à faciliter
l'émergence d'une opinion distanciée sur le conflit ?

1. Cadre théorique et méthodologique

Le 3 mai 2018, l'organisation séparatiste basque ETA annonçait sa dissolution au
terme de cinquante ans de « lutte armée » ayant causé la mort de 849 personnes
en Espagne[2]. La nature politique, la durée et les conséquences dramatiques du
conflit ont contribué à ce que la violence occupe une place prépondérante dans
les pages d'information nationale, même si les cadres d'interprétation varient
en fonction des époques.

Les chercheurs en communication T. Ramírez de la Piscina, I. Murua Uria
et P. Idoiaga Arrospide identifient quatre périodes représentatives de la couverture des événements. La première (1975–1988) s'illustre par une absence de
discours unitaire vis-à-vis de l'ETA, qui trouve son explication dans le contexte
particulier de la Transition[3], où « tout était en phase de construction et de définition » (Ramírez de la Piscina y al., 2016 : 1116). Tandis que syndicats et partis
politiques sortent de la clandestinité pour investir l'espace public, de nouvelles
institutions commencent à fonctionner sans que les anciennes n'aient disparu,
ce qui génère une extrême confusion :

> A todos los niveles reinaba mucho inconformismo e indefinición, ya fuera en
> ambientes políticos, socio-laborales o en la misma universidad. Esa misma indefi-
> nición se palpaba en la prensa vasca y española. A consecuencia de esa situación se
> producían hechos que, vistos desde la perspectiva actual, provocarían perplejidad.
> Durante finales de la década de los 70 y principios de los 80, la presencia del conflicto
> vasco se hizo tan rutinaria que hechos objetivamente trascendentes, como un aten-
> tado mortal contra un guardia civil por ejemplo, no merecían ser destacados como la
> primera noticia del día, incluso en rotativos nada sospechosos de simpatizar con ETA
> (Ramírez de la Piscina, 2016 : 1014).

---

2   Selon une étude du Gouvernement basque, il convient d'ajouter à ces chiffres 68 per-
    sonnes, décédées dans les attentats « contre-terroristes » du GAL et autres groupes
    paramilitaires, et 10 dans des circonstances non élucidées. Le nombre total de vic-
    times s'élèverait par conséquent à 927 (Fonseca, 2014).
3   Période historique allant de la mort du général Franco en novembre 1975 à l'entrée
    en vigueur de la Constitution, en décembre 1978. Certains historiens diffèrent sur la
    fin de la Transition et considèrent qu'elle termine en 1982, avec le triomphe du Parti
    Socialiste Ouvrier Espagnol aux élections.

À partir du milieu des années 1980, l'évolution des méthodes de l'ETA (recours à la technique de la voiture-explosive, assassinats d'élus des partis majoritaires, etc.) contraint les nouvelles institutions démocratiques à sceller des accords pour éradiquer la violence. L'Accord d'Ajuria Enea, conclu entre différents acteurs du camp nationaliste basque, inaugure un nouveau cycle médiatique dans lequel une homogénéisation des discours et un durcissement des positions contre l'ETA devient perceptible (1988–2000). Cette attitude précède un engagement de la profession au service de la cause démocratique, dont les conséquences seraient, selon les auteurs précédemment cités, la pratique d'un « journalisme de tranchée » (2000–2011). Alors qu'attentats et menaces se multiplient à l'encontre des journalistes[4], les médias sont conviés par le gouvernement espagnol à participer à l'effort de guerre contre l'ETA, lequel induit – paradoxalement – un appauvrissement du débat démocratique. L'interdiction de partis politiques, associations et médias indépendantistes basques en 2003, l'incarcération des dirigeants de la coalition électorale Batasuna en 2009, ou le rejet du Plan Ibarretxe par les députés espagnols en 2005 (projet incluant une réforme du statut d'autonomie du Pays basque et l'obtention du droit à l'autodétermination) font ainsi l'objet de faibles protestations. Cette situation perdure jusqu'en 2011, année de la fin de la violence armée. Une dernière phase (2011–2016), caractérisée par une révision des postures idéologiques des journaux selon leur lieu d'édition, voit alors le jour en Espagne.

Les conclusions de ces chercheurs corroborent celles d'autres études sur la représentation médiatique des conflits. Pour Borrat (1986), Thouverez (2011) ou Castelló (2013), les médias ne peuvent être considérés comme de simples témoins, mais comme des acteurs des conflits. En effet, le choix d'accorder de la visibilité – ou non – à un conflit, la caractérisation des parties impliquées dans la querelle et la désignation même du conflit conditionnent sa perception sociale et peuvent mener à l'escalade ou à l'apaisement des tensions. Ce constat est d'autant plus manifeste quand le différend intervient sur un même territoire et oppose des communautés nationales différenciées.

L'humour n'échappe pas à cette tendance. Dans un ouvrage consacré à la représentation graphique du conflit basque dans la presse d'information

---

4 En mai 2000, le collaborateur du journal *El Mundo*, José Luis López Lacalle, est assassiné par un commando de l'ETA. Un an plus tard, c'est au tour du directeur financier de *Diario Vasco*, Santiago Oleaga. Quelques jours plus tard, le directeur de *Cambio 16*, Gorka Landaburu, est blessé par un colis piégé. Au cours de son histoire, l'ETA est responsable de 32 attentats contre des médias. Une cinquantaine de journalistes ont également vécu sous escorte policière durant les années 1990–2000.

générale, le groupe de recherche EMAN de l'université du Pays basque (2016) souligne que les illustrations mettant en scène la confrontation et les violations des droits de l'homme commises par l'ETA prédominent dans les pages des quotidiens. En revanche, celles orientées vers la paix et le dialogue sont minoritaires : elles émanent plus généralement de titres édités dans la communauté autonome et lors de la phase de post-conflit armé. Partant de ces observations, il est possible de formuler les hypothèses suivantes :

- Dans la mesure où il réagit à un événement, émet une opinion et intègre une conclusion implicite ou explicite, le dessin humoristique de presse peut être considéré comme un éditorial.
- Comme tout acte de communication, le dessin humoristique s'inscrit dans un contexte d'énonciation et repose sur un contrat tacite entre énonciateur et destinataire. Il est porteur d'une idéologie qui peut (re)produire ou contester les cadres de pensée dominants (Wodak et Meyer, 2003 : 19).
- Dans un contexte de guerre ou de conflit armé, l'esthétique ontologiquement décalée du dessin humoristique tend à se mettre au service d'un des camps en lice et à (re)produire son idéologie : outrance graphique, simplification du discours de l'ennemi, construction d'une stéréotypie patriotique ou nationaliste sont fréquentes, d'où la référence à son éventuelle fonction de propagande dans notre titre.

Il convient toutefois de s'interroger sur la marge de liberté des dessinateurs des revues satiriques par rapport à leurs confrères de la presse quotidienne. Leurs conditions de production garantissent-elles une plus grande indépendance ? Permettent-elles de repousser les limites du socialement admis ou de modifier les cadres d'interprétation décrits précédemment ?

L'analyse de 500 numéros de *Por Favor* et *El Jueves*, publiés lors d'événements marquants de l'histoire de l'ETA, tente de répondre à ces questions. Une série d'entretiens semi-directifs réalisés auprès de l'éditeur José Ilario, du dessinateur et directeur de publication José Luis Martín et du journaliste Josep Ramoneda, s'ajoute à cette étude empirique, afin de mieux comprendre le processus de production culturelle au sein de ces revues, devenues des emblèmes de la Transition et des premières années de démocratie.

2. De la satire politique à la critique sociale

Rappelons que la presse satirique espagnole naît en 1735 avec la publication de *El duende crítico de Madrid* et connaît un développement chaotique en raison du contexte institutionnel et politique de l'Espagne du XIXe siècle. Comme en

France, la monarchie, l'Église catholique et l'Armée sont les principales cibles des humoristes et les tentatives d'intimidation à leur encontre sont nombreuses (Capdevila, 2017). En marge de la censure et des sanctions pénales exercées contre elles, les rédactions sont parfois victimes d'assauts violents perpétrés tantôt par des militaires (*Cu-Cut !* en 1905), tantôt par des groupuscules d'idéologie fasciste (*La Codorniz* en 1952, *El Papus* en 1977), anarchiste ou procatalaniste (*El Be Negre* dans les années 1930).

Conscient du caractère transgresseur de l'humour, le franquisme accorde peu de licences aux éditeurs de ce type de publications. L'assouplissement de la censure par la Loi Fraga contribue néanmoins à une résurgence de la satire graphique à la fin des années 1960, puis à son « boom » la décennie suivante. *Hermano Lobo* (1972–1976), *El Papus* (1973–1987) et *Por Favor* (1974–1977) naissent alors et vont témoigner de la lente agonie du franquisme, des dernières exécutions au « garrot vil », de la mobilisation sociale en faveur de l'amnistie ou de la négociation entre élites franquistes et opposition quant au nouvel État espagnol.

Por Favor offre sans doute la meilleure analyse de la Transition, puisque la satire graphique s'accompagne d'analyses politiques, interviews et chroniques sociales rédigées par les plumes les plus prometteuses de l'époque : Manuel Vázquez Montalbán, Juan Marsé, Fernando Savater, Josep Ramoneda, etc. Fondée par l'éditeur José Ilario, *Por Favor* met en scène l'actualité sur le ton de la raillerie, de l'ironie ou du sarcasme, ce qui lui vaut plusieurs condamnations et mises sous séquestre. Considérée par les autorités comme un organe de propagande « gauchiste », *Por Favor* répond dans un éditorial de février 1977 :

> Se nos ha acusado de satirizar exclusivamente a la derecha y no a la izquierda y nosotros contestamos que hemos satirizado en relación proporcional a la fortaleza social e histórica del satirizado. ¿Cómo íbamos a cebarnos en las ridiculeces, que las hay, de fuerzas políticas maniatadas?[5]

Au fur et à mesure que la Transition progresse, un certain désenchantement devient perceptible. Les critiques ne visent plus seulement le gouvernement Suárez pour la lenteur de ses réformes, mais l'opposition de gauche pour avoir plié sous la pression des élites franquistes, notamment lors des Accords économiques de la Moncloa : « Ya habéis pactado todo lo que os ha salido de los

---

5   « Por Favor crece, no cambia », *Por Favor*, n° 138, 21/2/1977, p. 3.

cojones, pero de nuevo no habéis contado con nosotros [...]. No tendremos pie-
dad »[6] avertit une note de la rédaction de 1977.

La voix contestataire de *Por Favor* s'éteint fin 78, faute de lecteurs. Le débat
idéologique ne faisant plus recette (un désintérêt pour la politique commence,
étonnamment, à se ressentir dès la démocratie rétablie), José Ilario décide de
créer un média concurrent, davantage axé sur la critique sociale. Il confie alors
à l'ancienne rédaction de *Por Favor* et à une nouvelle génération de dessinateurs le soin d'élaborer *El Jueves*, une revue aux contenus parfois salaces et
racoleurs, s'articulant autour de séries de personnages éclectiques : Martínez le
facho, le curé Cirilo, les héroïnomanes Pedro Pico et Pico Vena, etc. Sorti dans
les kiosques le 27 mai 1977, *El Jueves* rencontre un succès que le temps n'a pas
démenti.

3. *Por Favor* : entre « dit » et « non-dit »

L'analyse de *Por Favor* présente une particularité : en dépit de la centaine de
morts que provoque l'ETA entre 1974 et 1978[7], cette organisation n'est pratiquement jamais représentée. Cette absence de visibilité est due à plusieurs
facteurs. Le premier est que les provinces basques de Biscaye et du Guipúzcoa
sont soumises, entre avril et juillet 1975, à un état d'urgence – le sixième depuis
1967 – qui empêche les médias de communiquer sur la situation insurrection-
nelle qui y règne (grèves ouvrières, résistance civile et attentats sont réprimés
dans une extrême violence) et de porter tout jugement sur l'état d'urgence.
Contournant cette interdiction, la rédaction annonce qu'elle ne fera « aucun
commentaire sur la mesure » afin que ses lecteurs basques puissent « conti-
nuer à lire et regarder *Por Favor* »[8]. À travers le jeu de la présupposition et du
sous-entendu[9] – une situation anormale règne au Pays basque et tout média
qui la dénonce risquerait d'être sanctionné – le lecteur est invité à décrypter

---

6 Ces accords, signés en pleine crise financière, prévoient un gel des salaires et des
   facilités, pour les employeurs, à renvoyer leurs salariés. « El que avisa no es traidor »,
   Por Favor, n° 175, 7/11/1977, p. 3.

7 Source : ministère de l'Intérieur, Espagne.

8 « Nota de la redacción sobre la ley de excepción », *Por Favor*, n° 44, 5/5/1975, p. 7.

9 C. Kerbrat-Orecchioni (1998 : 25) précise : « Dire que je présuppose X, c'est dire que
   je prétends obliger, par ma parole, le destinataire à admettre X, sans pour autant
   lui donner le droit de poursuivre le dialogue à propos de X. Le sous-entendu, au
   contraire, concerne la façon dont ce sens est manifesté, le processus au terme duquel
   le destinataire doit découvrir l'image de ma parole que j'entends lui donner ».

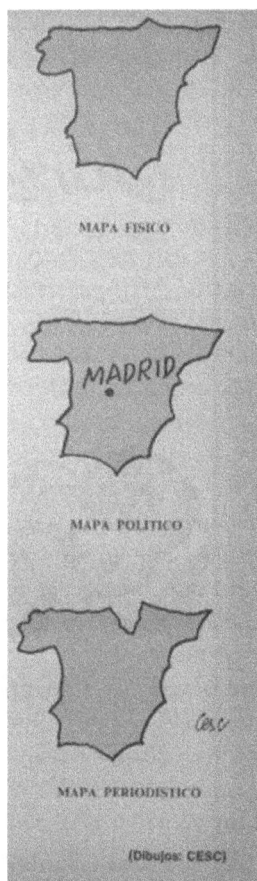

Fig. 1. Cesc, *PF*, n° 49, 9/6/1975, p. 17.

les contenus implicites des énoncés et à en tirer ses propres conclusions. Si le dessinateur Perich se contente de signaler l'état d'urgence par la juxtaposition de deux panneaux routiers (l'un indiquant la direction de la Biscaye, l'autre un signal de danger), Cesc redessine les frontières du royaume selon les contextes : l'Espagne politique, dominée par une idéologie jacobine écrasante (symbolisée par le mot « Madrid » en lettres capitales) et l'Espagne médiatique, amputée du Pays basque, comme pour suggérer que l'intransigeance du pouvoir central conduit à la négation des aspirations démocratiques d'un peuple et à une aberration informative (figure 1).

Le second facteur vient de l'aura que possède alors l'ETA au sein de l'opposition politique de gauche. Pour l'éditeur José Ilario, les raisons sont évidentes : « *Hombre, ¡se habían cargado a Carrero Blanco!* »[10]. L'assassinat du premier ministre de Franco en 1973 possède donc une énorme charge symbolique : dans l'imaginaire collectif, l'ETA sera longtemps associée à la résistance anti-franquiste. C'est pourquoi les termes « opposition », « gauche » ou « prisonniers politiques » sont indistinctement employés pour désigner ses militants dans les pages de *Por Favor*.

Plusieurs articles évoquent aussi le risque d'« argentinisation ou irlandisation » du Pays basque[11]. À travers ces néologismes, le lecteur avisé comprend qu'une « sale guerre », similaire à celle perpétrée par la Triple A[12] en Argentine et l'UDA[13] en Ulster, est menée contre les indépendantistes. Les groupes parapoliciers opérant dans la région, dénommés Guerriers du Christ-Roi et Alliance Apostolique Anticommuniste, font d'ailleurs l'objet de multiples charges. Dans une parodie de *L'Angelus* de Millet, Martín Morales dénonce le premier groupe par le biais d'une illustration dans laquelle trois néofascistes interrompent une session de torture contre un opposant afin de procéder à la prière[14]. Dans un autre style, Forges ironise sur l'impunité de ces groupuscules en juxtaposant deux éléments insolites (figure 2) : un membre de l'extrême droite fuyant sur… un escargot après avoir saccagé une librairie.

Au fil du temps, l'implicite laisse place à des prises de positions plus affirmées. Des interviews sont accordées aux membres de l'ETA évadés de la prison de Ségovie ou à l'avocat indépendantiste Juan María Bandrés[15]. *Por Favor* s'engage, en outre, dans une campagne en faveur de l'amnistie des prisonniers politiques, « qu'ils aient du sang ou non sur les mains ». Dans ces conditions, la condamnation de la violence se fait toujours de manière voilée ou indirecte. En 1976, l'assassinat du représentant du gouvernement espagnol dans la province du Guipúzcoa, Juan María de Araluce, est ainsi illustré par Forges : le passager

---

10 « Ils avaient tué Carrero Blanco ! ».
11 M. Vázquez Montalbán, « Sangre en el norte », *Por Favor*, n° 46, 17/5/1975, p. 7.
12 L'Alliance Anticommuniste Argentine ou Triple A est une organisation paramilitaire d'extrême droite, responsable de la mort de deux mille opposants politiques durant la période 1973–1976.
13 L'Ulster Defence Association (UDA) est une organisation paramilitaire protestante loyaliste créée en 1971 et responsable de l'assassinat de plus d'une centaine de personnes en Irlande du Nord.
14 M. Morales, « La hora del Angelus », *Por Favor*, n° 141, 14/3/1977, p. 13.
15 Voir numéros 100 et 153.

Fig. 2. Forges, *Por Favor*, n° 63, 15/9/1975, p. 13.

d'une voiture officielle, voyant qu'un énorme béret va s'écraser sur le véhicule et le foudroyer, s'exclame : « Oh non, c'est un [béret] basque ! »[16]. En détournant l'attention sur les sentiments du personnage, Forges évite de dénoncer la cruauté de l'acte en lui-même.

Máximo est le seul membre de la rédaction à condamner fermement la violence, d'où qu'elle vienne. En réaction aux dernières exécutions du franquisme et à la première action du GRAPO[17] en 1975, le rédacteur et chroniqueur affirme :

El abajo firmante, a título unipersonal y en su modestia, repulsa [...] lo siguiente: el terrorismo, el autoritarismo, el terrorismo, el inmovilismo, el terrorismo, el antidemocratismo, el terrorismo, la violencia 'otra', el terrorismo, la censura, el terrorismo, el monolitismo, el terrorismo, el monopolio ideológico [...], la pena de muerte y el terrorismo[18].

Ce parti-pris pacifiste, que maintiendra Máximo tout au long de sa carrière, coïncide avec une conception de l'humour que l'artiste explique en 1974 :

Si el humorista sólo ataca la ideología de enfrente, lo que está haciendo realmente es ser el empleado de esta ideología, ser una pieza instrumental [...]. En cambio, si

---

16 Forges, Sin título, *PF*, n° 119, 11/10/1976, p. 20.
17 *Grupos de Resistencia Antifascista Primero de Octubre*. Groupe armé d'idéologie marxiste-léniniste actif entre 1975 et 1995.
18 Máximo, « Manifiesto Sandwich », *Por Favor*, n° 67, 13/10/1975, p. 30.

practica el humor en serio, no puede tener límites, puesto que todo es mejorable y el
humor, de alguna forma, impide el dogmatismo (Galán, 1974 : 103).

Une rupture dans la ligne éditoriale intervient en juillet 1978, suite à l'assassinat
par l'ETA du journaliste José María Portell. Pour la première fois, l'organisation
apparaît sous les traits du personnage de dessin animé Goldorak (*Mazinger Z*
en espagnol), décrit dans le numéro 207 comme « un monstre n'ayant jamais
le temps de lire, d'écouter de la musique, de faire l'amour », un monstre coutu-
mier de la « violence, du machisme et des plaisirs solitaires »[19]. Sur un ton plus
sérieux, M. Vázquez Montalbán s'interroge sur le risque de dérive de l'ETA :

> Si se han cargado a Portell porque no era un independentista hay que echarse a
> temblar […]. La lucha última de ETA iba dirigida a hostigar a las fuerzas de orden
> público, consideradas como fuerzas represivas de ocupación. Ahora un periodista dis-
> crepante, ¿también es una fuerza represiva de ocupación? ¿Serán ametrallados en la
> futura Euzkadi socialista e independiente todos los disidentes?[20]

L'exécution de Portell agit donc comme un détonateur : le groupe armé devient
une cible privilégiée de la revue satirique.

4. Désacralisation de l'adversaire dans *El Jueves*

La commercialisation de *El Jueves* débute en mai 1978, année de l'entrée en
vigueur de la Constitution et de l'augmentation significative des attentats (66
morts en 1978, 76 en 1979, 92 en 1980 contre un total de 62 victimes entre 1974
et 1976[21]). Le décès de civils dans les attentats engendre non seulement des protestations sociales mais des scissions au sein du camp indépendantiste. José
Luis Martín, directeur de *El Jueves*, de 1978 à 2006, prend très tôt le parti de
désacraliser les militants de l'ETA en les représentant dans des situations grotesques. Les attentats commis dans les stations balnéaires pour miner le tou-
risme deviennent, par exemple, motif de raillerie : dans la figure 3, un membre
de l'ETA, vêtu d'un maillot de bain et d'une cagoule, s'éloigne à toute vitesse
après avoir déposé une bombe dans un château de sable sur la plage. La fuite et
le regard effaré de l'enfant rendent compte du caractère lâche, arbitraire et sans
fondement de la violence.

Martín Morales popularise également la stéréotypie de la cagoule et du
fusil comme substitut phallique : c'est parce que les membres de l'ETA seraient

---

19   R. Wirth, J. Bach, « Z5 », *Por Favor*, nº 207, 26/6/1978, p. 29.

20   Manolo V. « A hostia limpia en Euzkadi », *Por Favor*, nº 209, 10/7/1978, p. 7.

21   Source : ministère de l'Intérieur, Espagne.

Fig. 3. J. L. Martín, *El Jueves*, n° 163, 9/7/1980, p. 1.

« impuissants » qu'ils pratiqueraient la violence. Le dessinateur créé également un « type » répondant au nom basque d'Iñaki. Militant écervelé, Iñaki oublie d'enlever sa cagoule chez le coiffeur ou la confond parfois avec son slip lorsqu'il s'habille[22].

Ces procédés de dénigrement s'accentuent dans les années 1990–2000 et sont pleinement assumés par le directeur de la publication :

> ETA acabó debido a la acción de las fuerzas de policía, pero yo creo también que el humor le hizo mucho daño porque quitaba el velo a la gente y convertía a los etarras en personajes ridículos. Eso, para un demócrata es fastidioso. Pero, para un totalitario es mortal, porque si no consigues dar miedo, estás muerto.

Privant la violence de tout contenu politique, José Luis Martín recourt à la technique de la psychanalisation pour questionner l'équilibre mental, voire les capacités intellectuelles, des membres de l'ETA. L'esthétique de la prothèse-révolver, qui remplace le cerveau ou la langue des militants (figures 4 et 5), est

---

22 M. Morales, Sin título, *El Jueves*, n° 202, 8/4/1981, p. 18.

Fig. 4. A. Monteys, « La cancion de ETA », *El Jueves*, nº 1081, 11/2/1998, p. 1.

également caractéristique de cette période : elle suggère l'aliénation individuelle ou collective des militants indépendantistes.

D'autres procédés, comme le recours aux lettres-images (« sEcTA », « qué vasco »[23] pour désigner un individu armé) ou le détournement d'œuvres picturales, sont également fréquents. La parodie du *Guernica* de Picasso, publiée après l'assassinat du conseiller municipal Miguel Ángel Blanco, renferme aussi un fort symbolisme puisque, dans le discours nationaliste basque, le bombardement de cette ville par la Légion Condor en 1937 est considéré comme l'événement déclencheur du « soulèvement populaire contre l'oppresseur »[24]. En faisant figurer dans la bouche de la femme éplorée le texte « d'abord la légion Condor, ensuite Franco, et maintenant ETA ! » *El Jueves* déconstruit le discours indépendantiste pour signifier que les trois s'inspirent de la même idéologie

---

23 Jeux de mots reposant sur « secte » et « ETA » ; ainsi que sur les expressions *¡Qué vasco!* (« quel Basque ! ») et *¡Qué asco!* (« quel dégoût ! »).

24 Anonyme, « Guernica 3 », *El Jueves*, nº 1052, 23/7/1997, p. 1.

Fig. 5. J. L. Martín, « La función crea el órgano », *El Jueves*, n° 1052, 23/7/1997, p. 2.

totalitaire. La revue participe, en ce sens, à l'effort de guerre des médias décrit précédemment.

Conclusion

L'analyse de la représentation graphique de l'ETA dans *Por Favor* et *El Jueves* montre que la presse satirique propose globalement les mêmes cadres d'interprétation du conflit que les médias d'information générale. Si *Por Favor* peine – à l'instar de l'opposition de gauche des années 1970 – à condamner la violence, *El Jueves* n'hésite pas à en faire son cheval de bataille une fois la démocratie consolidée : l'organisation, jadis invisibilisée par les humoristes (comme si d'un être divin il s'agissait), est dépossédée de son prestige, désacralisée, critiquée. L'essence offensive et polémique de l'image satirique permet, en outre, de dépasser les limites du discours policé de la presse quotidienne : assimilés à une bande d'ignorants, criminels, psychopathes ou fascistes, et associés à des actions grotesques, ses membres se trouvent privés de toute légitimité politique.

Les prises de position des dessinateurs en faveur de la démocratie conduisent toutefois à taire ou à minimiser certaines dérives sécuritaires. L'absence de réaction de *El Jueves* au contre-terrorisme du GAL[25] ou à l'interdiction de médias et associations indépendantistes en 2003 est éloquente. Elle fait écho aux pratiques du « journalisme de tranchée » et rappelle, pour reprendre les termes de Máximo, que les humoristes peuvent devenir les « employés d'une idéologie » et leurs dessins, un vecteur de propagande.

Por Favor, qui n'eut de cesse de dénoncer la censure franquiste, aurait probablement condamné plus fermement l'interdiction d'un quotidien, de quelque idéologie qu'il soit. C'est peut-être pour cette raison que le journaliste Antonio Álvarez Solís affirmait, lors de la mort prématurée de Perich à l'âge de 53 ans :

> Yo creo que Perich se nos ha ido de melancolía. No supo soportar más esta sociedad. No supo resignarse a una España en que por turno hay que allanarse a socialistas falsos o a ultras verdaderos. No soportó jamás una de nuestras grandes falsificaciones: la superchería de la democracia sin pueblo y la argucia del orden sin humanidad[26].

Bibliographie

Borderia Ortiz, Enrique/Martínez Gallego, Francesc/Gómez Mompart, Josep Lluís. 2015. *El humor frente al poder*, Madrid: Biblioteca nueva.

Borrat, Héctor. 1986. *El periódico, actor político*, Barcelona: Gustavo Gil.

Capdevila, Jaume. 2017. « Ser humorista en aquest país és una professió de risc », Humorstan.org. http://humoristan.org/es/articulos/ser-humorista-en-aquest-pais-es-una-professio-de-risc-jaume-capdevila-kap-dibuixant

Castelló, Enric (coord.). 2012. *La mediatización del conflicto político. Discursos y narrativas en el contexto español*, Barcelona: Laertes.

Chaput, Marie-Claude/Peloille, Manuelle (éd.). 2006. *Humor y política en el mundo hispánico contemporáneo*, Nanterre: Université Paris X–Pilar.

De Perthuis, Bruno. 2001. *Les procédés de déconstruction de l'adversaire*, Ridiculosa, n° 8, Brest : Université de Bretagne Occidentale.

---

25 Le Groupe Antiterroriste de Libération (GAL) est une organisation paramilitaire responsable de l'assassinat de 27 personnes sur le territoire français entre 1983 et 1987. Financée par les fonds secrets du ministère de l'Intérieur espagnol, elle prenait pour cible les membres de l'ETA réfugiés en France.

26 Antonio Álvarez-Solís, « Operación pequeña para Jaume », *El Jueves*, n°925, 15/02/1995, p. 22.

Fonseca, Carlos (coord.). 2014. *Informe sobre la situación procesal de los atentados perpetrados por organizaciones terroristas con resultado de muerte entre 1960 y 2014. Caso vasco*, Vitoria: Gobierno Vasco.

Galán, Diego. 1974. *¿Reírse en España ? El humor español en el banquillo*, Valencia: Fernando Torres editor.

Groupe de recherche EMAN. 2016. *Tirabirak, tiras que aflojan*, Bilbao : UPV/EHU.

Kerbrat-Orecchioni, Catherine. 1998. *L'implicite*, Paris : Armand Colin.

Ory, Pascal. 2015. « Introduction », in Delgado, M. (éd.), *La caricature… Et si c'était sérieux ? Décryptage de la violence satirique*, Paris : Nouveau Monde, p. 15–21.

Ramírez de la Piscina, Txema/Murua Uria, Imanol/Idoiaga Arrospide, Petxo. 2016. "Prensa y conflicto vasco (1975–2016): Recopilatorio de actitudes y vicisitudes". *Revista Latina de Comunicación Social*, 71, p. 1007–1035.

Thouverez, Ludivine. 2011. *Violence d'État et médias*, Paris : LGJD.

Wodak, Ruth/Meyer Mickael. 2003. *Métodos de análisis crítico del discurso*, Barcelona: Gedisa.

Alexandra Palau

(U. de Bourgogne Franche-Comté/Centre Texte Image Langage)

La médiatisation du processus séparatiste en Catalogne : enjeux politiques et positionnements idéologiques.

Abstract: The suspension of Catalonia's status of autonomy by the constitutional tribunal in 2010, the growing tensions on the question of identity and the rise of independentist demands in the region have led to a highly conflictual time, which has opposed the Spanish government to the *Generalitat*. Benefiting from a large popular basis, the radicalness of the independentist project is quickly gaining a strong media coverage. This article will question the way political actors and the media interact in this context of mobilization and awareness of the public opinion. This will be achieved through the use of a selection articles of information and public opinion taken from the spanish and catalonian press. Through the study of different processes of enunciation, the goal of this analysis will be to determine the stakes of this confrontation in the media and the partisan strategies which are linked to it.

Depuis la suspension du Statut d'autonomie de la Catalogne par le Tribunal constitutionnel en 2010, les tensions croissantes sur la question identitaire et la montée des revendications indépendantistes dans cette région ont ouvert une période hautement conflictuelle entre le gouvernement espagnol et la *Generalitat*. Au-delà de la remise en cause de la structure politico-territoriale héritée de la Transition démocratique, le processus séparatiste traduit également une désaffection institutionnelle dont témoignent les nouveaux modes d'activité protestataire issus de la société civile.

Ainsi, bénéficiant d'une large assise populaire, la radicalité du projet indépendantiste a rapidement gagné une grande visibilité médiatique. Il conviendra donc de s'interroger sur la manière dont les acteurs politiques et les médias interagissent dans un contexte de sensibilisation et de mobilisation de l'opinion publique. La crise catalane pose, en effet, la question du pouvoir des médias et de leur influence au sein de la sphère politique ainsi que de l'existence d'éventuelles connivences. Afin de comprendre la nature de ces relations, cette communication se propose d'analyser le traitement de l'information par la presse espagnole et catalane autour des deux échéances électorales majeures de l'année 2017 : le référendum sur l'indépendance du 1ᵉʳ octobre et la campagne électorale pour les élections autonomiques catalanes du 21 décembre. L'étude de la représentation médiatique de ce processus politique conflictuel s'appuie sur une sélection d'articles d'information et d'opinion publiés entre le 6 septembre 2017[1] et le 31 décembre 2017 par *El País*, le principal quotidien de diffusion nationale en Espagne, et par deux journaux d'information catalans *El Punt Avui* et *Ara*. Ce cadre chronologique permet de prendre en considération l'interaction entre le discours politique et le discours journalistique pendant les campagnes électorales mais aussi lors de moments décisifs tels l'arrestation de leaders séparatistes sous le chef d'inculpation de sédition, la proclamation de l'indépendance de la Catalogne par le Parlement catalan ou la mise sous tutelle de la Catalogne avec l'application de l'article 155. Dans quelle mesure les messages véhiculés par la presse nationale et régionale reflètent-ils un positionnement idéologique, pour ou contre l'indépendance de la région ? Comment façonnent-ils l'image des acteurs politiques engagés dans le processus et de quelle façon eux-mêmes réagissent-ils à la couverture médiatique de ces événements ? Autant de questionnements qui, dans la complexité de ce moment politique, devraient permettre d'appréhender les enjeux de cette confrontation médiatique et les stratégies partisanes qui y sont associées.

L'analyse du discours de presse écrite à travers des journaux ayant des lignes éditoriales et un ancrage territorial différents vise à explorer ces mécanismes et à décrypter par quels biais leur visée communicationnelle a un impact sur l'agenda politique. Affichant une ligne politique de centre-gauche, *El País* est considéré comme une source relativement sérieuse et impartiale dans le traitement des thèmes informatifs par rapport à d'autres quotidiens conservateurs comme *La Razón* ou *ABC* dont le soutien à la politique de Mariano Rajoy est manifeste[2]. Le positionnement revendiqué correspond-t-il au positionnement pratiqué ? Quant aux deux quotidiens régionaux paraissant exclusivement en catalan, *El Punt Avui* et *Ara*, ils sont proches du parti de centre-droit *Convergencia i Unió* bien que se revendiquant indépendants de tout parti ou idéologie. Tous deux se donnent comme objectifs de promouvoir et de diffuser la langue et la culture catalanes, et bénéficient à ce titre d'importantes subventions de la *Generalitat*. Il est par ailleurs à noter que ces deux journaux sont créés ou

---

1   Le 6 septembre 2017 est votée au Parlement catalan la proposition de loi permettant d'organiser le référendum d'autodétermination prévu le 1ᵉʳ octobre 2017.

2   Concernant la ligne éditoriale des journaux espagnols, se reporter à l'ouvrage de J.-P. Castellani et M. Urabayen (2000).

refondés après 2010, dans le contexte de radicalisation des revendications indé-pendantistes associé à une politisation de l'engagement citoyen, et alors même qu'une extraordinaire mobilisation médiatique accompagne le processus sépa-ratiste. Ainsi *El Punt Avui*, le troisième titre le plus lu en Catalogne après *La Vanguardia* et *El Periódico*, est-il issu de la fusion en 2011 des deux journaux catalans créés pendant la période de la Transition démocratique : *Avui* (1976) et *El Punt* (1979) dont Carles Puigdemont, l'ancien président de la *Generalitat*, a été l'un des journalistes. Le quotidien d'information *Ara*, qui se positionne comme son concurrent direct, a lui été fondé en 2010.

1. Le discours de la presse comme instance de légitimation du politique

Omniprésente sur la scène politique espagnole, la crise catalane a défini, de par son niveau de conflictualisation, de nouveaux modes d'interaction entre les médias, la sphère politique et la société civile. Non seulement considérée comme l'un des relais privilégiés de l'action publique, la presse est, dans ce contexte, utilisée par les hommes politiques comme un moyen de prendre directement à partie leurs adversaires afin de sensibiliser l'opinion à leurs arguments. Pour preuve la passe d'armes par médias interposés entre Felipe González, l'ancien chef du gouvernement socialiste de 1982 à 1996, et Artur Mas, le candidat à la présidence de la *Generalitat* lors des élections autonomiques du 27 septembre 2015. Au cours de cette campagne électorale de 2015, déjà marquée par une tension grandissante après un premier référendum illégal sur l'indépendance organisé en novembre 2014, la question nationale catalane devient centrale dans les négociations entre les partis. En effet, Artur Mas, le candidat de la coalition *Junts pel Sí* (Ensemble pour le oui), qui rassemble la plus grande par-tie des forces favorables à l'indépendance – dont le parti conservateur *Conver-gència Democràtica de Catalunya* (CDC), la gauche républicaine de Catalogne (ERC) et des membres de l'ANC[3] – présente ces élections comme un plébis-cite pour l'avenir de la Catalogne et place le thème de l'indépendantisme au centre des débats en s'appuyant sur une forte mobilisation populaire. De son côté, Felipe González publie une tribune publiée dans *El País*, intitulée « A los catalanes »[4], où se présentant comme un simple citoyen, il dénonce la stratégie

---

3   L'ANC (Assemblea Nacional Catalana) est une association civile pro-indépendance créée en 2012.
4   Felipe González, « A los catalanes », *El País*, 31-08-2015.

de *Junts pel Sí*, « une étrange coalition » dit-il dont l'objectif est de fracturer la société catalane en bafouant la légalité en vigueur. Des arguments qu'il utilise pour demander aux Catalans de « ne pas se laisser entraîner dans une aventure illégale et irresponsable mettant en danger la paix civile ». Ce plaidoyer se veut un appel au dialogue et à la modération afin de prendre en compte toutes les sensibilités et, surtout, cette partie de la population qui se sent à la fois catalane et espagnole ; mais il est aussi une virulente critique à l'égard d'Artur Mas qu'il accuse « de mentir aux indépendantistes » et de Mariano Rajoy dont il dénonce l'immobilisme et l'absence de réformes. Ces propos soulèvent un tollé dans les rangs des indépendantistes au point que l'ancien chef du gouvernement revient sur ces accusations dans un entretien accordé au journal barcelonais *La Vanguardia* et évoque une interprétation erronée. C'est également sous la forme d'une tribune publiée dans *El País* et intitulée « A los españoles »[5] qu'Artur Mas et les dirigeants de la coalition *Junts pel Sí* répondent à Felipe González l'accusant d'écrire « des pamphlets incendiaires », d'être « peu responsable » et de faire preuve de « beaucoup d'audace » pour oser donner « des leçons de démocratie aux Catalans ».

Depuis ces élections autonomiques, les différents médias, et notamment la presse, se font régulièrement l'écho de ces affrontements entre les principaux acteurs du conflit, mettant en avant le clivage entre Madrid et Barcelone. Les positionnements se sont encore durcis avec l'organisation du référendum du 1er octobre 2017, alors que la classe politique au niveau national se prononce de façon quasi unanime contre le processus séparatiste ; il existe toutefois des points de vue plus nuancés : le PSOE n'écarte pas systématiquement la possibilité d'une réforme de la Constitution et *Podemos*, à l'image de la maire de Barcelone Ada Colau, accepte l'idée d'une consultation populaire sans être pour autant favorable à l'indépendance de la Catalogne.

Au-delà de la retranscription et interprétation de ces prises de position, il convient de s'interroger sur les dispositifs énonciatifs mis en place dans le discours journalistique afin de légitimer ou délégitimer une parole politique. Force est de constater que le traitement informatif de la crise catalane occupe une place centrale, aussi bien dans les quotidiens nationaux que régionaux. À titre d'exemple, *El País* évoque cette question dans toutes ses unes et elle apparaît même de façon exclusive dans les éditions du week-end pour la période comprise entre le 11 septembre 2017 et le 22 décembre 2017, date à laquelle sont publiés les résultats des élections autonomiques. L'analyse de ces unes

---

5   Artur Mas, « A los españoles », *El País*, 6-09-2015.

considérées comme des zones privilégiées du journal, de par leur fonction d'interface et de prise de contact avec le lecteur, nous fournit des éléments quant à la hiérarchisation et sélection de l'information, les modalités de représentation du conflit et la désignation des acteurs impliqués, autant de révélateurs de la ligne éditoriale du quotidien.

La dimension à la fois conflictuelle et polémique des gros titres utilisés en première page par El País semble manifeste dans le choix des thématiques et de la terminologie. La priorité est ainsi accordée aux actions et aux mesures décidées par l'État central, notamment au moment des discussions concernant l'application de l'article 155 de la Constitution, jamais utilisé auparavant : « El Gobierno reemplazará a Puigdemont y todo el Govern » (21-10-2017), « El Gobierno restaura el orden constitucional en Cataluña » (22-10-2017) ; on trouve aussi au lendemain de la proclamation de l'indépendance de la Catalogne par le parlement régional et alors même que le gouvernement central vient de décider la mise sous tutelle effective de la région : « El Estado acude a sofocar la insurrección »[6] (28-10-2017), « El Gobierno toma el control pese al desafío de Puigdemont » (29-10-2017). À noter pour le 28 octobre, le titre de l'éditorial également mentionné en première page, « La democracia prevalecerá », qui explicite l'affrontement entre les deux camps et renforce la stratégie accusatoire à l'encontre de la Generalitat avec une rhétorique discursive qui se construit entièrement dans l'opposition Espagne / Catalogne, conduisant à une polarisation plus intense de la société sur cette question[7]. Ainsi, à maintes reprises, le gouvernement de Mariano Rajoy est présenté comme le garant de l'État de droit qui restaure l'ordre constitutionnel « mis à mal par les indépendantistes » dont les actions sont associées au « désordre », au « chaos » (« Independencia a plazos que prolonga el caos en Cataluña », 11-10-2017). Dans la même optique, les références constantes à la Justice visent à situer le processus souverainiste en dehors du droit et donnent l'impression que le quotidien El País, comme de nombreux médias espagnols, suit Mariano Rajoy dans sa stratégie consistant à transformer le problème politique en un problème juridique, sur la base des décisions du Tribunal Constitutionnel : « La justicia anuncia

---

6   Les sous-titres de cette une adoptent le même positionnement mettant en avant le rôle central des différentes institutions de l'État, placées dans une position de force et d'autorité vis-à-vis de la Catalogne : « Rajoy disuelve el Parlament y convoca elecciones en Cataluña el 21 de diciembre », « El Senado aprueba el artículo 155 ante la declaración de independencia en el Parlament », « El Gobierno toma el control de la autonomía y cesa al Govern, incluido Puigdemont ».

7   « La Generalitat lanza a la población contra el Estado », El País, 30-09-2017.

firmeza contra el referéndum ilegal » (6-09-2017), « La justicia acorrala a todos los responsables del referéndum » (8-09-2017), « La justicia desmonta la organización del referéndum » (21-09-2017), « La justicia cita mañana a Puigdemont » (1-11-2017), « El independentismo deberá responder hoy a la justicia » (2-11-2017). Face à un gouvernement espagnol fidèle aux principes démocratiques et qui incarne la seule légitimité, *El País* insiste sur « la désobéissance » des autorités catalanes, considérée comme un ferment de déstabilisation, et contribue par là-même à amplifier les représentations négatives du discours indépendantiste : « El Gobierno de Cataluña se instala en la desobediencia » (15-09-2017), « Los Mossos incumplen la orden del fiscal contra el referéndum » (20-09-2017), « La Generalitat le recuerda al Gobierno que no obedecerá » (29-09-2017). Les choix lexicaux opérés participent de ces tentatives de disqualification de l'adversaire politique en s'appuyant également sur le registre de l'émotion, comme en témoigne ce titre qui reprend une déclaration de Jean-Claude Juncker, le président de la Commission européenne, dans un entretien accordé au quotidien *El País* : « El nacionalismo es veneno » (19-11-2017). Cette déclaration fonctionne comme un argument d'autorité, un discours rapporté assimilé à « un discours de preuve » qui instrumentalise les peurs liées à une « Catalogne indépendante » hors des institutions européennes et les risques de division qui en découlent. À l'image du slogan de la *Diada*[8] 2017 particulièrement politisée, « Je n'ai pas peur », adressé comme une réponse aux sanctions annoncées par Mariano Rajoy concernant l'organisation du référendum illégal, cette omniprésence de l'émotionnel dans le discours politique des dirigeants espagnols et catalans se retrouve également dans le discours journalistique. Un registre de la peur[9], particulièrement mobilisateur, qu'entend exploiter la presse par le biais d'une dramatisation dans les représentations du conflit et la qualification des faits : le processus séparatiste devient « une révolte »[10] et Carles Puigdemont, l'ancien président de la *Generalitat*, « un fugitif qui déstabilise la Catalogne », « un facteur déstabilisateur pour les partis et les institutions »[11]. Ces

---

8   La *Diada* est la fête nationale catalane qui, depuis 2010 et le verdict d'inconstitution- nalité du nouveau Statut d'autonomie catalan suite à un recours du *Partido Popular*, sert de support aux revendications indépendantistes.

9   Face à ces craintes, plusieurs initiatives sont lancées au niveau de la société civile pour diffuser des arguments rassurants sur les conséquences de l'indépendance, comme le site *El Clauer* créé en mars 2013 par deux associations culturelles, l'*Assemblea Nacional Catalana* (ANC) et l'*Òmnium Cultural*.

10   « Encarcelados los promotores de las revueltas separatistas », *El País*, 17-10-2017.

11   « El prófugo en Bélgica que desestabiliza Cataluña », *El País*, 5-11-2017.

choix discursifs traduisent une lecture polémique des événements à laquelle s'ajoute, dans ce discours journalistique, une dénonciation par la faute visant à susciter l'impopularité et la réprobation à l'encontre du « camp indépendantiste ». Parmi les principaux torts et incompétences soulignés, au fil des verdicts négatifs, l'accusation de mensonge et manipulation demeure la plus fréquente, comme en témoigne cette une publiée à une semaine de l'organisation du référendum illégal du 1er octobre : « Mitos y falsedades del independentismo » (24-09-2017). L'article co-écrit par le directeur-adjoint de *El País*, Xavier Vidal-Folch, et le professeur de Sciences Politiques, José Ignacio Torreblanca, remet en cause point par point les thèses des dirigeants séparatistes et diffuse des arguments qui servent de référence à la construction des positionnements idéologiques des citoyens opposés au processus indépendantiste.

Mis à part la première page du 2 octobre, au lendemain du référendum, qui dénonce l'attitude du chef du gouvernement, Mariano Rajoy, en titrant « El Gobierno impide por la fuerza el referéndum ilegal » au-dessus d'une photographie montrant un face-à-face entre électeurs et policiers, la politique éditoriale globale du quotidien *El País* ne laisse pas entrevoir une pluralité d'opinions mais un discours dominant qui, par le biais de divers procédés discursifs, légitime la vision de l'État central et influence, par là-même, la construction de sens opérée par le lecteur. La question catalane demeure, durant la période analysée, le thème informatif le plus traité dans l'ensemble des rubriques du journal avec des pages spéciales intitulées « el desafío independentista » au moment de l'organisation du référendum, ou une formulation plus neutre « elecciones catalanas » lors de la campagne pour les élections autonomiques du 21 décembre. Ainsi la multiplicité des dispositifs énonciatifs concourt-il à ce même objectif avec une mention particulière pour les articles d'opinion.

Pour analyser les différentes problématiques liées au processus indépendantiste, les articles d'opinion publiés par *El País* au cours de la période étudiée donnent la voix à des personnalités extérieures au journal et qui, le plus souvent, n'appartiennent pas au monde de la politique. Il s'agit, par ce biais, de proposer une posture plus distanciée mais ces approches n'en demeurent pas moins conflictuelles et partisanes. Parmi ces collaborateurs, des signatures prestigieuses comme le juriste Baltasar Garzón, un des rares à proposer une réflexion plus nuancée que la ligne éditoriale du quotidien, des écrivains comme Javier Cercas, Fernando Savater, connu pour son engagement en faveur de la paix et contre le terrorisme de l'ETA – pour lequel il a obtenu en 2000 le prix Sakharov, ou Mario Vargas Llosa, prix Nobel de littérature, qui voit dans les revendications catalanes des risques de balkanisation, ainsi que de nombreux historiens dont Santos Juliá. La plupart de ces articles ont en commun de mettre en avant des éléments disqualifiants vis-à-vis du souverainisme catalan en reprenant les grandes lignes du discours institutionnel[12]. Ainsi, plusieurs de ces analyses soulignent l'inconstitutionnalité de la consultation sur l'indépendance en s'appuyant sur les articles 1 et 2 de la Constitution et les concepts de souveraineté du peuple espagnol et d'indivisibilité de la nation[13]. Ces prises de position, en apparence, semblent exclure toute considération idéologique et agissent ainsi comme un gage d'indépendance et de crédibilité. Cependant, elles excluent, par là-même, toute autre voie juridique susceptible d'habiliter un référendum sur la question de l'indépendance (Cagiao y Conde, 2017). D'autres commentaires insistent sur les conséquences de « la dérive sécessionniste »[14] : le risque de division de la société[15], les répercussions économiques et la manipulation de la part des autorités catalanes[16]. À noter sur ce dernier point, la publication d'un article intitulé « Diccionario de la seducción independentista »[17] qui recense « les mots et locutions dont le sens a été instrumentalisé pour l'adapter à la propagande du processus indépendantiste ». La posture adoptée étant celle de l'indignation à l'aide d'une rhétorique alarmiste. L'ironie est aussi de la partie avec une stratégie qui participe de l'exclusion de l'adversaire politique en le ridiculisant comme dans l'article de Juan Luis Cebrián[18], le président du journal El País, qui qualifie de « carnaval politique » la situation en Catalogne. Sur un tout autre registre, il convient de souligner que la question catalane s'invite également dans les pages

---

12 Mario Vargas Llosa, « Democracia y nación », El País, 24-09-2017: « Quien no reconozca el sistema legal establecido entonces [en 1978], quien actúe al margen de la Constitución, es, por tanto, un antidemócrata. ¿Cómo podría ser democrática una decisión catalana de separarse de España sin tener en cuenta la voluntad del resto de los españoles? ».

13 Jordi Sevilla, « El proceso después del procés », El País, 14–11, 2017.

14 Op. cit., Jordi Sevilla.

15 Juan Gabriel Vásquez, « Ciudadano de Barcelona », El País, 29-10-2017: « El proceso catalán es la última instancia de esos populismos que se alimentan de la credulidad, la desinformación y la desidia, y sobre todo de una crisis de lenguaje ».

16 Andrés Trapiello, « No habrá diván para todos », El País, 19-12-2017: « La mayoría de los dirigentes independentistas jamás creyeron que la independencia fuera viable. Da igual; viven de hacérselo creer a otros. Todo, incluso el ridículo, antes que responder ante la ciudadanía de sus fechorías políticas y económicas » ; Mario Vargas Llosa, « La hora cero », El País, 1-10-2017 : « La independencia catalana sería trágica para España y para Cataluña, que habría caído en manos de unos demagogos que la conducirían a su ruina ».

17 « Diccionario de la seducción independentista », El País, 19-11-2017.

18 Juan Luis Cebrián, « Carnaval político en Cataluña », El País, 1-10-2017.

sport et cinéma comme en témoignent ces propos d'Antonio Banderas dans un entretien accordé au journal : «[19] Nous ne le disons pas clairement et pourtant, nous sommes bien en train de parler de la Catalogne, une chose étrange, difficile à comprendre, on se croirait parfois dans un film de Berlanga. [...] Je crois toujours à ce projet commun appelé Espagne ».

Force est de constater que peu d'analyses offrent une vision plurielle de la question catalane en ne présentant pas les thèses adverses, et orientent, de ce fait, la formation d'une opinion publique donnée. Cependant, sans qu'il s'agisse vraiment de voix discordantes, certaines réflexions fournissent des processus explicatifs moins partisans. Tel est le cas de l'article de Baltasar Garzón qui, face à un discours basé sur « la loyauté constitutionnelle »[20], dénonce de la part du gouvernement central « l'usage abusif des institutions, notamment de la justice »[21]. Parmi les interventions les moins conformes à la ligne éditoriale du quotidien, les chroniques de John Carlin font état de responsabilités partagées dans la mauvaise gestion de cette crise. Malgré son opposition à l'indépendance de la Catalogne[22], ses critiques n'en sont pas moins acerbes à l'encontre du gouvernement de Mariano Rajoy : « En Catalogne [...] tout le monde sait que les indépendantistes n'auraient même pas atteint la moitié de leurs objectifs sans l'aide du parti au pouvoir à Madrid et de ses soutiens dans les médias. Ils accusent les indépendantistes d'être des enfants irresponsables et braillards, sans se rendre compte qu'eux, tout en se prenant pour des adultes, se comportent de la même façon »[23]. Tout en rejetant la faute sur le gouvernement de Rajoy, Carlin met l'accent sur les connivences entre médias et politique, et dénonce « une pensée unique » associée à un manque de respect vis-à-vis de l'adversaire politique allant même jusqu'à affirmer « qu'à Madrid, se positionner contre l'indépendantisme n'est pas suffisant, il faut le mépriser »[24]. Ces analyses lui vaudront d'être congédié par *El País* quelques jours après l'organisation du référendum illégal. La situation de tension politique extrême ne semble pas autoriser les interprétations non partisanes, et les journalistes objectifs sont devenus la cible des attaques des deux camps. Pour ces mêmes raisons, six collaborateurs du

---

19   « Lo de Cataluña parece una película de Berlanga », *El País*, 24-09-2017.

20   Jordi Sevilla, *op. cit.*

21   Baltasar Garzón, « ¿ "Quo vadis" Maza ? », *El País*, 26-09-2017.

22   John Carlin, « El Brexit y el lío catalán », *El País*, 11-09-2017: « La idea de la independencia catalana, como la de la independencia inglesa, me parece primitiva, caprichosa, en el fondo mezquina, y, sospecho, económicamente caprichosa ».

23   *Ibid.*

24   Entretien avec Josep Casulleras Nualart, 20-03-2018

journal, essentiellement des intellectuels, choisissent de démissionner à l'automne 2017. Parmi eux, l'historien Joan B. Culla qui écrivait pour *El País* depuis 30 ans et dont les chroniques, particulièrement acerbes à l'encontre de Mariano Rajoy qu'il accuse d'incompétence[25], ciblent également les médias madrilènes jugés complaisants par rapport à la politique menée par le gouvernement central. « Censure idéologique » et « nettoyage idéologique »[26] sont les expressions utilisées par le journal indépendantiste *Ara* pour qualifier la politique éditoriale menée par *El País* et dénoncer cette atteinte à la liberté de la presse. Cette prise de position le conduit à écrire désormais pour *Ara*, le quotidien catalan prosécessionniste. Au-delà des questionnements sur l'indépendance des médias, ces rapports de force soulignent comment, dans ce contexte où les partis politiques privilégient l'opposition frontale à l'émergence d'un débat de fond, la presse est devenue le porte-parole de ces postures et use de stratégies multiples pour livrer bataille et imposer sa propre vision des faits.

2. Des médias faiseurs d'opinion

En Catalogne, alors que les clivages profonds de la société demeurent, les acteurs principaux du processus indépendantiste tablent sur une radicalisation d'une partie de l'opinion publique et sur le fait que les agissements du gouvernement madrilène contribueront à souder leur camp face à « un ennemi commun ». Une telle stratégie passe par la production de discours et la mise en place d'actions explorant la dimension émotionnelle et cherche une grande visibilité médiatique de cette question, de façon à susciter une réactivité immédiate dans l'expression des sentiments. Pour atteindre cet objectif, la *Generalitat* exerce de fortes pressions sur les médias catalans, notamment sur la chaîne de télévision publique catalane, TV3, et la Radio Catalunya Radio. À noter que le directeur de TV3, le journaliste Vicens Sanchis, n'est autre que l'ancien vice-président de l'*Omnium Cultural*, une association issue de la société civile impliquée dans

---

25 Joan B. Culla, « Material de campaña », *El País*, 24-09-2017 : « Claro que, si Rajoy tuviese la inteligencia política y emocional necesarias para entender cómo se generó el auge independentista en Cataluña, entonces ya no hubiésemos llegado hasta aquí ». À noter également cette chronique qui explique d'un point de vue historique les causes du processus souverainiste et souligne la stigmatisation des indépendantistes opérée dans les médias, assimilée par l'auteur au « complot rouge-séparatiste » des franquistes : Joan B. Culla, « Rojos separatistas », *El País*, 29-09-2017.

26 « Joan B. Culla i Francesc Serés deixen *El País* per "censura ideològica" i escriuran a l'ARA », *Ara*, 5-10-2017.

le mouvement indépendantiste. Dans cette situation, les médias deviennent un outil essentiel du pouvoir politique, ce qui donne lieu à de nombreux incidents mettant en danger le libre exercice du journalisme dans cette région et la liberté d'expression. L'association Reporters Sans Frontières publie quelques jours avant le référendum du 1er octobre un rapport alarmant[27] allant dans ce sens. Elle y dénonce les pressions répétées du Gouvernement catalan envers la presse étrangère et locale ainsi que les tentatives d'intimidation et les menaces sur les réseaux sociaux dont sont l'objet les journalistes critiques envers le processus indépendantiste. Dans la même optique, RSF condamne « l'utilisation de procédures judiciaires dans le but d'intimider les médias catalans de sensibilité indépendantiste, suite à la décision du Tribunal Constitutionnel »[28]. Ces pressions propagandistiques de part et d'autre se traduisent en Catalogne par une forme d'autocensure chez les professionnels de médias non-alignés avec le mouvement séparatiste et par l'absence de contre-pouvoir dans les médias publics catalans.

Dans un tel climat, quelles sont les pratiques privilégiées par la presse prosécessionniste, à la fois « instrument de propagande » au service des autorités catalanes mais aussi représentante des intérêts particuliers des électeurs indépendantistes et qui entend, de ce fait, peser sur le déroulement du conflit et l'agenda politique alors que s'est creusé le fossé entre la société et les institutions ? Une analyse de la couverture médiatique de cette question met en évidence l'utilisation d'un discours journalistique moins virulent que celui adopté par la presse nationale, davantage axé sur une victimisation qui s'appuie sur un récit historique de l'oppression et sur une diffusion de la rhétorique propre aux indépendantistes avec des expressions telles que « le droit de décider », « la thèse de la déconnexion », « l'expolation fiscale », « la résistance civique », « les prisonniers politiques ». Ce vocabulaire domine l'espace médiatique et social dans le but de rallier les indécis et d'exclure du débat public les non-indépendantistes. La stratégie des deux quotidiens *El Punt Avui* et *Ara* s'appuie, en effet, sur un discours d'exclusion basé sur une sélection partisane des thèmes informatifs. Pour preuve, la couverture orientée de la campagne électorale pour le référendum du 1-O réalisée par *El Punt Avui* dont le soutien aux leaders séparatistes semble manifeste de par la place accordée à leurs interventions, discussions, meetings, et l'image valorisante qui en est

---

27 Reporters Sans Frontières, « La liberté de la presse sous pression en Catalogne », 28-09-2017.

28 *Ibid.*, p. 2.

donnée. Ainsi, durant cette période, sont privilégiés les entretiens du président de la *Generalitat*, Carles Puigdemont, et de son vice-président, Oriol Junqueras, ainsi que les prises de position d'Ana Gabriel – la députée anticapitaliste et porte-parole au Parlement de la CUP[29] –, dont les propos accusateurs[30] mettant en cause les atteintes à la démocratie de la part du Gouvernement central sont largement repris tout comme ses messages destinés à prôner un activisme militant et à valoriser les initiatives de la société civile qualifiée de « contre-pouvoir populaire »[31]. Loin de permettre l'expression d'un pluralisme politique, ces choix éditoriaux accordent certes la priorité à des formations idéologiques différentes mais qui toutes placent l'indépendantisme au cœur de leur stratégie électorale. De tels procédés s'apparentent à de la désinformation et leur l'objectif est de construire une vision commune des faits dans l'espace public en faisant taire les voix discordantes. Il faut noter également que ce quotidien se pose comme le porte-parole de la *Generalitat* en diffusant les déclarations officielles du président catalan, témoignant par là-même de la forte volonté du Gouvernement de la région d'imposer son discours à la presse locale, utilisée ouvertement comme un relais entre l'instance politique et l'instance citoyenne[32]. L'exécutif régional s'adresse ainsi directement aux Catalans par le biais de la presse comme le montre ce communiqué, publié à quelques jours de l'organisation du référendum illégal et dont l'objectif est d'inciter la population à se mobiliser face à « un État central répressif » :

> Nous, les citoyens de Catalogne, sommes convoqués pour le 1er octobre pour défendre la démocratie, et nous nous devons de donner une réponse massive et civique. Nous devons nous préparer pour défendre la démocratie et pour défendre la Catalogne avec les armes qui sont les nôtres : l'engagement citoyen et le comportement pacifique qui nous ont caractérisés tout au long de ce processus. [...] Aucun État de l'Union

---

29 Candidatura d'Unitat Popular (Candidature d'unité populaire), un parti indépendentiste d'extrême gauche, antisystème et antieuropéen.

30 « La CUP appel.la a la mobilització massiva per desbordar els impediments de l'Estat », *El Punt Avui*, 19-09-2017 : « Toute action répressive contre les droits fondamentaux met en péril le système démocratique ».

31 « La CUP es compromet a fer realitat la República el 22-D », *El Punt Avui*, 19-11-2017: » [La CUP] appelle au lendemain des élections à la mobilisation, à la désobéissance et à l'émergence d'un contre-pouvoir populaire ».

32 Dans la même optique, *Ara* choisit de publier l'affiche de campagne de la coalition *Junts per Catalunya* (Ensemble pour la Catalogne) avec une photo de Carles Puigdemont et Jordi Sánchez accompagnée du slogan « Puigdemont, notre président. Pour que gagne le président, votons le président ».

Européenne ne vit ce que nous vivons actuellement en Catalogne. Nous n'accepterons pas un retour au passé [33].

Le quotidien fait sienne cette rhétorique électorale avec des choix éditoriaux qui intègrent les éléments récurrents de ce discours : une dénonciation virulente de l'État central, un appel à la citoyenneté et une évocation implicite de la répression anti-catalane sous le franquisme. Alliés à l'utilisation d'un « nous » collectif, ces dispositifs énonciatifs visent à créer une unité interne et à consolider un sentiment d'appartenance mais nient, dans le même temps, l'existence d'une instance citoyenne multiple en Catalogne, voire une société fracturée[34]. Ces clivages sont minimisés par la sphère indépendantiste alors qu'ils sont exploités par les autorités madrilènes pour remettre en cause le processus séparatiste.

Dans cette optique, la part de l'information consacrée aux thèses défendues par les partis « unionistes » opposés à l'organisation du scrutin, *Ciudadanos*, le Parti socialiste catalan et le *Partido Popular*, est moindre tout comme celle accordée aux actions de protestation menées par le camp du « non ». Cette « majorité silencieuse », par ailleurs, laisse dans un premier temps la rue aux éléments les plus radicaux, lesquels retiennent l'attention des médias. Alors que les manifestations en faveur de l'unité de l'Espagne gagnent en visibilité médiatique après le 1-O, leur traitement informatif ne propose pas pour autant une analyse de leurs motivations idéologiques mais s'ancre dans une configuration conflictuelle conduisant à une dramatisation et à une stigmatisation de l'adversaire. En ce sens, l'article intitulé « La violence anti-catalaniste s'étend bien au-delà des mouvements de l'ultra-droite »[35], publié par *Ara* après les élections autonomiques du 21-D, présente une synthèse des actions menées par ces groupes au cours de l'automne 2017 particulièrement révélatrice de la ligne éditoriale du quotidien sur ce sujet. Sous couvert d'une apparente objectivité en raison de nombreuses données chiffrées et de la caution de deux historiens, Carles Viñas et Xavier Casals, l'étude envisage uniquement ces mouvements sous l'angle de la violence et oriente, de ce fait, le lecteur vers une interprétation

---

33 « Declaració institucional del president », *El Punt Avui*, 21-09-2017.

34 Voir sur ce point la critique adressée par le camp indépendantiste à Inès Arrimadas, la candidate de *Ciudadanos* aux élections du 21-D, pour laquelle la notion de « fracture » constitue au contraire un argument de campagne : « Arrimadas utilise également une tactique de choc pour diffuser en Catalogne cette idée d'une fracture sociale, laquelle n'existait pas avant qu'elle ne commence à en parler », « Només és ficció », *Ara*, 19-12-2017.

35 « La violència anticatalanista s'estén més enllà dels moviments ultres », *Ara*, 30-12-2017.

angoissante de cette réalité. Les choix lexicaux opérés (« agressions », « insultes », « menaces ultra-espagnolistes », « violence anti-catalaniste ») ainsi que la photo positionnée en pleine page, montrant dans une atmosphère de tension des militants de l'ultra-droite devant le siège de l'Assemblée Nationale Catalane, utilisent le registre affectif de la peur, un puissant ressort destiné à favoriser la mobilisation. Les postures morales prennent le pas sur l'analyse et réduisent les opposants au projet séparatiste à ces interventions violentes dans le but de décrédibiliser leur positionnement.

Dans un contexte électoral qui nécessite de rallier autour du sentiment indépendantiste des militants et sympathisants issus de formations politiques différentes, cette logique d'exclusion de l'adversaire se double d'un appel à la citoyenneté, un élément central du discours institutionnel mais aussi du discours journalistique. Nombreux sont les moyens d'action médiatique mis en œuvre par la presse pro-sécessionniste pour souder la société civile autour de valeurs communes afin de favoriser un activisme militant. Parmi les initiatives les plus emblématiques, on trouve la communication autour de la notion controversée de « prisonniers politiques ». Symbole du soutien apporté aux dirigeants séparatistes incarcérés depuis la tenue du référendum et la déclaration d'indépendance de la Catalogne, cette référence constitue également une dénonciation des atteintes à l'État de droit et à la liberté d'expression. Employée par Carles Puigdemont au moment de l'incarcération des présidents de l'Assemblea Nacional Catalana et de l'Òmnium Cultural, Jordi Sánchez et Jordi Cuixart, considérés comme les principaux instigateurs de la mobilisation populaire en faveur du référendum, elle est immédiatement reprise par la presse[36]. Associée au champ lexical du combat, elle est à la fois un mot d'ordre destiné à fédérer autour d'un projet commun et un appel à la solidarité :

> Opposons-nous à la répression. [...] La tâche immédiate est de s'occuper des blessés, c'est-à-dire se montrer solidaires de ceux qui subissent une répression d'une intensité encore jamais connue auparavant. Il n'y aura aucun semblant de normalité politique et sociale en Catalogne avec des prisonniers politiques. Puis, pourra se mettre en place la résistance[37].

Largement exploitée, cette ressource argumentative est un vecteur de cohésion au niveau de la société civile[38], un élément rassembleur pour les divisions

---

36 « L'Audiència decreta presó sense fiança per a Sánchez y Cuixart », *Ara*, 17-10-2017.
37 Andreu Mas-Colell, « Aturem la repressió! », *Ara*, 28-10-2017.
38 « La societat civil denuncia que són presos polítics », *El Punt Avui*, 17-10-2017; « Centenars d'autocars es desplacen a Barcelona per reclamar la llibertat dels presos polítics », *El Punt Avui*, 11-11-2017.

entre les formations séparatistes[39] et un puissant levier émotionnel comme en témoigne l'article[40] rédigé par la fille de Joaquim Forn, l'ancien *conseller* à l'Intérieur de la *Generalitat*. Sous forme d'une lettre adressée à ses amis et connaissances qu'elle remercie pour leur appui, elle dénonce l'arrestation de son père, de plusieurs membres du Gouvernement et des « deux Jordi ». Des personnes, écrit-elle, « dont on connaît l'engagement pacifique et démocratique. […] Malheureusement le PP n'est pas le seul parti à avoir participé à ces incarcérations. *Ciutadans* et le Parti socialiste catalan en sont également responsables ». Instrumentalisée, la peine laisse place à un ton accusateur et à des consignes électorales en déplaçant le débat sur le terrain des valeurs démocratiques : « Il ne s'agit plus de choisir entre indépendantisme et unionisme mais entre liberté d'expression et répression, entre l'exercice de la démocratie et l'autoritarisme ». Ces propos font écho à la rubrique consacrée aux informations sur la campagne électorale du 21-D dans le quotidien *Ara*, « La Catalogne veut vivre en étant libre », et viennent une nouvelle fois en appui du récit historique de l'oppression, une constante du discours indépendantiste.

L'implication affective autour de la question des « prisonniers politiques » se matérialise dans *El Punt Avui* par la mise en place de dispositifs visant à susciter une interaction plus directe avec le lectorat sollicité pour sa créativité conçue comme une forme de résistance collective et de solidarité. Ainsi le quotidien dédie-t-il tous les jours une page spéciale pour publier « les œuvres d'art envoyées par ses lecteurs dont l'objectif est de revendiquer la liberté pour les membres du Gouvernement catalan injustement emprisonnés » et faire apparaître le décompte des jours passés en prison par ces dirigeants. Il s'agit pour cette presse engagée d'encourager les initiatives de la société civile en créant un espace d'expression collective, de façon à favoriser un militantisme plus spontané sur la base de réactions émotionnelles. À l'origine de nombreuses confrontations médiatiques, cette stratégie constitue un instrument efficace de diffusion d'un message politique en accordant rapidement une grande visibilité médiatique à cette problématique au sein de l'espace public. À la demande du PP et de *Ciudadanos* et sous couvert de l'application de l'article 155, la Commission électorale interdit aux médias d'employer les expressions « prisonniers

---

39 « El sobiranisme encara el 21-D per separat », *Ara*, 7-11-2017: « L'indépendantisme présente plusieurs formations lors de ces élections mais avec néanmoins des objectifs communs : la libération des prisonniers et la récupération des institutions mises sous tutelle par Mariano Rajoy ».

40 Anna Forn, « Carta oberta a amics i coneguts », *Ara*, 19-12-2017.

politiques » et « Gouvernement en exil », et aux mairies d'illuminer les bâti-
ments publics en jaune, une couleur partisane, devenue l'emblème de cette
contestation. Provocateur à l'égard du gouvernement central mais complice
vis-à-vis de ses lecteurs, c'est dans une première page sur fond jaune qui titre
« Continuons »[41] que El Punt Avui publie les résultats des élections du 21-D.

Dans la mesure où le processus indépendantiste semble très sensible à l'écho
médiatique qui lui est donné, d'autres mécanismes discursifs viennent en appui
de cette stratégie, notamment ceux qui s'appliquent au traitement de l'information concernant le positionnement des médias internationaux sur cette thé-
matique. Les nombreux articles sur ce sujet montrent un intérêt certain quant
à ce qui est publié à l'étranger sur la Catalogne, et rejoignent en ce sens une des
priorités du mouvement séparatiste : la recherche de l'appui international dans
une visée de crédibilité et de légitimité. Cet objectif se retrouve par ailleurs
dans l'un des slogans associés aux manifestations citoyennes pour l'indépendance : « Le monde nous regarde » (El món ens mira). Sont ainsi privilégiés les
médias anglophones tels les journaux britanniques The Times, The Guardian
mais également la BBC, la chaîne de télévision nord-américaine CNN, et une
presse plus partisane sur les thématiques liées aux nationalismes comme The
Irish Times et The Scotsman dont les sympathies avec le séparatisme catalan
sont mises en avant. Ces informations sont instrumentalisées lorsqu'elles permettent de donner une image favorable du processus mais ignorées lorsqu'elles
desservent le discours séparatiste. À titre d'exemple, le traitement informatif de
la proclamation de la République indépendante de Catalogne fait l'impasse sur
les critiques de la presse européenne, laquelle condamne de manière unanime
l'attitude des autorités catalanes. Ce silence permet de garder la positivité du
message en laissant croire que le projet indépendantiste bénéficie d'une reconnaissance internationale alors que la majorité des dirigeants internationaux y
sont opposés. Une stratégie de la dissimulation qui vise à légitimer les revendications souverainistes tout en affaiblissant la position de Mariano Rajoy, soutenu par les dirigeants de l'Union européenne dont l'objectif est d'éviter toute
contagion du phénomène nationaliste considéré comme dangereux pour l'unité
du bloc européen. À l'inverse, les résultats des élections du 21-D mettent l'accent
sur les réactions positives de la presse internationale « Pour la presse internationale, la lecture des résultats est sans équivoque : majorité indépendantiste »[42],

---

41 « Seguim », El Punt Avui, 22-12-2017.
42 « Premsa internacional, la lectura es clara: Majoria independentista », Ara, 22-12-
    2017.

« Victoire de l'indépendantisme malgré la répression des derniers mois »[43]),
face à la lecture des médias nationaux qui les interprètent comme « un échec »
pour les indépendantistes et soulignent la percée de *Ciudadanos*, majoritaire en
nombre de voix. Nombre des retranscriptions de commentaires produits par
des journalistes étrangers donnent lieu à une présentation biaisée des faits dans
la mesure où elles sont essentiellement utilisées pour évoquer des éléments disqualifiants concernant la gestion de la crise catalane par l'exécutif madrilène[44].

Conclusion

Dans une de ses chroniques sur le sentiment indépendantiste en Catalogne,
l'écrivain galicien Suso de Toro qualifie les médias espagnols « d'armes d'agita-
tion contre la demande catalane au service des institutions de l'État central »[45].
Ses propos soulignent le rôle stratégique des moyens de communication en
termes d'influence et peuvent s'appliquer tant au niveau national que régional. Cependant, au-delà des pressions politiques qui s'exercent sur les médias,
l'analyse du discours journalistique montre que, dans ce conflit dominé par
les émotions, la presse, bien loin de n'être qu'un simple relais entre l'instance
politique et l'instance citoyenne, se positionne comme un acteur à part entière.
L'engagement idéologique est manifeste et témoigne de la volonté d'amener le
débat au sein de la société civile afin d'interagir avec celle-ci et d'accompagner
les nouvelles formes de contestation citoyenne. Ces pratiques participent à la
cristallisation des sentiments d'appartenance et conduisent à un processus
social identitaire.

Toutefois, de telles prises de position au cœur d'un espace public démocratique limitent la transmission d'une information indépendante et pluraliste, et
posent la question de la responsabilité de la presse dans la dégradation du climat
politique et la radicalisation des clivages partisans. Malgré ces dérives, l'implication affective des organes de presse, également caractéristique du discours
politique identitaire, constitue un levier émotionnel favorisant l'action et la discussion propres à la dynamique de toute vie politique. En ce sens, les travaux de
Marcus sur le rôle des émotions, en tant que facteurs essentiels dans la structuration des mouvements sociaux et apparaissant comme complémentaires des

---

43 « Màxima atenció mediàtica al món », *El Punt Avui*, 22-12-2017.
44 « El referéndum català, explicat en 2 minuts per *The Guardian* », *El Punt Avui*, 28-
    09-2017; « Guy Hedgecoe periodista *freelance* que treballa per *The Irish Times* i la
    BBC », *El Punt Avui*, 21-09-2017.
45 Suso de Toro, « Espanya té un problema », *Ara*, 22-12-2017.

logiques argumentatives nécessaires au sein d'un cadre rationnel, permettent d'appréhender cette configuration conflictuelle sous un autre angle (Marcus, 2008 : 205). C'est bien dans cet équilibre entre raison et passion que réside la difficulté d'un dialogue nécessaire pour contrecarrer l'actuelle dégradation du vivre-ensemble et retrouver une normalité politique qui permette de s'éloigner d'un discours populiste de rupture, et de générer une réflexion collective autour de la question territoriale et de l'avenir de l'État des autonomies.

Bibliographie

Balfour, Sebastián et Alejandro Quiroga. 2007. *España reinventada. Nación e identitad desde la Transición*, Barcelone: Ediciones Península.

Bernays, Edward. 2017. *Propaganda. Comment manipuler l'opinion en démocratie*, Paris : Éditions La Découverte.

Cagiao y Conde, Jorge. 2017. « Un référendum sur l'indépendance est-il possible dans l'ordre juridique espagnol ? Le droit expliqué dans la presse », in *Cahiers de civilisation espagnole*, [en ligne], 17/2016.

Castellani, Jean-Pierre et Miguel Urabayen. 2000. *Décrypter la presse écrite espagnole*, Paris : Presses Universitaires de France.

Chomsky, Noam et Edward Herman. 2009. *La fabrication du consentement. De la propagande médiatique en démocratie*, Marseille : Agone.

Denis-Constant, Martin. 2010. *L'identité en jeux : pouvoirs, identifications, mobilisations*, Paris : Karthala.

Faure, Alain et Emmanuel Négrier (éds.). 2017. *La politique à l'épreuve des émotions*, Rennes : Presses universitaires de Rennes.

Huygue, François-Bernard. 2016. *La désinformation. Les armes du faux*, Paris : Armand Colin.

Marcus, George E. 2008. *Le citoyen sentimental. Émotions et politique en démocratie*, Paris : Les Presses de Sciences Po.

Petithomme, Mathieu. 2017. « La Catalogne, du nationalisme à l'indépendantisme ? Les enjeux d'une radicalisation », in *Critique internationale* n° 75, p. 133–153.

Reporters Sans Frontières. 28-09-2017. « La liberté de la presse sous pression en Catalogne ».

Articles publiés dans *El País*

Felipe González, « A los catalanes », *El País*, 31-08-2015.

Artur Mas, « A los españoles », *El País*, 6-09-2015.

John Carlin, « El Brexit y el lío catalán », *El País*, 11-09-2017.

Joan B. Culla, « Material de campaña », *El País*, 24-09-2017.

Mario Vargas Llosa, « Democracia y nación », *El País*, 24-09-2017.

Xavier Vidal-Folch, José Ignacio Torreblanca, « Mitos y falsedades del independentismo », *El País*, 24-09-2017.

« Lo de Cataluña parece una película de Berlanga », *El País*, 24-09-2017.

Baltasar Garzón, « ¿ "Quo vadis" Maza? », *El País*, 26-09-2017.

Joan B. Culla, « Rojos separatistas », *El País*, 29-09-2017.

« La Generalitat lanza a la población contra el Estado », *El País*, 30-09-2017.

Juan Luis Cebrián, « Carnaval político en Cataluña », *El País*, 1-10-2017.

Mario Vargas Llosa, « La hora cero », *El País*, 1-10-2017.

« Independencia a plazos que prolonga el caos en Cataluña », *El País*, 11-10-2017.

« Encarcelados los promotores de las revueltas separatistas », *El País*, 17-10-2017.

« El Gobierno reemplazará a Puigdemont y todo el Govern », *El País*, 21-10-2017.

« El Gobierno restaura el orden constitucional en Cataluña », *El País*, 22-10-2017.

« El Estado acude a sofocar la insurrección », *El País*, 28-10-2017.

« El Gobierno toma el control pese al desafío de Puigdemont », *El País*, 29-10-2017.

Juan Gabriel Vásquez, « Ciudadano de Barcelona », *El País*, 29-10-2017.

« La justicia cita mañana a Puigdemont », *El País*, 1-11-2017.

« El independentismo deberá responder hoy a la justicia », *El País*, 2-11-2017.

« El prófugo en Bélgica que desestabiliza Cataluña », *El País*, 5-11-2017.

Jordi Sevilla, « El proceso después del procés », *El País*, 14-11-2017.

« El nacionalismo es veneno », *El País*, 19-11-2017.

« Diccionario de la seducción independentista », *El País*, 19-11-2017.

Andrés Trapiello, « No habrá diván para todos », *El País*, 19-12-2017.

Articles publiés dans *El Punt Avui*

« La CUP appel.la a la mobilització massiva per desbordar els impediments de l'Estat », *El Punt Avui*, 19-09-2017.

« Declaració institucional del president », *El Punt Avui*, 21-09-2017.

« Guy Hedgecoe periodista *freelance* que treballa per *The Irish Times* i la BBC », *El Punt Avui*, 21-09-2017.

« El referéndum català, explicat en 2 minuts per *The Guardian* », *El Punt Avui*, 28-09-2017.

« La societat civil denuncia que són presos polítics », *El Punt Avui*, 17-10-2017.

« Centenars d'autocars es desplacen a Barcelona per reclamar la llibertat dels presos polítics », *El Punt Avui*, 11-11-2017.

« La CUP es compromet a fer realitat la República el 22-D », *El Punt Avui*, 19-11-2017.

« Seguim », *El Punt Avui*, 22-12-2017.

« Màxima atenció mediàtica al món », *El Punt Avui*, 22-12-2017.

Articles publiés dans *Ara*

« Joan B. Culla i Francesc Serés deixen *El País* per "censura ideològica" i escriuran a l'ARA », *Ara*, 5-10-2017.

« L'Audiència decreta presó sense fiança per a Sánchez y Cuixart », *Ara*, 17-10-2017.

Andreu Mas-Colell, « Aturem la repressió! », *Ara*, 28-10-2017.

« El sobiranisme encara el 21-D per separat », *Ara*, 7-11-2017.

Anna Forn, « Carta oberta a amics i coneguts », *Ara*, 19-12-2017.

« Només és ficció », *Ara*, 19-12-2017.

Suso de Toro, « Espanya té un problema », *Ara*, 22-12-2017.

« Premsa internacional, la lectura es clara: Majoria independentista », *Ara*, 22-12-2017.

« La violència anticatalanista s'estén més enllà dels moviments ultres », *Ara*, 30-12-2017.

Manipulations médiatiques ?

Laurent Bigot et Jérémie Nicey

(Université de Tours, PRIM)

« Tous menteurs ? » – Quand le *fact-checking* modifie les rapports du journalisme au politique.

Abstract: Fact-checking newsrooms are at the center of interests in most countries – in France since their creation in 2008. They offer users and citizens a particular mode of political mediatisation, which is not limited to quoting politicians. On the contrary, it seeks to keep distant from them, to verify the facts that they mention and, most of the time, to contradict such discourses. Fact-checkers' upfront practices return to a mode that has long been unusual of addressing and questioning politicians. Does that tend to enhance the representation of politicians as liars? This chapter presents the analysis of the output of four French fact-checking newsrooms, during three targeted periods (between 2015 and 2017). In so doing, it scrutinizes and questions the new relationships between journalism and politics.

Les relations entre les mondes politique et médiatique en France ont fait l'objet de nombreuses recherches, mais peu de travaux ont porté jusque-là sur le traitement journalistique des errements de la parole politique, sur sa vérification et sa mise en perspective. Cette dimension a pourtant conduit ces dernières années plusieurs rédactions, françaises comme européennes, à renforcer leur production autour de l'analyse et du contrepoint des déclarations politiques, notamment en créant des rubriques et des équipes dédiées. Précisément consacrées à la vérification de propos tenus par des personnalités dans l'espace public, les productions dites de *fact-checking* sont apparues dans les médias étatsuniens au début des années 2000, avant de se développer dans le monde entier, Europe comprise. En France, les cellules pionnières (« Désintox » de *Libération* à partir de 2008 et « Les Décodeurs » du *Monde* en 2009) ont particulièrement gagné en intérêt lors des campagnes électorales, moments stratégiques où sont discutés les bilans des représentants sortants et les promesses des candidats, d'abord en 2012, puis en 2017, suscitant même des initiatives collaboratives.

Face à l'abondance des contenus de *fact-checking* et à la récurrence de leurs démonstrations, il est tentant de s'interroger : les représentants politiques seraient-ils « tous menteurs » ? Aussi proposons-nous de traiter des nouveaux modes relationnels, potentiellement conflictuels, que fait émerger le *fact-checking* dans le domaine du journalisme politique. Pour traiter cette problématique, nous nous fondons sur des exemples de contenus ciblés (trois périodes entre 2015 et 2017) et sur trente-deux entretiens semi-directifs. L'analyse qui en est tirée, après avoir contextualisé l'apparition des rubriques de *fact-checking* et leur spécificité, permettra d'examiner leurs répercussions sur le fonctionnement des rédactions vis-à-vis du monde politique, autant que l'évolution récente de ces rubriques et leurs limites.

1. De la vérification au « *fact-checking* » : les propos des politiques mis en doute

Pour cerner l'évolution des rapports entre représentants politiques et journalistes chargés de la vérification de l'information, il convient d'abord d'exposer les conditions de l'émergence des rubriques et chroniques de *fact-checking*. Ces dernières viennent des États-Unis : elles y sont apparues au début des années 2000 mais sont en réalité la réactivation d'une pratique ancienne, qui y était née au début du XXe siècle. À l'époque, en effet, les titres étatsuniens les plus prestigieux avaient installé des rédacteurs dédiés à la vérification des informations *avant* publication – autrement dit *a priori*. Une telle démarche, interne car portant sur les articles et informations de leurs propres équipes, avait également pour visée l'image de sérieux et la fiabilité des actualités délivrées. La vérification, scrupuleuse et exhaustive, portait aussi bien sur les noms, dates, faits et données figurant dans les récits journalistiques destinés à être imprimés ; la quête d'erreurs s'appliquait à l'ensemble de la production. De fait, les fonctions du *fact-checking* originel se sont institutionnalisées à partir de 1923, lors de la création du magazine *Time*, puis se sont étendues à l'ensemble de la presse magazine.

Au début des années 2000, ce *modus operandi* a vécu une réappropriation autant qu'une transformation. La vérification s'est tournée vers celle, factuelle, des propos tenus par les gouvernants politiques, puis par extension des personnalités de diverses sphères – nous portons toutefois ici la focale sur les représentants politiques. Deuxième transformation : ce travail, initialement permanent et ouvert, est devenu ponctuel, au gré des interventions politiques médiatiques. Enfin, le procédé a structurellement changé dans la mesure où la vérification est cette fois opérée *après* publication ou diffusion des propos dans l'espace public, véhiculés par les rédactions concernées ou par leurs consœurs. Il s'agit donc, cette fois, d'un travail journalistique *a posteriori*. À cet égard, le *fact-checking* est même devenu un genre journalistique à part entière (Bigot,

2017 ; Bigot, 2019). Dans cette acception récente, il a été incarné par les modèles suivants : « FactCheck », lancé par le Annenberg Public Policy Center de l'université de Pennsylvanie en 2003 ; « The Fact Checker », blog hébergé par le site web du *Washington Post* en 2007 ; et « *Politifact* », proposé par le *Tampa Bay Times*, en 2007. Puis la pratique s'est développée mondialement (Dobbs, 2012), y compris en Europe qui, en 2017, dépassait même les États-Unis en nombre de rédactions de *fact-checking* (52 contre 47 : Stencel, 2018).

En France, des médias les expérimentent depuis 2008, au départ via la rubrique pionnière « Désintox » du journal *Libération*. Depuis, elles ont gagné en ampleur et en nombre, allant des « Décodeurs » du *Monde* (2009), du « Vrai du Faux » de France Info (2012) ou du « Vrai-Faux de l'Info » d'Europe 1 (2012), à « L'Œil du 20 heures » de France 2 (2014) ou au « Vrai-Faux des Échos » (2016), à « Fake Off » du journal *20Minutes* (2017), à la cellule « AFP Factuel » de l'Agence France-Presse (fin 2017) ou, plus récemment, à TF1 et France 2 (2019). En une dizaine d'années, le *fact-checking* français a ainsi bénéficié d'un lent processus de légitimation, voire d'institutionnalisation ; l'extension et l'intensification de cette pratique ont même abouti à des stratégies promotionnelles de ces contenus de *fact-checking*. Il est vite apparu qu'apporter la contradiction à l'ensemble du personnel politique pouvait devenir un créneau porteur pour l'audience et la réputation des médias concernés (Bigot, 2019) et favoriser la viralité de leurs articles, sur les réseaux sociaux numériques en particulier, prenant ainsi le contre-pied de la prolifération des messages de propagande ou de désinformation sur ces mêmes réseaux (Badouard, 2017 ; Wardle et Derakhshan, 2017) – même si leurs effets sont à nuancer (Allcott et Gentzkow, 2017).

En promouvant le *fact-checking*, les médias proposent aux lecteurs et citoyens non plus une diction mais une contradiction des propos des gouvernants ou des personnalités, une mise en doute, à tout le moins une mise à distance – en clair, ils ambitionnent de constituer ou redevenir une vigie. En la matière, ils font résonner les préconisations de « distanciation » des journalistes avec leurs sources habituelles (Kovach et Rosenstiel, 2014 ; Kaciaf, 2014). Comment cela se matérialise-t-il dans les articles ? C'est ce que nous allons à présent montrer et analyser.

2. Vérifier les déclarations politiques : une différenciation dès le titre

À l'amorce de notre étude, nous partions de plusieurs hypothèses, dont la suivante : le travail de *fact-checking* semble marqué par de nouvelles tendances d'écriture journalistique. Nous nous sommes donc attelés à observer et analyser les récurrences de ces écritures (hiérarchisation, titraille, style, formules-types) à différents moments de consommation et de légitimation du *fact-checking*, à savoir trois périodes de deux semaines entre 2015 et 2017 : 14–28 novembre 2015 dans la foulée des attentats en France, ayant suscité de multiples déclarations et interrogations ; 4–17 avril 2016 pour examiner une période dite « ordinaire », hors événement spécifique, marquée malgré tout par l'activité politique routinière ; 23 janvier-5 février 2017 pendant la primaire de gauche et le déclenchement de l'affaire Fillon dans la campagne de l'élection présidentielle. Ces six semaines de production journalistique ont constitué les fourchettes temporelles de notre corpus, composé des contenus de vérification de quatre sites d'information : « Désintox » de liberation. fr, « Les Décodeurs » de lemonde.fr, « Le Vrai-Faux de l'Info » d'Europe1.fr, « Le Vrai du Faux » du site franceinfo.fr, autrement dit les contenus de *fact-checking* les plus reconnus à l'époque. La collecte initiale faisait remonter 411 productions ; notre échantillon est constitué de 93 articles, après avoir écarté les articles de *debunking* /démystification de rumeurs, de pédagogie/prévention face à ces dernières (et de promotion par lemonde.fr de son dispositif Decodex) ou encore de *data journalism*, pour ne concentrer notre réflexion que sur le pur *fact-checking* et, ainsi, estimer la distanciation avec la parole politique.

Il ressort de l'étude de cet échantillon une parole politique effectivement déconstruite. À commencer par l'emploi de titres singuliers et signifiants. En premier lieu, nous avons pu constater que les titres étaient généralement plus longs (supérieurs à 150 signes) que les normes journalistiques habituelles : les entretiens semi-directifs avec les *fact-checkers* ont confirmé que leur intention est ici d'être plus précis, pour éviter les écueils – notamment de flou – qu'ils dénoncent eux-mêmes vis-à-vis des déclarations qu'ils vérifient. Par ailleurs nous notons dans les titres, d'une part une hybridation des fonctions informatives et incitatives, d'autre part certaines constructions syntaxiques/grammaticales impropres. Par exemple, le titre « *Pas une place de prison construite depuis 2012* » ? est fondé sur la remise en cause d'une déclaration politique (en l'occurrence de Jean-François Copé sur l'antenne de Radio Classique le 05/04/2016) : ainsi construit, le titre souligne davantage la logique du discours d'escorte (Simon *et al.*, 2017) que le respect scrupuleux de la langue française (qui inciterait à écrire par exemple « Aucune place de prison n'a-t-elle été construite depuis 2012 ? »). Pour autant, nous pourrions tout autant écrire qu'il s'agit de techniques langagières *(im)propres* : l'accommodation avec la grammaire et la syntaxe conventionnelles nous semblent spécifiques aux articles de *fact-checking*, elles lui en deviennent *propres*. À cet égard, on notera aussi que parce qu'ils sont en premier lieu destinés à être consommés en ligne plutôt qu'en version papier, ces articles respectent les règles, influences et stratégies du référencement web (ou SEO – Search Engine Optimisation), telles que le titre accrocheur ou interrogateur (habituellement évité en journalisme « classique »), l'emploi de mots à impact ou encore le suivi des actualités ou des personnalités (y compris politiques) « tendances ».

L'analyse des titres a abouti à l'établissement d'une typologie qui, elle-même, souligne la distanciation des journalistes rédacteurs avec la parole dont ils prennent en charge la vérification. La première catégorie apparente est *le démenti*, parfois accompagné d'une adresse au représentant politique auteur de la citation/déclaration vérifiée (ex : « Non, les classes populaires n'ont pas préféré Valls à Hamon en Ile-de-France » ; « Non XX, il n'est pas impossible d'expulser les étrangers »). Le deuxième type de titre renvoie au *correctif simple*, qui nuance le propos politique (ex : « Comment XX enjolive la situation du secteur associatif » ; « Le Qatar et les attentats : XX lit un article de travers et s'emballe » ; « Sujet : XX dit plutôt vrai »), souvent en y adjoignant un qualificatif ou une marque de jugement (ex : « les exagérations de XX sur… » ; « les mauvais calculs de XX sur… » ; « Sujet : quand XX embellit… » ; « Sujet : la présentation trompeuse de XX » ; « Sujet : l'optimisme exagéré de XX » ; « Sujet : la défense hasardeuse de XX » ; « XX va un peu vite »). La troisième catégorie de titre émergeant de notre échantillon est celle correspond au genre journalistique dit de *la mouture* (ou synthèse), autrement dit des correctifs multiples agrégés en un article unique : le titre y est alors souvent factuel (ex : « Chômage, emploi, mosquée : on a vérifié les propos de XX » ; « [Noms de représentants politiques] : un week-end d'intox à droite » ; « XX : une semaine et trois mensonges »). Une quatrième catégorie, présente de façon différenciée selon les rubriques (*cf.* données *infra*), est celle du *titre interrogatif*, la question pouvant être mentionnée avec ou sans guillemets – et parfois avec une grammaire/syntaxe incorrecte, *cf. supra* (ex : Quelle est la part des pensions alimentaires non payées ? ; « La population française s'appauvrit aujourd'hui ? »). Enfin, une cinquième catégorie regroupe les *autres titres*, par exemple *hybrides*, mêlant la question et sa réponse (ex : « 800 heures de français disparues à l'école ? XX veut tacler YY et… rate son coup »), ou caractérisés par d'autres constructions d'angle et de langue, elles-mêmes typiques de l'évolution des genres journalistiques liée à l'hybridité et aux spécificités du web (Grevisse, 2008).

Cette typologie une fois établie, en voici sa distribution et son utilisation dans les quatre sites de *fact-checking* étudiés, et aux trois périodes précédemment indiquées :

Typologie des TITRES d'articles de *fact-checking* : 4 sites, 3 temporalités (6 semaines de production journalistique), 93 articles

	Desintox (liberation.fr)			Les Decodeurs (lemonde.fr)			Le Vrai-Faux de l'Info (Europe 1)			Le Vrai du Faux (France Info)		
	14–28 nov. 2015	4–17 avril 2016	23 janv.-5 fév. 2017	14–28 nov. 2015	4–17 avril 2016	23 janv.-5 fév. 2017	14–28 nov. 2015	4–17 avril 2016	23 janv.-5 fév. 2017	14–28 nov. 2015	4–17 avril 2016	23 janv.-5 fév. 2017
Echantillon	8 articles	7 articles	10 articles	9 articles	8 articles	9 articles	7 articles	8 articles	9 articles	4 articles	10 articles	4 articles
Démenti («Non…»)	5 (63%)	1 (14%)	4 (40%)	2 (22%)	0	0	0	0	0	1 (25%)	0	0
Correctif simple (avec qualificatif)	3 (38%)	3 (43%)	3 (30%)	2 (22%)	4 (50%)	3 (33%)	0	0	0	1 (25%)	1 (10%)	0
Mouture (correctifs multiples)	0	0	2 (20%)	2 (22%)	2 (25%)	3 (33%)	0	0	1 (11%)	0	0	1 (25%)
Question	0	1 (14%)	0	3 (33%)	1 (13%)	2 (22%)	7 (100%) sans guillemets de citation	8 (100%) sans guillemets de citation	8 (89%) sans guillemets de citation	2 (50%) avec guillemets (mais grammaire incorrecte quand verbe)	9 (90%) avec guillemets (mais grammaire incorrecte quand verbe)	3 (75%) avec guillemets (mais grammaire incorrecte quand verbe)
Autre (ex : incluant question et sa réponse)	0	2 (29%)	1 (10%)	0	1 (13%)	1 (11%)	0	0	0	0	0	0

Nota : Les pourcentages sont arrondis à l'unité la plus proche (en conséquence, le total est parfois supérieur ou inférieur à strictement 100%)

[Laurent Bigot & Jérémie Nicey]

Pour chacune des rédactions concernées, nous faisons ici ressortir visuel-
lement les points saillants, l'intention étant de déterminer si la récurrence des
types de titres peut constituer une marque de fabrique. On observe ainsi que la
rubrique « Désintox » de liberation.fr privilégie (en fond noir dans le tableau ci-
dessus, à gauche) les titres de démenti (« Non… ») et dans une certaine mesure
(en fond gris, à gauche) les titres de correctifs simples (souvent avec qualificatif), plus encore lors de la période intermédiaire (2016), où sont également
pratiqués les titres hybrides (la question et sa réponse) : dans un tel cadre, composé de titres incitatifs voire suggestifs, les représentants politiques sont particulièrement remis en cause et peuvent, à la longue, être perçus comme des
menteurs – ponctuels ou récurrents, petits ou grands. Il ressort aussi que « Les
Décodeurs » ont ajusté leur registre : après une hétérogénéité des pratiques de
titres en 2015, la rubrique du monde.fr a le plus souvent utilisé (en fond gris, au
milieu du tableau) le correctif simple et la mouture – ce qui recoupe le style du
journal, informatif, factuel et de synthèse. Les deux autres sites, ceux du « Vrai-
Faux de l'Info » d'Europe1.fr et « Le Vrai du Faux » de franceinfo.fr semblent,
eux, avoir chacun installé leur style de distanciation prudente : on observe que
ce sont les titres interrogatifs qui prédominent dans les rubriques web des deux
radios (en fond noir dans la partie droite du tableau), la distinction entre elles
portant sur l'utilisation (par franceinfo) ou non (par Europe1) des guillemets
de citation de la parole vérifiée. À cet égard, la production soulignée en grisé
nous semble emblématique des tâtonnements d'écriture du *fact-checking* (ici du
« Vrai-Faux » de franceinfo) : les trois articles concernés, en 2015, créaient une
ambiguïté en ne reprenant dans leurs titres que la citation politique erronée,
parfois en y ajoutant un point d'interrogation, repoussant le nom de son auteur
et la mention « C'est faux » au chapô deux lignes plus bas ; après quelques mois
de pratique, ces titres ambigus fondés sur une citation auraient pu prendre le
modèle de « Désintox » (non-véracité du propos clairement soulignée et titre
amorcé par « Non… ») mais ils ont, au contraire, disparu au profit de la simple
question.

Ces pratiques de titres sont révélatrices des positionnements du *fact-checking*
y compris vis-à-vis du champ et du corps politiques. Dans notre corpus, ils
mettent en évidence les marqueurs langagiers destinés à contredire ou corriger
les contre-vérités, mensonges et autres inexactitudes. Cet usage de la titraille,
propre aux articles de vérification, démontre même à quel point ces écrits
s'écartent du principe de neutralité – ce que le journalisme étatsunien nomme
en général le « *he said, she said* » (Dobbs, 2012) – pour lequel la priorité a souvent
été de relayer ce qui est dit par chacune des parties en présence, en laissant le
public se faire sa propre idée. Cette attitude d'équilibre journalistique, légitime

lorsqu'il s'agit d'exposer un débat d'idées, ne semble pas la plus pertinente aux journalistes vérificateurs pour rapporter des propos sur des données factuelles, susceptibles de fonder les grandes orientations politiques. L'équilibre et la neutralité, moins appliqués à *chacun* des articles que dans la pratique traditionnelle, reste pourtant valide dans sa globalité pour les rubriques de *fact-checking*, puisque les paroles vérifiées ciblent, sur le moyen et le long terme, l'ensemble du spectre politique, autrement dit les représentants de toutes tendances. En utilisant les citations, parfois souvent dès le titre, les *fact-checkers* procèdent aussi d'un « hyperréalisme » (Rosier, 2002) autant que d'un « effacement énonciatif » (Marnette, 2004). Dès lors, de tels titres se différencient grandement de la forme classique de l'interview pour mieux atteindre leur objectif, à savoir… mettre les points sur les « i » : ils traduisent une expertise critique finalement peu habituelle, ces dernières décennies, dans la pratique du journalisme quotidien. Cela se vérifie également – voire s'accentue – dans le contenu même des articles.

3. Mettre les points sur les « i » : le style *fact-checking*, entre verdict et radicalité

Si l'analyse des titres de *fact-checking* livre plusieurs indications concernant la modification des rapports du journalisme vis-à-vis de la parole politique, celle-ci nécessite d'être complétée par l'étude des articles eux-mêmes. En la matière, notre échantillon fait ressortir pour tous les articles et chroniques de vérification une construction particulière, voire un séquençage-type :

- un titre qui donne souvent – ou laisse entendre – le verdict ou la conclusion ;
- un chapô qui appuie ce verdict ;
- une courte introduction ;
- un paragraphe de citation avec guillemets (les propos en question, vérifiés) ;
- un paragraphe de vérification et de confrontation des propos aux faits, parfois même intitulé « Pourquoi c'est plutôt vrai/faux/imprécis/etc. » ;
- un développement, souvent long et précis : une majorité d'articles comprend plus de 3000 signes (voir détails dans le tableau ci-dessous), donc un calibre supérieur aux moyennes habituelles, notamment à l'appui de sources expertes (*cf. infra*) ;
- un paragraphe de conclusion sous forme de résumé/synthèse.

Les journalistes de « Désintox » (liberation.fr) utilisent le même procédé, en l'organisant en deux parties : « Intox » (paragraphe court rapportant les propos contestés d'une personnalité politique – la rubrique ne traitant que des affirmations dont elle peut démontrer qu'elles sont fausses), puis « Désintox » (long développement rétablissant les faits). On notera d'ailleurs l'accent mis, dès le début de production, sur l'énoncé du verdict. Ce schéma est quasiment identique dans les chroniques des radios, la différence portant sur la citation de la parole politique – dont on diffuse l'extrait radio ou télévisé – et sur un dialogue, scénarisé, entre le journaliste *fact-checker* et le présentateur de la matinale ; quand la matière sonore ou audiovisuelle n'est pas accessible, le/la journaliste n'hésite pas à citer les *tweets* de la personnalité concernée.

En soi, ce séquençage nous intéresse pour plusieurs raisons : d'une part il semble confirmer l'hypothèse selon laquelle le *fact-checking* est un genre journalistique à part entière, d'autre part il accentue l'utilisation du mode citationnel direct, déjà constatée pour la construction des titres. On observe, effectivement, parmi les premières séquences des articles la mise en avant systématique des propos vérifiés *in extenso*. On pourrait objecter que cela est naturel, dans la mesure où le propos de personnalités constitue la matière première des articles de *fact-checking*, voire justifie son existence et sa nécessité ; l'idée est en réalité également – voire surtout – de différencier, d'un côté, la parole du politique, restituée authentiquement et comme élément de preuve incontestable et, de l'autre, le travail de vérification et d'éventuelle contradiction du journaliste. La pratique spécifique de ce mode citationnel par les journalistes *fact-checkers* confirme donc leur positionnement de distance et de déconstruction.

Cette tendance à livrer au lecteur un maximum d'éléments de preuve se traduit également par une surabondance de citations de sources expertes. En voici l'utilisation dans notre corpus :

Analyse des CONTENUS des articles de fact-checking : 4 sites, 93 articles, 6 semaines de production journalistique, 3 temporalités

	Désintox (Libération)			Les Décodeurs (Le Monde)			Le Vrai-Faux de l'Info (Europe 1)			Le Vrai du Faux (France Info)		
	14–28 nov. 2015	4–17 avril 2016	23 janv.–5 fév. 2017	14–28 nov. 2015	4–17 avril 2016	23 janv.–5 fév. 2017	14–28 nov. 2015	4–17 avril 2016	23 janv.–5 fév. 2017	14–28 nov. 2015	4–17 avril 2016	23 janv.–5 fév. 2017
Échantillon	8	7	10	9	8	9	7	8	9	4	10	4
Calibrage < 1500 signes	2 (25%)	0	0	1 (11%)	1 (12%)	0	/	/	/	1 (25%)	5 (50%)	2 (50%)
Calibrage 1500–3000 s.	6 (75%)	2 (29%)	1 (10%)	2 (22%)	3 (37%)	0	/	/	/	3 (75%)	4 (40%)	2 (50%)
Calibrage > 3000 signes	0	5 (71%)	9 (90%)	6 (67%)	4 (50%)	9 (100%)	/	/	/	0	1 (10%)	0
Présence d'info graphiques (data, tableaux...)	1 (12%)	3 (43%)	1 (10%)	0	4 (50%)	2 (22%)	0	0	0	0	6 (60%)	2 (50%)
Présence de sons et/ou vidéos	1 (12%)	1(14%)	2 (20%)	2 (22%)	4 (50%)	2 (22%)	7 (100%)	8 (100%)	9 (100%)	4 (100%)	10 (100%)	4 (100%)
Éléments visuels (tweet, photo, carte...)	4 (50%)	1(14%)	8 (80%)	6 (67%)	7 (87%)	4 (44%)	0	0	0	0	0	0
Liens hypertextes vers sources	5 (62%)	7 (100%)	9 (90%)	8 (89%)	8 (100%)	9 (100%)	0	0	1 (11%)	4 (100%)	8 (80%)	1 (25%)
Propos experts cités entre guillemets	5 (62%)	5 (71%)	9 (90%)	9 (100%)	5 (62%)	5 (56%)	4 (57%)	0	0	0	0	0
Contact avec le politique auteur de la déclaration	0	2 (29%)	0	0	2 (25%)	1 (11%)	0	0	1 (11%)	0	0	0
Conclusion: 100% «faux»	5 (62%)	4 (57%)	9 (90%)	5 (56%)	4 (50%)	2 (22%)	4 (57%)	6 (75%)	7 (78%)	4 (100%)	1 (10%)	2 (50%)
Fact-checking concernant les interviews de leur propre média	0	0	0	0	0	0	0	1 (12%)	1 (11%)	0	3 (30%)	1 (25%)

Nota : Les pourcentages sont arrondis à l'unité la plus proche (en conséquence, le total est parfois supérieur ou inférieur à strictement 100%)

[Laurent Bigot & Jérémie Nicey]

Le caractère didactique de ces articles et chroniques – autant que leur crédibilité – dépend de l'ensemble de ces éléments ; notre étude montre clairement que l'on trouve régulièrement :

- des *infographies* présentant des données chiffrées (en particulier pour « Les Décodeurs » du *Monde* et « Le Vrai du Faux » de France Info, jusqu'à un article sur deux à certaines périodes) ;
- de nombreux *liens hypertextes* vers des sources expertes permettant, en outre, au lecteur de se faire sa propre idée et de réaliser sa propre démarche de vérification face aux propos des politiques (à certaines périodes 100% ou presque des articles des « Décodeurs », de « Désintox » et du « Vrai du Faux » de France Info, ci-dessus en fond noir, et à d'autres périodes de fortes occurrences ci-dessus en fond gris) ;
- des *propos d'experts rapportés au style direct*, enfin, attestant des arguments et données utilisés dans l'article (cette pratique s'étant intensifiée pour « Désintox » entre 2015 et 2017, passant de 62 à 90% des articles, tandis qu'elle se réduisait dans le même temps pour « Les Décodeurs », passant de 100 % à 56 % deux ans plus tard).

Une telle accumulation de contenus, renforcée par la *présence de sons et/ou vidéos* (naturellement systématique pour les rubriques radio, ci-dessus les six cases qui se suivent en fond noir) ou par l'insertion de *visuels* (utilisés parfois 80 % du temps ou plus, selon les périodes : ci-dessus les deux cases avec bordures renforcées) ne peut qu'influer sur la longueur des articles, dont on retiendra qu'elle est elle-même devenue une norme pour le *fact-checking*. Les articles peuvent donc aller jusqu'à rassembler plusieurs de ces éléments.

Une autre caractéristique profonde des articles de *fact-checking* relève de l'utilisation de termes particulièrement tranchés, voire radicaux et plutôt rares dans les autres articles traitant de politique. Cela est apparent dans les titres, nous l'avons vu plus haut. Cela est manifeste également dans les intitulés comme « intox » et « désintox », justifiés par l'orientation prônée par la rubrique du journal *Libération*, qui traite uniquement des informations qu'elle peut démentir. Au demeurant, comme l'a observé Alain Rabatel, « la dénomination de la rubrique est orientée négativement. (Les) agents toxiques, ce sont les politiques, et les désintoxicateurs, les journalistes... » (Rabatel, 2014 : 105). Les termes utilisés par « Les Décodeurs » tranchent eux aussi franchement avec ceux du service politique du *Monde*. On y relève souvent des formules du type « XX dit ça... Pourquoi ça n'aurait servi à

rien », « XX affirme que…, pourquoi c'est de l'amnésie », ou encore « …
comment il s'est repris… », etc.. De telles expressions s'écartent là encore
pleinement du principe de neutralité et de simple retranscription de la
parole publique pour ambitionner de dire ce qui est vrai ou faux. Certaines
autres récurrences sont propres aux articles de vérification de la parole politique, tels les termes « vision simpliste », « affirmation osée », « fable », voire
« mensonge ».

Sur ce point, nos entretiens semi-directifs montrent que les journalistes *fact-
checkers* ne semblent pas toujours s'accorder. Selon certains, remettre en cause
la parole de responsables politiques (parfois nommés par leur seul patronyme,
pour davantage de distance encore), en utilisant des formules qui la tournent
en dérision, peut s'avérer une technique de démonstration contre-productive,
et faire perdre de la crédibilité et du sérieux au travail de vérification. D'autres
énoncent même que ces (re)mises en cause sont de nature à accréditer l'idée
que les représentants politiques sont des menteurs professionnels et… qu'il vaut
mieux en rire (Rabatel, 2014, *ibid.* : 111), ce qui répond en partie à notre questionnement, tout en le déplaçant.

En l'espèce, il est tentant de considérer que ces orientations et écritures
marquées par le verdict et la radicalité rejoignent une posture de dénégation/
défiance vis-à-vis de la parole politique, en vogue du côté des publics/électeurs
(Courrier, 2016). Il semble toutefois plus satisfaisant d'estimer que cette forme
de distanciation par le ton employé par le *fact-checking* permet aux journalistes de renouer avec ce que Jean-Gustave Padioleau nommait, au milieu des
années 1970, « l'expertise critique », fondée sur « un rappel de données, l'introduction des connaissances tacites ou réflexives et des commentaires des
rédacteurs spécialistes » (Padioleau, 1976 : 92, cité in Saitta, 2008 : 114). Cette
rhétorique journalistique, justement, s'incarne textuellement dans la forme
de l'exposé, qui ressemble à celle que prennent généralement les articles très
structurés et factuels de *fact-checking*. L'expression de jugements s'y fait sur la
base d'une argumentation documentée et d'une compétence de spécialiste ; ce
faisant, les *fact-checkers* semblent reprendre leur distance avec la rhétorique du
« cynisme politique » (Saitta, 2008 : 123–124), faite de récits d'anecdotes vécues
auprès des représentants politiques par les journalistes du service politique
« classique ».

In fine, cette démarche de déconstruction et de distanciation semble donc
réelle autant qu'emblématique. Il conviendra pourtant, sur le temps long, de
vérifier, d'une part si elle persiste, d'autre part si elle influence les parcours des
actuels jeunes journalistes *fact-checkers*.

Conclusion : de la mise en doute à la mise en tensions, avec les politiques et entre journalistes

À travers cette étude, nous avons pu montrer qu'avec le style du *fact-checking*, le traitement journalistique des déclarations politiques ne fait plus seulement l'objet d'une mise en mots, comme c'était le cas de l'interview convention-nelle, mais également d'une mise en doute argumentée. La création récente des articles de vérification témoigne d'une incontestable évolution des écritures journalistiques ; elle renouvelle et renforce l'injonction à prendre de la distance vis-à-vis des discours politiques (Dobbs, 2012 ; Graves *et al.*, 2016).

Parallèlement, il est intéressant d'observer à quel point les politiques eux-mêmes ont adapté leurs comportements à l'existence de ces rubriques de *fact-checking* (anticipation, dénigrement, détournement, bluff, etc.). On mesure là la « stratégie du discrédit politique arbitraire », comme le montre Serge Proulx : « La dénonciation politique arbitraire prenant la forme de l'accusation de *fake news* est devenue, dans le bouche de Donald Trump, la formule privilé-giée pour combattre la vérité des faits. […] L'utilisation dans l'arène publique de « l'accusation de *fake news* » comme moyen d'argumenter politiquement risque, un jour ou l'autre, de s'inverser et de produire des effets pervers. L'accusateur devenant accusé d'émettre lui-même des *fake news* et perdant ainsi sa crédibi-lité d'interlocuteur public » (Proulx, 2018 : 65). Par ailleurs, le temps froid de la vérification est un facteur limitatif d'impact sur la parole politique marquée, elle, par le temps chaud et le « buzz » immédiat (Torterat, 2010 : 1). En clair, ces écrits restent produits à contretemps par rapport à la diffusion initiale de la parole, et pèsent peu, ou du moins plus faiblement, que « la force du baratin » (de Lara, 2018 : 46).

En revanche, de façon très intéressante, nous sont apparues des conséquences internes aux rédactions elles-mêmes, qu'il convient de souligner. La manière dont cette spécialisation a permis à quelques jeunes journalistes de contreve-nir aux règles instituées, en particulier celle d'une relative « connivence » des journalistes vis-à-vis des personnalités politiques (Lévrier, 2016), est en effet facteur de tensions. Comme nos entretiens le font ressortir, le *fact-checking* et sa posture de déconstruction du champ politique ont un impact non anodin sur les autres journalistes politiques, remis en cause dans leurs pratiques, voire agacés par la position de ces jeunes collègues. De même, le fonctionnement des rédactions elles-mêmes s'en trouve questionné, voire en partie redéfini, comme cela a pu être le cas lors de la coalition CrossCheck entre rédactions – pourtant habituellement concurrentes – durant la campagne électorale de 2017 (Nicey et Bigot, 2019).

Que résulte-t-il de ces pratiques du *fact-checking* ? Le sentiment que les représentants politiques sont tous menteurs ? Au terme de notre travail, la réponse n'est pas seulement nuancée, elle reste non évidente d'autant que la défiance envers les représentants politiques a, en partie, cédé la place à la défiance envers les médias. Dans ce contexte, le *fact-checking* apparaît comme une réponse, pourtant insuffisante, pour relégitimer le journalisme. Surtout, les politiques ne sont plus les seules « cibles » du *fact-checking* : depuis 2017, ce sont davantage les fausses informations en ligne qui mobilisent les rédactions journalistiques. Les *fact-checkers* ont, en effet, en grande partie basculé vers le *debunking* ou « démystification de rumeurs » (Nicey et Bigot, 2020). Dans l'esprit des publics et, sans doute à tort, il s'agit « d'arbitrer la vérité » (Sauvageau *et al.*, 2018, p. 247), ce qui est un nouveau défi, plus grand encore que la vérification de la parole politique.

Bibliographie

Allcott, Hunt et Matthew Gentzkow. 2017. « Social Media and Fake News in the 2016 Election », *Journal of Economic Perspectives*, vol. 31, n° 2, p. 211–236.

Badouard, Romain. 2017. *Le désenchantement de l'internet. Désinformation, rumeur et propagande*, FYP Editions.

Bernays, Edward. 2007. *Propaganda. Comment manipuler l'opinion en démocratie*, Ed. Zones. [1928]

Bigot, Laurent. 2019. *Fact-checking vs. Fake news. Vérifier pour mieux informer*, INA Editions.

Bigot, Laurent. 2017. *L'essor du fact-checking : de l'émergence d'un genre journalistique au questionnement sur les pratiques professionnelles*, thèse de doctorat en sciences de l'information et de la communication, Université Paris 2.

Courrier, Serge. 2016. « Vérifier l'information sur le Web et les réseaux sociaux », revue *I2D. Information, Données et Documents*, n° 53, p. 4–6.

Dobbs, Michael. 2012. « The Rise of Political fact-checking », New America Foundation, Media Policy Initiative, Research Paper.

Graves, Lucas, Nyhan, Brendan et Jason Reifler. 2016. « Understanding Innovations in Journalistic Practice: A Field Experiment Examining Motivations for Fact-Checking », *Journal Of Communication*, n. 66, p. 102–138.

Grevisse, Benoît. 2008. *Ecritures journalistiques. Stratégies rédactionnelles, multimédia et journalisme narratif*, De Boeck.

Kaciaf, Nicolas. 2014. « Communication politique et distanciation journalistique. Les transformations contemporaines des pages Politique de la presse écrite française », *Savoir/Agir*, n° 28, p. 13–18.

Kovach, Bill et Tom Rosenstiel. 2014. *Principes du journalisme*, Gallimard (traduction française de *The Elements of journalism*, 2001).

Lara, Philippe (de). 2018. « La force du baratin », *Esprit* (dossier « Fragiles vérités »), n° 450, p. 46–54.

Lemieux, Cyril (dir.). 2010. *La subjectivité journalistique*, Éditions EHESS.

Lévrier, Alexis. 2016. *Le contact et la distance : le journalisme politique eu risque de la connivence*, Les Petits Matins.

Marnette, Sophie. 2004. « L'effacement énonciatif dans la presse contemporaine », in *Langages*, vol. 4, n° 156, p. 51–64.

Nicey, Jérémie et Laurent Bigot. 2020. « Le soutien de Google et de Facebook au *fact-checking* français : entre transparence et dépendance », *Sur le journalisme, About journalism, Sobre jornalismo*, vol. 9, n° 1, p. 188–203.

Nicey, Jérémie et Laurent Bigot. 2019. « Un pour tous, tous pour un ? : les pratiques inédites de "coalition" des journalistes *fact-checkers* français durant la campagne présidentielle de 2017 », in A. Théviot (dir.), *Médias en campagne électorale*, Ed. Septentrion, p. 121–141.

Padioleau, Jean-Gustave. 1976. « Systèmes d'interaction et rhétoriques journalistiques », *Sociologie du travail*, vol. 18, n° 3, p. 256–282.

Proulx, Serge. 2018. « L'accusation de *fake news* : médias sociaux et effets politiques », in Sauvageau Florian, Thibault Simon, Trudel Pierre (dir.), *Les fausses nouvelles : nouveaux visages, nouveaux défis*, Presses de l'Université Laval, p. 63–75.

Rabatel, Alain. 2014. « La rubrique "Désintox" de *Libération* : nouvelle rubrique, nouveau genre ou nouvelle pratique journalistique ? », in *Des textes aux genres, Hommages à Jean-Michel Adam*, M. Monte et G. Philippe (dir.), Presses Universitaires de Lyon, p. 103–116.

Rosier, Laurence. 2002. « La presse et les modalités du discours rapporté : l'effet d'hyperréalisme du discours direct surmarqué », in *L'Information grammaticale*, n° 94, p. 27–32.

Saitta, Eugénie. 2008. « Les journalistes politiques et leurs sources. D'une rhétorique de l'expertise critique à une rhétorique du "cynisme" », *Mots. Les langages du politique*, n° 87, p. 113–128.

Sauvageau, Florian, Thibault, Simon et Pierre Trudel (dir.). 2018. *Les fausses nouvelles : nouveaux visages, nouveaux défis*, Presses de l'Université Laval.

Simon, Justine, Toullec, Bénédicte, Badouard, Romain, Bigey, Magali, Compagno, Dario, Mercier, Arnaud, Pignard-Cheynel, Nathalie et Brigitte Sebbah. 2017. « L'influence des discours d'accompagnement sur le partage social. Identifier et analyser les discours d'escorte sur Twitter », in Ciara R. Wigham,

Gudrun Ledegen, (dir.), *Corpus de communication médiée par les réseaux. Construction, structuration, analyse*, L'Harmattan, p. 52–70.

Stencel, Mark. 2018. « The number of fact-checkers around the world: 156… and growing », *Duke Reporters' Lab* (7 août 2018), [En ligne] https://reporterslab.org/the-number-of-fact-checkers-around-the-world-156-and-growing/

Torterat, Frédéric. 2010. « Quand la publicité politique se confronte au *buzz* journalistique : le cas des dérapages verbaux traités dans une rubrique de quotidien », *Signes, Discours et Sociétés*, n° 5, [en ligne] : http://www.revue-signes.info/document.php?id=1807

Wardle, Claire et Hossein Derakhshan. 2017. *Information Disorder. Toward an interdisciplinary framework for research and policymaking*, Report for the Council of Europe.

Pierre-Paul Grégorio

(U. de Bourgogne-Franche Comté / Centre Interlangues TIL)

Operación Palace ou la vraie-fausse complicité du Politique et des médias : l'affabulation au service de la société ?

Abstract: *Operation Palace, a fake documentary that deconstructs the official version of February 23rd, presents two essential questions in democracy: what is the meaning of politics and the value of information? Especially since political action, with the assistance of the media, can be a continual joke whose target is the citizen. The official version of the Spanish Transition is thereby jeopardised since the documentary suggests that the story of the coming of democracy and the construction of the inherited society could have been distorted from the beginning.*

Présenté comme un documentaire d'investigation, *Operación Palace* (OP), de Jordi Évole, promettait aux téléspectateurs de LaSexta de leur dévoiler la vérité sur le coup d'État manqué du 23 février 1981[1]. La thèse était passablement déstabilisatrice : tout n'aurait été qu'une mise en scène télévisuelle, orchestrée par les élites politiques et médiatiques, sous l'ombre tutélaire du Roi[2]. José Luis Garci aurait donc écrit le scénario et aurait reçu, en guise de récompense, l'Oscar pour *Volver a empezar*. Faux documentaire, *OP* laissait cependant tout au long de la diffusion des pistes indiquant que tout n'était qu'affabulation[3]. Tout ? Peut-être pas … Avec des images d'archives pour capter l'attention du spectateur, une voix off pour le guider et des entretiens avec des protagonistes supposés de l'événement, le programme se construisait une crédibilité certaine.

---

1 Le programme fut diffusé le 23 février 2014, sur le créneau du programme habituel *Salvados*. MM. Évole et Gabilondo ont bien accepté de répondre à un bref questionnaire sur cinq points, mais ne nous ont jamais rien retourné.

2 Le programme pouvait encore être revu en mars 2018 sur le site www.atresplayer.com.

3 Dans les documenteurs, « para contribuir a la sensación de objetividad, se mezclan imágenes verdaderas con personajes falsos y falsificaciones que parecen reales […] manteniendo un sustrato de realidad, conseguido gracias a la utilización de personajes reales y reconocibles por el espectador, la inserción de datos reales, incluso en ocasiones científicos, y el realismo en el estilo » (Rueda Laffond et al. 2010: 3)

Toutefois, aux voix d'authentiques leaders politiques – Anasagasti, Vestrynge, Leguina, Mayor Zaragoza – ou de journalistes reconnus – Anson, Gabilondo, Ónega –, s'ajoutaient celles de faux politiciens ou de faux militaires. L'objectif final avoué par Évole était de dénoncer la manipulation potentielle que tout récit canonique, construit selon les intérêts du Pouvoir, pouvait renfermer. Avec une question essentielle : « un mensonge peut-il expliquer une vérité ? ».

Si le succès remporté par *OP* témoigne de l'intérêt encore vivace suscité par le 23-F[4], les critiques furent également nombreuses : cela n'aurait été, selon Rosario G. Gómez, qu'une « recreación irreal, una patraña »[5] ou, pour Juan Carlos Girauta, une « estafa televisiva »[6]. D'autant que le récit sur une Transition démocratique, grandement mythifiée, se voyait ainsi remis en question. Ce « bobard » relevait donc du délire d'une gauche écervelée qui, selon Salvador Sostres, « hasta cuando hace bromas, es golpista y prebélica [buscando] dejarnos con la idea de que una vez más la derecha nos ha robado la Historia »[7]. En fait, de fil en aiguille, Évole met en lumière en quoi consiste faire de la politique et informer les citoyens en démocratie. Il décortique ainsi certains mécanismes des deux univers – politique et médiatique – consubstantiels à une démocratie digne de ce nom. Dans une Espagne au regard plus sceptique sur le récit institutionnel de la Transition – et qui osait imaginer l'abdication du Roi –, cette fiction si particulière ne pouvait donc que faire grand bruit.

1. Pourquoi 23-F ?

En février 2011, lors du trentième anniversaire du putsch avorté, le Roi Juan Carlos sembla clore un débat qui s'éternisait : sur le 23-F, « se conoce toda la verdad, si no se la inventan por ahí »[8]. Cependant, ce jugement relevait aussi de la version officielle, martelée à l'envie. En effet, le 11 mars précédent, le Roi s'était montré moins affirmatif. Recevant les victimes du 11-M qui exigeaient

---

4   Le programme attira 5. 229. 000 téléspectateurs (23,9% de l'audience et 11% de la population espagnole), avec une pointe à 6.229.000 de spectateurs. Un record absolu. Sur les réseaux, le programme engendra 143.608 tweets de la part de 64.254 usagers. (Quintas-Froufe *et al.*, 2015).

5   « Évole bate récords con su patraña del 23-F y logra 5,2 millones de espectadores », *El País*, Madrid, 23/02/14.

6   « Periodismo de ficción », *ABC*, Madrid, 25/02/14.

7   « Documentos falsos », *El Mundo*, Madrid, 25/02/14.

8   *Público.es*, 23/02/2011, http://www.publico.es/espana/rey-23-f-conoce-no.html (encore accessible le 28/02/2019).

toute la vérité sur l'attentat, « el Rey, ni corto ni perezoso, les contestó: 'Pues lo llevais crudo. ¡A mí todavía me ocultan cosas del 23-F!' »[9]. Ainsi, D. Juan Carlos, que Luis María Anson qualifie volontiers de « bocazas completo » (2017)[10], confirmait l'existence de zones d'ombre sur le putsch manqué.

Moment épique par excellence, le caractère fondateur de cette journée-là n'est plus à démontrer. Les quelques images reproduites en boucle, année après année, appartiennent au panthéon iconographique de la Transition, œuvrant à l'élaboration d'une mythologie dépassant très largement les événements. En se focalisant sur les aspects les plus marquants – le staccato des armes, l'altercation entre Tejero et Gutiérrez Mellado, le discours du Roi, … – et, de ce fait, les plus aisément assimilables par l'opinion, le récit qui commença de s'élaborer dès le 24 février, permit à la fois de circonscrire la portée du coup d'État et d'en transcender les conséquences, forcément heureuses. Plutôt que de s'intéresser en profondeur aux causes qui y avaient réellement conduit, on préféra – politiciens, journalistes, institutions, … – analyser par le menu, pour mieux les exalter, les atouts ayant permis de surmonter l'épreuve. Au premier rang desquels, bien entendu, le rôle du Roi.

La Couronne s'imposa alors comme le rempart de la démocratie espagnole. Certes, le Roi avait toujours bénéficié de la complicité de médias ayant forgé « la imagen […] que se ha mantenido hasta nuestros días, caracterizada fundamentalmente por el énfasis puesto en su papel como actor democratizador » (Zugasti, 2007 : 350). Mais, à partir du 23-F, il fut érigé en totem absolu d'une Espagne renaissante. En fait, dans la presse des mois précédents, il avait déjà progressivement été élevé au rang de seul sauveur possible d'un pays en perdition. Une presse où, entre les lignes ou pas, transparaissait la trame de l'*Opération Armada* ou *Opération De Gaulle*, comme elle fut baptisée à l'origine, et que la *Panorámica de las operaciones en marcha*, en novembre 1980, avait répertorié parmi les opérations « militaro-civiles » destinées à abattre Suárez, non pour imposer une dictature, mais pour recadrer – *reconducir* était le terme à la mode – un processus démocratique parti à vau-l'eau[11]. Or, avec les années,

---

9   *Libertad Digital*, 14/02/2011 http://www.libertaddigital.com/nacional/lo-llevais-crudo-a-mi-todavia-me-ocultan-cosas-del-23-f-1276414436/ (encore accessible le 28/02/2019).

10   Il ajoute, certes, que le temps a grandement gommé ce défaut. Mais pas totalement…

11   La paternité exacte de ce document reste encore assez floue. Longtemps attribué au seul CESID, il a aussi été revendiqué par un ancien du SECED, Manuel Fernández-Monzón de Altolaguirre, en poste à l'époque au département de communication du ministère de la Défense. Pour Eduardo Navarro, l'origine serait civile puisque « medios financieros y bancarios encargaron a una empresa de *consulting* hispanoamericana

cette « opération » a suscité des interrogations croissantes qui ont progressivement érodé, même partiellement, le totem naguère inébranlable. Le coup d'État ne serait donc pas que l'image de Tejero, pistolet au poing, universellement connue. La vérité resterait encore à creuser… en pure perte selon certains (Anson, 2017). Le plaidoyer apparent de Évole en faveur d'une transparence salutaire, trente-trois ans après les faits, disait donc vrai en affirmant que l'obstination à interdire l'accès aux archives, ne pouvait que favoriser l'émergence de théories plus ou moins baroques[12]. Car, comme le précise malicieusement Vestrynge, tout est certes faux dans *OP*, « pero no totalmente falso ».

2. Lumière tamisée pour zones d'ombre

Le programme n'évoque jamais l'*Opération Armada*. Or, le 23-F ne peut s'expliquer sans elle. Dans la logique du faux documentaire, elle est remplacée par la trame du coup d'État simulé et filmé. À la manière du bouffon du Roi, Évole introduit ainsi des éléments polémiques, mais sans céder au « conspirationnisme ». Après tout, ne dévoilait-il pas le subterfuge à la fin ?… L'avertissement de Vestrynge n'en prend que plus d'importance. *OP* abordait nombre de questionnements qui, peu à peu, avaient lézardé le monolithique récit normatif sur le coup d'État. Par le biais de l'affabulation assumée, le contre-récit de Évole entrait alors suffisamment en phase avec l'opinion publique, plus suspicieuse à l'égard du 23-F, pour que les réseaux sociaux débordent de messages de stupeur ou de soulagement : la méfiance grandissante était enfin légitimée. Et, en effet, comme un effet miroir, de nombreux éléments du vrai-faux contre-récit, insérés dans la fable inventée, renvoient à des événements bien réels et souvent encore grandement inexpliqués.

Parmi les plus marquants, les liens entre certains leaders politiques et certains militaires. Le faux espion Albajara explique ainsi l'importance de la première réunion des conspirateurs : « En esa reunión estaban las fuerzas vivas de la democracia. Las fuerzas civiles y militares », à l'image de l'*Opération De Gaulle* qui, elle, s'appuyait sur l'entente des grands partis, du PSOE à AP, en

---

un informe sobre las operaciones en marcha » (Navarro, 2014 : 298). Pilar Urbano nous a affirmé, quant à elle, que le document ne fut qu'une intoxication *a posteriori* du CESID (Urbano, 2014).

12 Sur proposition du PNV, la réforme de la *Ley de Secretos Oficiales* fut adoptée fin novembre 2016, limitant à 25 ans le maintien de documents sous secret d'État. Les manœuvres dilatoires du PP, du PSOE et de Ciudadanos empêchent toujours son application.

passant par le secteur critique d'UCD et quelques électrons libres communistes, tels Ramón Tamames, mais sans les nationalistes basques et catalans. Le scénario fait en outre dire à l'historien Andreu Mayayo que « todo lo que fuera desplazar de la presidencia del gobierno a Adolfo Suárez y conseguir que otra persona, pues, por vía de una investidura fuera presidente del gobierno ... el PSOE tenía ya prácticamente la mitad de las elecciones ganadas ». C'était-là, après la défaite de mars 1979, la stratégie conseillée par le SPD allemand à Felipe González pour atteindre La Moncloa : déboulonner Suárez, gouverner en très large coalition, mais sans briguer la Présidence, redresser le pays, puis convoquer des élections. Le documenteur revient d'ailleurs sur le rôle du PSOE en utilisant le témoignage de Leguina. Or, dès l'été 1980, la direction du parti chercha à faire pression auprès du Roi pour éliminer politiquement Suárez :

> Esto no creo que se haya publicado todavía : el profesor Ollero, que [...] tenía una buena relación con la Zarzuela, me contaba que hasta tres veces le llamaron desde la ejecutiva del PSOE, en el verano del 80, para pedirle que a ver si había hecho ya una gestión ante Marivent, o sea donde estaba el Rey, para que destituyera a Adolfo Suárez (Hernández, 2003).

Des manœuvres démocratiquement impures ... D'ailleurs, Calvo Sotelo justifiait ainsi sa décision de ne pas creuser dans le dédale des responsabilités du 23-F :

> Un día le dije a Felipe: « [...] en el golpe blando, en el golpe constitucional, estabais muchos [...] y con este plural me refiero a una parte del PSOE. Si yo pincho con un compás en el centro de la trama y llego hasta Múgica y doy la vuelta, ¿cuántos españoles metemos? Dos mil, ¿no?" » (Montero, 1996 : 355).

Mieux valait donc ne pas remuer la vase. Dans la fiction, l'opération est justifiée par le danger imminent d'un vrai coup d'État. Ainsi, Anson affirme que « era una fórmula más positiva para evitar el golpe militar que mantener las cosas como estaban ». En 1980, face aux différents putschs en gestation – coup d'État « à la turque » ou l'embryonnaire « coup des colonels » –, la véritable *Opération Armada* fut conçue comme l'antidote le moins traumatisant pour le pays, avec un plan méticuleusement réfléchi qui devait la maintenir à l'extrême limite de la Constitution. De sa prison, José Luis Cortina, membre du CESID et considéré comme un des cerveaux de l'opération, aurait ainsi avoué en 1981 à « José Romero Alés, uno de sus profesores de la escuela de Estado Mayor [...] que "había en aquel momento varias hipótesis y elegimos la que resultaba menos peligrosa" » (Palacios, 2010 : 239)[13]. Le faux espion Albajara, ersatz de Cortina,

---

13 Cortina obtint un non-lieu. Il fut l'un des deux seuls inculpés pour qui le gouvernement renonça à faire appel.

admet ensuite sans fard que « bueno, eso había que llevarlo con la máxima discreción », avant de décrire le rendez-vous secret avec Garci. Une scène où, parallèlement, Sabino Fernández Campo s'impose comme le *factotum* – et le fusible – d'un Roi, certes absent, mais toujours en coulisses. Simple dramatisation ? En 2006, José Ramón Pardo de Santayana évoquait un entretien avec Fernández Campo :

> porque lo que se quería hacer era un gobierno de concentración que presidiera Armada. Cosa que ya me había dicho a mí Sabino Fernández Campo el verano anterior [...] : "al Rey se le ha caído la venda de los ojos... Sí, sí, ya se ha dado cuenta de quién es Suárez". [...] Me dijo más: "Y la solución es formar un gobierno de concentración nacional. ¿Quién te parece a ti que puede ser el presidente?" ... "No me hagas pensar – le contesté –, que sabes que yo..." "Pues tiene que ser un militar." [...] Y me dijo: "Armada". [...] Y entonces me confesó: "Pues mira, eso está hablado, incluso los socialistas están de acuerdo ... y eso se va a hacer". Eso me lo dijo Sabino ¡en julio del ochenta! ... Antes de las reuniones famosas de Lérida (Medina, 2006 : 173)[14].

D'autres aspects encore pourraient également être cités. Dans *OP*, Rojas-Marcos, leader du PSA[15] en 1981, témoigne de son étonnement lors du prétendu 23-F scénarisé : « Veo cosas extrañas. Como ver que disparan y hay quién no tiene miedo ». Comme un écho des mémoires du député socialiste Pablo Castellano : « cuando Tejero irrumpió en la cámara tuve la sensación de que aquello nos sorprendía a muy pocos. [...] Aquello olía a algo más que a una cuartelada » (Castellano, 1994 : 344). D'ailleurs, la présence dans *OP* de Rojas-Marcos et de Vestrynge, n'est peut-être pas innocente. En effet, Rojas-Marcos fut l'un des premiers à dénoncer que le PSOE envisageait un gouvernement de coalition avec, à sa tête, un militaire démocrate, au prestige reconnu[16]. De son côté, Vestrynge, alors secrétaire général de AP, fut invité par Antonio

---

14 En 2009, il confirma son récit (*La opinión A Coruña*, http:// www.laopinioncoruna.es/espana/2009/12/07/jose-ramon-pardo-santayana-sabino-pregunto-1980-veia-armada-frente-gobierno/341339.html, encore accessible le 28-02-2019). Le déjeuner du 22 octobre 1980, à Lérida, réunit Armada et les socialistes Múgica Herzog et Reventós. Fin octobre 1982, Calvo Sotelo interrogea Múgica sur le contenu de l'entretien : « me contó que [...], en efecto, Armada explicó su idea y empezó a preguntarse sobre quién debería presidir aquel Gobierno. "Y entonces", me dijo Múgica, "el tal Reventós le dijo a Armada: ¿Que quién va a presidirlo? Pues tú" » (Montero, 1996: 355).

15 Parti Socialiste Andalou.

16 « Para Rojas-Marcos existen contactos PSOE-militares », *El Periódico de Catalunya*, Barcelona, 29/07/80. Encore juillet...

Cortina – frère de José Luis et ancien collaborateur de Armada – à organiser une sorte de *marche verte* vers le Pays basque, qui aurait inévitablement provoqué des affrontements. Selon Vestrynge, pour en finir avec Suárez, « estos locos intentan reproducir el golpe en la Rue d'Isly, durante la batalla de Argel » (Vestrynge, 1999 : 110-111)[17]. Quant à Tejero, le faux documentaire en fait toutefois – sans le dédouaner, bien entendu – la victime idoine d'une supercherie qui l'aurait dépassé. Or, dès le petit matin du 24 février, le Garde civil comprit effectivement qu'il ne maîtrisait nullement le scénario de l'opération menée, au point de répondre lors de sa cour martiale, sous forme de boutade, « Mi General, lo que yo quisiera es que alguien me explique lo del 23-F... porque yo no lo entiendo » (Merino, 2006 : 9).

Le programme joue donc sur cet effet-miroir évoqué : il fait dire à ses vrais invités d'invraisemblables tirades qui, une fois recontextualisées, ramènent cependant à une réalité moins burlesque. Pris dans un jeu de travestissement, ces derniers deviennent les acteurs d'une authentique parodie car, naguère, ils furent – eux ou leurs *alter ego* – les protagonistes d'une véritable manipulation. Et ce, d'autant plus facilement que politiciens et journalistes travaillaient main dans la main. Le présent fictionnel se nourrit d'un passé de faux-semblants qui, à son tour, pourrait être mieux appréhendé grâce à une trame conçue comme divertissement. Évole met en scène – et interroge – des institutions qui, au nom du sacro-saint intérêt supérieur de la démocratie, auraient menti au peuple souverain. Pour son bien, naturellement, car, comme l'affirme le faux politicien Eduardo Bosch, « el pueblo español no estaba preparado para conocer toda la verdad ». Or, Fernández Campo n'avait-il pas affirmé, au sujet du vrai 23-F, que « en ocasiones, el que busca afanosamente la verdad, corre el riesgo de encontrarla » ?[18]

Si le récit fictionnel se laisse aisément démonter, *OP* invite cependant le spectateur à déstructurer, par effet ricochet, le discours diffusé après le 23-F. Sans être nécessairement faux, il n'en avait pas moins créé toute une mythologie légitimatrice de la réalité. En somme, l'Espagne de 2014 était-elle vraiment, depuis si longtemps, face à une « caste » ? Le succès d'audimat se comprend mieux...

---

17 Et propulser ainsi Fraga – et non un militaire, il est vrai – à la Présidence. Comme une alternative possible au *Supuesto Anticonstitucional Máximo* imaginé au CESID et qui avait de fortes ressemblances avec le 23-F ...

18 « El rompecabezas del 23-F », *ABC*, Madrid, 27/10/2009. Un avertissement pour le moins étonnant.

3. L'acteur politique et son autorité

OP désacralise en fait l'autorité de l'acteur politique et c'est toute la pratique démocratique en soi qui est questionnée. Avec la mise en scène du Politique, Évole pousse le spectateur à s'interroger, certes, sur l'opacité entourant le 23-F et, au-delà, sur ses propres moyens de défense face aux tentatives de manipulation. Mais il pointe également le faux-semblant potentiel du système de valeurs que sous-tend l'exercice de la démocratie – cette « pire forme de Gouvernement à l'exception de toutes celles qui ont été essayées », selon la formule churchillienne.

La fiction montre des politiques et des journalistes jouant avec le feu pour résoudre une crise qu'ils avaient eux-mêmes provoquée et, toujours l'effet miroir, il induit ainsi que, en 1981, ils avaient bien eu leur responsabilité dans le cours des événements. Et si, avec les aveux conclusifs, Évole rétablit en partie la version canonique, notamment sur le rôle du Roi, il laisse néanmoins planer l'idée d'une possible falsification, orchestrée par les Institutions, dans l'élaboration du récit post-23-F. D'où l'importance des médias et leur vitale complicité. Comme l'explique Tamayo, à l'époque des faits, « lo que salía en televisión era verdad. Lo que no salía en televisión no existía »[19]. Et c'est là, justement, l'un des ressorts de *OP* en 2014 : pour mieux dramatiser et dynamiser – et, donc, légitimer – la fiction, Évole s'appuie sur les clichés véhiculés par les médias. Par exemple, celui d'une classe politique avant tout soucieuse de garder le pouvoir. Dans la fiction, de nombreux « témoignages » – de Garci a Azkarraga – dénotent un manque parfaitement assumé de maîtrise sur les événements[20]. Tout aurait pu très mal tourner et ces hommes politiques et ces journalistes, ainsi dépeints dans l'illusion du faux documentaire, avouent avoir agi sans avoir mesuré les conséquences de leur prétendue solution. Une conviction fortement ancrée dans l'opinion publique depuis la crise de 2008 ... Autre cliché, l'incapacité quasi ontologique des politiques à s'accorder sur un fait. Cette propension à polémiquer, quotidiennement rapportée dans les médias, apparaît donc dans *OP* – les échanges entre Leguina et Alcarraz sont à ce titre exemplaires – et sert paradoxalement à authentifier le mensonge du récit. En d'autres termes, c'est bien le recours naturel du discours politique à l'affabulation, selon des

---

19 Ce jugement, élargi à l'ensemble des médias, restait bien entendu d'actualité en 2014, comme le confirme Anson au cours du programme.

20 Azkarraga conclut ainsi que « la verdad es que yo no sé cómo aquello salió bien. Siempre me pareció, desde el principio hasta el final, un teatrillo ». À l'évidence, le deuxième degré est à l'honneur avec le double sens de « teatrillo ».

intérêts partisans, qui offre une patine de sincérité à la duperie médiatique, à cette « alegría televisiva » selon Ónega. Faire de la politique implique donc de jouer en permanence une farce à l'attention du citoyen-spectateur, personnage-clé de toute mise en scène – du programme comme du récit canonique sur le 23-F – car tout se fait en fonction de lui : il doit garder l'illusion de maîtriser l'ensemble, tout en restant, en réalité, dans une position de dépendance permanente. Dès lors, grâce à ce va-et-vient récurrent entre fiction télévisuelle et réalité historique, était mis à mal le discours sur une Transition comme projet longuement mûri par les élites. Et cela reposait la question de la crédulité – même rebaptisée « confiance » – du spectateur-citoyen.

En dépit de toutes les justifications fournies à la fin, nul ne savait si les intervenants avaient pleinement conscience de l'impact potentiel de la supercherie sur cette Espagne en crise. Certes, Gabilondo avouait comprendre, lors du débat ultérieur, tous ceux qui, à ce moment-là, « estén queriendo prenderme fuego ». Cependant, dans les rushes diffusés à la fin, les Anson, Gabilondo lui-même, etc ... se montraient souvent plus soucieux des éventuelles retombées professionnelles que de la possible déstabilisation de l'opinion publique face au dévoilement de la manipulation. En d'autres termes, rares étaient ceux qui s'inscrivaient dans une analyse authentiquement politique de ce qui restait, peu ou prou, une condamnation morale des comportements consistant, au nom de l'idéal démocratique, à s'exonérer si besoin était de tout contre-pouvoir.

En effet, si dans la réalité fantasmée par Évole, la duperie fait appel à la complicité des médias, cette connivence fut en 1980, à n'en point douter, un des éléments-clé de la pression par cercles concentriques exercée sur Suárez. Or, en juste réciprocité, l'inverse se produit dans la construction de la fiction elle-même. Sans le jeu d'acteurs des politiciens – « por difícil que fuese aceptar la propuesta », souligne Évole –, le documenteur n'aurait jamais vu le jour. Cependant, comme souligne Gabilondo lors du débat, la transparence dans l'élaboration de l'information et une authentique indépendance des médias sont des obligations morales de toute démocratie. Or, Évole établit lui-même que cela reste largement un vœu pieux. Dans le court message adressé aux spectateurs après l'émission, il y affirme que « nosotros hemos reconocido que era mentira lo que les hemos contado [...] seguramente, ha habido otras veces que también les han contado mentiras y nadie se lo ha dicho ». Pour Walter Lippman, « quienes se adueñan de los símbolos que contienen sentimientos públicos consiguen controlar los enfoques con que se abordan los asuntos públicos » (Lippmann, 2003 : 178). Évole confirmait combien il était aisé de plonger l'opinion publique dans une vraie-fausse réalité dès l'instant où se produirait la collusion entre pouvoir politique et médiatique. Surtout, si la préservation du système en dépend. Dans son programme, la démonstration de la capacité manipulatrice des médias consolidait inversement leur incontournable rôle de médiateur, honnête à défaut d'être objectif, entre le Pouvoir et le citoyen. Ne lui indiquaient-ils pas sur quoi poser son regard pour mieux maîtriser son propre univers ? Tout comme dans ses rapports au Politique, l'individu se retrouvait donc immanquablement dans une situation de dépendance vis-à-vis du médiatique. Or, dans un système où, de l'aveu même des acteurs, le vrai pouvoir dépend moins de ce que l'on est que de la perception que l'opinion en a, la capacité des médias à s'ériger en démiurges, sans être marionnettistes, impose finalement une forme de connivence entre médias et monde politique. Il y a là alors, et toujours au nom de la préservation de la démocratie, les bases de ce que Edward Bernays avait qualifié, déjà en 1928, de « gouvernement invisible » dont les membres « nous gouvernent en vertu de leur autorité naturelle, de leur capacité à formuler les idées dont nous avons besoin, de la position qu'ils occupent dans la structure sociale » (Bernays, 2007 : 31). Le citoyen se trouvait ainsi pris entre deux feux : non pas entre vérité et mensonge, mais entre représentation de la réalité et manipulation de son image. Volontairement ou pas, Évole posait la question du Politique en démocratie. Un questionnement qui, en ce début 2014, était tout sauf anodin en Espagne.

4. La démocratie

Le travestissement de la vérité comme outil politique découlerait en somme de l'incapacité fondamentale de l'opinion publique à appréhender d'emblée par elle-même la complexité des événements[21]. Tout en faisant appel au respect d'un public devenu politiquement majeur, le documenteur admet finalement qu'il est parfois politiquement judicieux de s'abstenir de lui faire momentanément confiance. *OP* s'intéresse donc à la frontière ténue entre cynisme et pragmatisme de l'action politique. Et c'est sur ce point précis qu'il met à mal le discours officiel sur le 23-F et sur la Transition. Lorsque Rosario G. Gómez se demande si « ¿Es ético que se dramatice en falso sobre un acontecimiento tan delicado que estuvo a punto de echar por tierra la democracia española? »[22], Évole semble lui répondre que s'enferrer dans un récit idyllique, lézardé par le temps, pour justifier une ligne d'action naguère jugée inévitable et refuser d'envisager, trente ou quarante ans plus tard, une possible erreur, voilà qui n'était pas éthique. En

---

21　Le débat ultérieur le confirme : le secret d'État n'est pas remis en cause en tant que tel. Seule l'est son application démesurée, suspecte dans la durée.
22　« Operación Évole », *El País*, Madrid, 24/02/14.

sous-tendant cette critique, le programme de Évole entrait alors en résonnance avec une partie non négligeable de l'opinion publique espagnole de 2014.

L'évocation du consensus comme arme de manipulation massive, le manque de lucidité des leaders politiques et/ou d'opinion, mais aussi, bien entendu, la remise en cause du rôle d'un Roi : autant de sujets de *OP* qui ne pouvaient qu'interpeller majoritairement des Espagnols d'abord captivés, puis décontenancés, par le faux documentaire. Car là pouvait résider une des raisons du malaise provoqué par le programme : Évole, tout en s'excusant auprès des potentiels spectateurs mécontents, remerciait à la fin son auditoire d'avoir bien voulu « jugar con nosotros », en ignorant apparemment que pour nombre de ces citoyens-spectateurs, il ne s'était pas agi d'un jeu. L'espace de quelques minutes, face aux élites, ils s'étaient crus gagnants dans ce processus d'assainissement de la vie institutionnelle et de l'histoire nationales. Et donc dans la revendication d'un véritable espace politique à occuper. Or, Évole les détrompait : ils avaient à nouveau perdu car, comme d'habitude, on leur avait sciemment distribué les mauvaises cartes. Il y avait donc eu, pour Arcadi Espada, « la ruptura unilateral de un pacto de confianza [...] Naturalmente, sin esta confianza pública, sin esta planta delicadísima, no hay periodismo ni democracia ni conocimiento »[23]. Alors, et en dépit des explications fournies, une question subsistait : *OP* avait-il eu vraiment pour objectif de prémunir le spectateur contre tout discours fallacieux, mais opérationnel par temps de crise ? Ou s'était-il servi du discrédit grandissant des élites pour juste s'offrir un taux d'audience exceptionnel ? Dans sa dernière réplique, Rojas-Marcos s'exclame : « Al final se acaba todo y a mí me obsesiona una idea: yo no sé lo que ha pasado aquí ». Son personnage fait bien entendu référence à la conclusion du « coup d'État » imaginaire. Il aurait aussi bien pu évoquer celui, bien réel, de 1981. Ou encore, le sens même du programme de 2014.

Conclusion

Le faux documentaire déconstruit le discours officiel sur le 23-F, mais sans définitivement le contredire : Évole admet ainsi ne pouvoir lui opposer une alternative crédible. D'où l'appel à l'ouverture des archives. Or, à cette parodie de mémoire qu'avait été *OP* avec ses demies vérités cachant d'authentiques mensonges, avaient pris part des hommes politiques et des journalistes qui avaient dupé par caméra interposée, mais les yeux dans les yeux, l'opinion publique.

---

23 « El golpe mediático », *El Mundo*, Madrid, 25/02/14.

Mais pourquoi donc, suggère implicitement le programme, ce qui avait été possible en février 2014 n'aurait-il pas pu l'être en février 1981 ? Ou même avant… Il induit alors ouvertement une nécessaire prudence face au récit de l'avènement de la démocratie en Espagne. Et, donc, à celui de la construction de la société héritée depuis. Des récits qui, biaisés d'emblée, auraient pu alors conformer une mémoire collective sous tutelle, fondée sur des vérités officielles élaborées par les élites nées de la « Sainte Transition » chère à Umbral, et dont on ignorait si elles étaient officielles parce que vraies ou vraies parce qu'officielles. De manière inopinée, *OP* ne pourrait-il donc pas, sous prétexte de tirer l'opinion publique d'une apathie somme toute confortable, décrédibiliser toute l'aventure démocratique ? D'où la crainte de Joaquín Prieto de voir s'installer une société gangrénée par « la desmemoria […], navegando sobre la ola del revisionismo de la Transición tan en boga durante los últimos años »[24].

Loin de ces appréhensions, et comme une catharsis désormais possible, la comédie ainsi jouée aurait été la preuve d'une société enfin politiquement mûre, capable d'autodérision : « Porque el llamé a… vamos me llamó Iñaki Gabilondo […] Entonces, los dos llegamos a la misma conclusión. Y es que había que desdramatizar el 23-F, […] vamos a hacer bromas sobre el asunto. Ha pasado ya mucho tiempo, mire Vd, no sigámosle dándole la vuelta a…, que tal… Pero, no era nada más que eso » (Anson, 2017). Simple épiphénomène, un 23-F dédramatisé ne serait plus la madeleine proustienne d'une démocratie, ou d'une Monarchie …, qui aurait eu besoin, année après année, de s'auto-convaincre de sa propre légitimité. Mais, à bien y regarder, ces interventions replaçaient les hommes politiques et les journalistes au cœur même du processus d'élaboration de la vérité : à Vestrynge signalant que tout n'était pas entièrement faux, Ónega répondait que « si yo fuera la gente, no me habría creído… absolutamente nada ». Aussi, et malgré toutes les incantations, *OP* favorise le maintien de l'individu dans une situation de subordination face à ceux qui ne peuvent pas ne pas savoir. Ces derniers admettaient sans fard s'être joués de l'opinion publique. Mais c'était, affirmaient-ils, pour faire œuvre salutaire car ils avaient présenté, selon Mayor Zaragoza, des « alternativas […] para hacer reflexionar » sans nourrir la méfiance. Le documenteur pouvait ainsi à la fois conforter aussi bien les tenants de l'indignation refoulée face aux élites que les contempteurs des prophètes d'un prétendu renouveau démocratique. En somme, applaudi ou vitupéré, *OP* s'adressait donc bien à tous les Espagnols de 2014. D'où son succès éclatant en termes d'audimat et son oubli non moins fulgurant.

---

24 « Todo por la audiencia », *El País*, Madrid, 24/02/2014.

Bibliographie

Anson, Luis María. 28/12/2017. Entretien enregistré, siège de la Editorial Imparcial de Occidente, Madrid.

Bernays, Edward. 2007. *Propaganda. Comment manipuler l'opinion en démocratie*, Paris : Éd. La Découverte.

Castellano, Pablo. 1994. *Yo sí me acuerdo*, Madrid: Temas de hoy.

Hernández, Abel. 29/12/2003. Entretien enregistré, Hôtel Wellington, Madrid.

Lippmann, Walter. 2003. *La opinión pública*, Madrid: Cuadernos de Langre.

Medina, Francisco. 2006. *23-F. La verdad*, Barcelona: Random House Mondadori.

Merino, Julio. 2006. *Tejero. 25 años después*, Madrid, Espejo de Tinta.

Montero, Rosa. 1996. « Los hombres clave. Leopoldo Calvo Sotelo », in *Memoria de la Transición*, Madrid: El País, 1996.

Navarro, Eduardo. 2014. *La sombra de Suárez*, Barcelona: Plaza&Janés.

Palacios, Jesús. 2010. *23-F, el Rey y su secreto*, Madrid: Libroslibres.

Quintas-Froufe N, González-Neira A, Díaz-González MJ. 2015. "La construcción de la estrategia comunicativa en Twitter de un falso documental: Operación Palace", in *Revista Latina de Comunicación Social*, 70, p. 28–48. Consultable sur http://www.revistalatinacs.org/070/paper/1033-UC/03es.html DOI: 10.4185/RLCS-2015-1033).

Rueda Laffond, José Carlos, Coronado Ruiz, Carlota, Roekens, Anne, Rochet, Bénédicte. 2010. « *Televisión y falsificación. Historia compartida e identidad nacional en ¡Viva la República! y Bye, Bye Belgium* », in *X Congreso de la Asociación de Historia Contemporánea*, Santander: Universidad de Cantabria. Consultable sur: https://eprints.ucm.es/id/eprint/11011/2/RUEDA_CORONADO_ROEKENS_ROCHET.pdf

Urbano, Pilar. 12/08/2014. Entretien enregistré, Restaurant Alkalde, Madrid.

Vestrynge, Jorge. 1999. *Memorias de un maldito*, Barcelona: Grijalbo.

Zugasti, Ricardo. 2007. *La forja de una complicidad*, Madrid: Fragua.

Laia Quílez Esteve

(Universitat Rovira i Virgili, ASTERISC)

Símbolos de la identidad catalana en el documental televisivo: bandera, fiesta e himno en la pequeña pantalla

Abstract: The historical documentary is one of the most recurrent formats when promoting institutionalized memories and national identities. At the same time, every nation entails, on the part of those who feel a part of it, the patriotic exaltation of a flag, a national holiday, and a hymn. In Catalonia, these three key elements of identity are represented by the Senyera (the official flag), September 11th (the national holiday) and Els Segadors (the national anthem). This article tries to analyze how this triad of icons of Catalan nationalism have been represented on TV3 (the public television station in Catalonia), specifically through three documentaries broadcast in 2014, within the special programming that the national television network dedicated to the commemoration of the tercentenary of September 11th, 1714. From the formal reading and content of *El cas dels catalans* (Ventura Durall, 2014), *L'estelada de Verdun* (Felip Solé, 2014) and *Bon cop de falç* (Eloi Aymerich and Esteve Rovira, 2014), we will try to elucidate which role fictionalized recreations, archive material, narrator or authorized testimonies occupy in them when presenting the three symbols previously mentioned and, therefore, when reinforcing a certain conception of the Catalan nation and identity.

La identidad nacional ha sido considerada como un conjunto de ideologías y prácticas sociales y culturales que van resignificándose a lo largo del tiempo. El origen y razón de ser de las identidades nacionales se sitúa en la emergencia y consolidación de los Estados-nación, los cuales son, todavía hoy, y pese a la globalización, la forma más generalizada y predominante de organización política (Billig y Núñez, 1998). Como señala Homi Bhabha, en tanto que narración, la identidad nacional se teje mediante relatos de heterogéneo sustrato (literario, político, histórico, mediático) que interpretan y reactualizan de un modo u otro determinados acontecimientos del pasado (1990). En este sentido, el canon oficial de las comunidades nacionales se sustenta en símbolos de entidad diversa (banderas, himnos, danzas populares, personajes emblemáticos...) y en mitos fundacionales que tratan de explicar, justificar y reforzar el sentimiento de pertenencia identitaria de los sujetos a ese grupo determinado.

En estos procesos de significación y difusión de materiales simbólicos, los medios de comunicación, y en concreto la televisión, juegan un papel sustancial (Castelló, 2004). Así, si la pequeña pantalla es un aparador paradigmático de lo efímero, lo inmediato y lo popular, también lo es de fórmulas variadas que continuamente se acercan al pasado y lo actualizan en el tiempo presente, muchas veces en clave nacional y nacionalista (Chicharro y Rueda, 2008 : 60). Medio popular y masivo, el espacio televisivo es determinante en la configuración de la opinión pública (McCombs, 2006) y es elemento indispensable en el surgimiento y pervivencia del « nacionalismo banal » (Billig, 2006) o « cotidiano » (Edensor, 2002). En efecto, gracias a su carácter familiar y extendido, la televisión consigue popularizar y pasar como naturales relatos sobre la nación que son de raíz ideológica y que a menudo coinciden con los del grupo social dominante (Langer, 1998 ; Peris, 2015).

En el caso de España, la articulación de los relatos sobre la nación es compleja y multiforme. Y es que estamos hablando de un país diverso en lo que a sentimientos de pertenencia nacional se refiere. De hecho, la Constitución de 1978 trató en su redacción de garantizar la unidad e indivisibilidad de España, sin excluir el reconocimiento de que existían « nacionalidades y regiones » con derecho a la autonomía (Art. 2); unas naciones y unas regiones que habían sufrido durante casi cuarenta años el centralismo del régimen franquista y, en algunos casos – como el catalán o el vasco – habían visto cómo sus señas de identidad eran fuertemente perseguidas y reprimidas. Poco después, en 1979, el Estatut de Autonomia de Catalunya reconocía ese territorio como una nación – con cultura, historia y lengua propias – que ejercía su autogobierno constituida en Comunidad Autónoma, dentro del Estado Español.

En este contexto, puede explicarse que el surgimiento de Televisió de Catalunya (TV3) en 1983 fuese el resultado de una voluntad política por recuperar, fortalecer y difundir una identidad nacional que había sido silenciada durante la dictadura. Tal y como así lo reconoció en sus memorias Jordi Pujol, entonces presidente de la Generalitat, « en nuestro proyecto de país, una radio y una televisión públicas tenían que ayudar a defender la lengua y a construir la conciencia de catalanidad » (2009 : 183). La emergencia de la radio y televisión públicas catalanas formó parte, pues, de un proceso de descentralización mediática en el que aparecieron medios de comunicación autonómicos y locales con una programación de proximidad, ofreciendo, en el caso que nos afecta, una representación nacional alternativa a la que se vehiculaba en los medios hegemónicos del Estado-nación (Castelló, 2005 : 160).

Si bien a finales de los años 70 el Estado de las Autonomías se presentaba como una solución razonable para asumir la plurinacionalidad de España, en la actualidad la vía autonómica no satisface a una parte significativa de los catalanes (Leprêtre y Sáez, 2014). De hecho, y aunque el catalanismo tiene un recorrido centenario, desde el año 2010 Catalunya vive inmersa en lo que se ha denominado el « Procés independentista », en el cual un sector de la ciudadanía y de la clase política catalanas reclaman el derecho a decidir de manera autónoma su estatus político con respecto a España. De hecho, se suele fechar el inicio del « Procés » en julio de 2010, cuando el Tribunal Constitucional anuló de facto el Estatut de Autonomia de Catalunya aprobado en referéndum en 2006 (Perales et al., 2012). Desde ese momento, considerado un punto de inflexión, el movimiento independentista acrecentó su base social y política, así como su descontento con respecto a su encaje en España, ocupando masiva y repetidamente el espacio público en las manifestaciones que se celebran cada 11 de septiembre con motivo de la Fiesta (Diada) Nacional de Catalunya.La irrupción de este nuevo proyecto político en la opinión pública ha tenido un importante impacto en los medios de comunicación catalanes y españoles, los cuales, según la ideología de su línea editorial y su proximidad o adhesión a una comunidad nacional u otra (la española o la catalana), han operado en la vía de la legitimación o deslegitimación de las demandas soberanistas (Gili, 2014). Asimismo, en este contexto de reivindicaciones identitarias y políticas, determinados símbolos (como la Estelada, la Senyera o el himno de Els Segadors) y fechas de conmemoración (como el 11 de septiembre) han cobrado una gran relevancia y pregnancia social y política, convirtiéndose en el nudo gordiano alrededor del cual se ha trabado el argumento y estructura de los documentales que más adelante voy a analizar.

1. El documental histórico: entre la divulgación y la conmemoración nacional

La ficción histórica televisiva tiende a priorizar los elementos forzosamente artificiales (personajes, giros argumentales, diálogos) que la convierten en un producto de entretenimiento, por encima del rigor y la representación fidedigna del hecho histórico aludido. Por el contrario, el documental histórico, en tanto que discurso de sobriedad, establece un vínculo más sólido con la realidad histórica y, en este sentido, la lectura que lleva a cabo del pasado es percibida como un ejercicio más objetivo, probatorio y transparente que el que pudiera hacer, del mismo acontecimiento, un telefilm o una serie.Si bien la ficción histórica es un formato « donde se han construido y vehiculado las modalidades de representación histórica más divulgadas »

(Chicharro y Rueda, 2008 : 61), el documental expositivo se ha convertido
en una oferta recurrente de las cadenas públicas, especialmente en fechas
de conmemoración. A este respecto, cabe recordar que los aniversarios
son palancas de activación de la memoria, hitos señalados que sirven para
afianzar una determinada cultura nacional y, por tanto, contribuyen a la
cohesión e integración social de una comunidad determinada (Quílez y
Rueda, 2017). De ahí que sea en esas fechas cuando las televisiones públicas
emiten la mayor parte de este tipo de productos divulgativos, los cuales sue-
len validar la memoria oficial y las políticas culturales e identitarias domi-
nantes.En el caso que nos ocupa, *L'Estelada de Verdún*, *El cas dels catalans*
y *Bon cop de falç* fueron emitidos en TV3 la semana en la que se celebró
el tricentenario del 11 de Septiembre de 1714. Esta jornada, en la que Barcelona defendida por los austriacistas fue definitivamente ocupada por las
tropas borbónicas de Felipe V tras un sitio de catorce meses y en el marco
de la Guerra de Sucesión, fue proclamada día de Fiesta Nacional el 11 de
septiembre de 1980. De ahí que en 2014, en pleno « Procés » y ante un ani-
versario especialmente significativo por la redondez de su número, TV3 y
otras cadenas locales (como 8TV o La Xarxa) ofrecieran a los espectadores
una programación especial que cubría los actos conmemorativos oficiales y
la manifestación independentista, al tiempo que incorporaba la emisión de
documentales que, como veremos, tienen estéticas, estrategias narrativas y
una base ideológica comunes.La batalla que las cadenas hace años tienen
abierta por la audiencia – que hoy puede elegir entre una vasta multiplicidad
de canales y plataformas – ha empujado a éstas a encargar a productoras
trabajos que sean cada vez más atractivos – y léase, aquí, entretenidos – para
captar la atención del público (Hernández, 2004 : 92). Ello puede explicar
que, en el caso del documental de divulgación histórica, sea común encontrar elementos propios de la ficción – como serían las escenas recreadas
por actores –, o también personalidades de gran impronta mediática que
conduzcan la narración.Esto ocurre en los tres títulos de nuestro corpus. Si
bien tanto *La Estelada de Verdún*, como *Bon cop de falç* o *El cas dels catalans* fueron promocionados como documentales, los tres ostentan muchos
de los rasgos propios del « gran reportaje » televisivo, como son su carácter
eminentemente divulgativo, su duración – que oscila alrededor de la hora –,
los textos infográficos, los rótulos, la música extradiegética, la narración en
off, las declaraciones de expertos o, en el caso de *El cas dels catalans* y *Bon
cop de falç*, las intervenciones ante la cámara del periodista narrador (Hernández, 2004 : 92). Pero vayamos por partes.

2. *El cas dels catalans*

El cas dels catalans es un documental realizado por Ventura Durall y producido en 2014 por Televisió de Catalunya con la colaboración de Triacom Audiovisual y La Xarxa de Comunicació Local. El film nace con la voluntad de convertirse, según la propia Corporació Catalana de Mitjans Audiovisual, en « el filme definitivo sobre la Guerra de Sucesión y de los hechos que desembocaron en el 11 de septiembre de 1714 desde una óptica catalana » y « para un público catalán e internacional » (CCMA, 2014). No por casualidad se estrenó, a las 22h, en la vigilia del tricentenario de ese gran hito de recuerdo.*El cas dels catalans* toma como punto de partida las *Narraciones históricas* (1999) que, entre 1725 y 1758, y ya exiliado en Viena, el historiador y militar austriacista Francesc de Castellví escribió sobre la Guerra de Sucesión (1700–1714). Desde los primeros minutos, pues, el documental se postula como un relato fidedigno y completo de los hechos acaecidos en aquella guerra, al ubicar como eje vertebrador una obra colosal – de más de 12.000 páginas –, que además fue escrita en primera persona por un superviviente del 11 de septiembre. La narración de lo ocurrido en Catalunya, España y Europa de comienzos del siglo XVIII corre a cuenta de Mónica Terribas, reconocida periodista en el ámbito radiofónico y televisivo catalán y que además fue directora de TV3 entre 2008 y 2012. En este sentido, el juego de voces de autoridad que se articula a lo largo de la película es doble: en off pero en ocasiones también hablando frente a cámara, Terribas da fe de la « verdade » contenida en las *Narraciones* de Castellví, que a su vez opera como testigo directo y fehaciente – en tanto la figura del testigo se ha convertido en un bien preciado en la recuperación y vindicación de pasados convulsos (Wieviorka, 1998; Huyssen, 2002) – del sitio al que fue sometida la Barcelona de 1714. Además, para fortalecer el argumentario del film, el relato autorizado de Castellví se complementa con algunos testimonios de población civil (sastres, comadronas, escuderos, abuelos, madres…) extraídos de documentos de archivo y de la literatura de la época.recurriendo a un tono claramente divulgativo, el relato de los distintos acontecimientos históricos que determinaron la suerte de los catalanes del siglo XVIII se ilustra mediante grabados, mapas y pinturas de la época, así como también con recreaciones ficcionalizadas de escenas históricas. Así, los actores Pere Arquillué y Lluís Marco se disfrazan de Antonio de Villarroel –comandante de las tropas catalanas – y de Rafael Casanovas – máxima autoridad militar y política durante el sitio borbónico. Ambos encarnan, pues, a dos personajes emblemáticos en la memoria histórica oficial de Catalunya, en tanto se muestran como ciudadanos comprometidos en la lucha contra el despotismo y en la defensa del autogobierno de las instituciones catalanas. Por

su parte, Àlex Monner y Nao Albet se ponen en la piel de los reyes Felipe V
y Carlos III, de los cuales se intenta hacer un retrato psicológico que ayude a
interpretar la evolución del conflicto: Felipe V es retratado como un monarca
colérico y vengativo, mientras que el talante de Carlos III es, incluso después de
perder Catalunya, mucho más ecuánime y sosegado.El comienzo y el final del
documental refuerzan esta reivindicación pacífica del derecho a la diferencia
de manera muy clara, al mismo tiempo que ponen en evidencia la voluntad de
proyectar las demandas identitarias de la comunidad nacional catalana más allá
de las fronteras peninsulares y de buscar, así, simpatías de carácter internacional. *El cas dels catalans* empieza con una especie de preámbulo, ocupado por el
discurso que Pau Casals, compositor del Himno de las Naciones Unidas, pro-
nunció en Nueva York en 1971 ante la ONU, tras haber sido condecorado con la
Medalla de la Paz. Su intervención se ha convertido en un hito de recuerdo en la
memoria colectiva reciente de Catalunya, en tanto defendió ante la comunidad
internacional, y en un momento en que la dictadura franquista seguía vigente,
la condición de nación de Catalunya y su lucha histórica contra los totalitaris-
mos. Su famoso « I am a catalan » inaugura la película de Durall, que concluye,
cerrando el círculo, con la interpretación que Maria Rodés hace de « El cant
dels ocells », la canción tradicional catalana que el propio Casals popularizó
mundialmente y que se ha convertido en un símbolo de paz y libertad.*El cas
dels catalans* se retrotrae a un pasado lejano para, en última instancia, hacer
una lectura muy concreta del presente, desde el cual reivindica una memoria e
identidad nacional específica: la de un pueblo que, según pronuncia Terribas en
el epílogo del film, « cada 11 de septiembre recuerda el sacrificio de una genera-
ción que perdió la guerra pero que pudo preservar, en el espíritu de los supervi-
vientes, todo aquello por lo que luchó » (min. 1:13:14). Así, en el film se defiende,
con tono épico y tintes románticos, el deber de la memoria de los vencidos, a los
que se presenta como un sujeto colectivo y homogéneo, cuya esencia ha llegado
hasta nuestros días; un sujeto convertido en un « pueblo catalán » que, año tras
año, recuerda esa derrota con el fin de evitar y denunciar futuribles situaciones
de « sumisión y subyugación » a reinos, dictaduras o estados represivos para
con las instituciones, lengua y culturas nacionales.

3. *Bon cop de falç*

Si *El cas dels catalans* se presenta como la historia definitiva del Sitio a la Barcelona de 1714, *Bon cop de falç* lo hace con respecto a la historia del himno – oficial
desde 1993 – de Catalunya: Els Segadors. Dirigido por Eloi Aymerich, el documental parte del libro *Els Segadors. De cançó eròtica a himne nacional* (2011),

escrito por el etnomusicólogo Jaume Ayats. El propio Ayats es el encargado de conducir el documental, el cual se presenta como un viaje didáctico y divulgativo a través de los orígenes, las versiones, las prohibiciones y los usos populares y políticos del himno catalán a lo largo de su historia. Así pues, no es una guerra concreta la que vehicula la trama argumental del film, sino una canción que, en este caso, ha funcionado en muchos periodos de la historia moderna y contemporánea de Catalunya como un elemento socializador, identitario y político muy importante.*Bon cop de falç* se estructura mediante las entrevistas que Ayats realiza a múltiples testimonios, y que sirven para explicar de un modo muy organizado y didáctico cuándo y cómo surgió el himno, por qué se popularizó tan rápidamente y cómo logró pervivir hasta nuestros días, pese a las dos dictaduras (la de Primo de Rivera y la de Franco) que lo prohibieron. Así, Ayats conversa con músicos, musicólogos, compositores, historiadores y activistas políticos, en lugares que por un motivo u otro se vinculan con la historia de la canción: un campo de trigo, el Palau de la Música Catalana, la Casa Museo Jacint Verdaguer o, entre otros, el Parlament de Catalunya. Además de las entrevistas, *Bon cop de falç* incorpora, como en *El cas dels catalans*, a pequeñas ficcionalizaciones que dotan de dramatismo el relato histórico central. En esta ocasión, las escenas de ficción retratan la vida distendida, cordial y alegre de la que goza en el campo un grupo de segadores en la Catalunya del siglo XVII; una armonía que acabará siendo truncada por la aparición de los tercios del ejército de Felipe IV – presentados como sujetos violentos, déspotas y despiadados. Es evidente la sintonía ideológica que se establece entre estas recreaciones y las que se incluían en *El cas dels catalans*, pues, en ambos casos, el dramatismo que permite la ficción sirve para subrayar (y denunciar) las relaciones desiguales de poder que situaban al « pueblo catalán » en una posición de sumisión – aunque también de resistencia– con respecto a las tropas españolas.El documental sitúa el origen de la canción tal y como hoy la conocemos en las postrimerías del siglo XIX, un momento en el que el catalanismo empezó a fraguar – no sin tensiones ni divergencias – los símbolos que le permitirían vehicular ese nuevo sentimiento de nación. De ahí que, si bien la melodía de Els Segadors proviene de una canción erótica del siglo XVII, no es hasta 1892 que el músico Francesc Alió cambia la letra por la de un texto oral inspirado en los hechos de 1640. Como gran parte de los himnos nacionales, Els Segadors se convierte a partir de esa fecha en una herramienta de cohesión social, que potencia su fuerza y simbolismo – como canción de resistencia – en los momentos de mayor amenaza a esa identidad catalana nacionalista (Muñoz, 2012). Así, el documental se detiene en explicar las prohibiciones sobre la lengua – y también sobre el himno – que se dieron durante la dictadura de Primo de Rivera (1923–1930), o la época de censura que también sufrieron estos símbolos (el himno, la bandera, la celebración de la Diada) durante el franquismo. De ahí que el 11 de septiembre de 1976 – la primera Diada celebrada después de la dictadura –, Els Segadors fuera entonada como proclama que complementó la conocida « libertad, amnistía y Estatut de Autonomía ». Así lo reconoce Maite Moreno, una mujer castellanoparlante y militante del PSUC que participó en la manifestación del 76, y que recuerda que en aquella época todas las reuniones del partido terminaban con Els Segadors y La Internacional.Pero *Bon cop de falç* no sólo rastrea la historia social y emotiva del himno, sino que además proclama su vigencia en la contemporaneidad. Y lo hace insertando varias actuaciones musicales de cantautores actuales (como Meritxell Gené, Jordi Fábregas, o Miquel Gil), que lo interpretan en sus distintas versiones y con heterogéneos estilos y puestas en escena. Esta idea queda reforzada en una de las últimas escenas del documental, cuando sentados en una mesa en medio de un campo de maíz, Josep Maria Muñoz (director de la revista *Avenç*), la escritora Laila Karrouch, y el músico Marc Parrot reflexionan sobre la fuerza y calado de la canción en unos tiempos (los del presente de la narración) en los que los tres consideran que « hay que seguir reivindicando una serie de cosas » (min. 50': 09"). Así, el documental termina subrayando la capacidad de cohesión social y de lucha del himno, reforzada por la situación de « anormalidad » de una Catalunya que, tal como se sostiene en el libro de Ayats, quiere volver a ser, desde el año 2010, « rica y plena » (2011 : 209).

4. *L'Estelada de Verdún*

Siguiendo una estrategia similar a la que hallamos en *El cas dels catalans*, *L'Estelada de Verdún* (Felip Solé, 2014) se centra en la historia de los catalanes que voluntariamente se enrolaron en la Legión Extranjera francesa para luchar contra el ejército alemán durante la I Guerra Mundial. El relato de aquella experiencia está focalizado en el trabajo testimonial y documental de quien fuera presidente de Unió Catalanista, el Dr. Solé i Pla. En los años 30 y con el objetivo de reconstruir la historia de estos combatientes y honrar su lucha, Solé i Pla se dedicó a recoger las cartas, fotografías y otros documentos que éstos enviaban a sus seres queridos.A partir de esta historia, el documental hace divulgación de la simbología y popularización de la « Estelada », que, desde 1908, se considera la bandera no oficial que simboliza el independentismo catalán. Si bien sus orígenes ya habían sido explicados en el mediometraje documental *L'Estelada, un símbol provisional* (emitido el 8 de septiembre de 2013 en TV3), el documental de Felip Solé pretende subrayar la voluntad de internacionalización de una lucha (la que perseguía que Catalunya fuese un estado dentro de una federación o confederación española o ibérica) en el marco de una Europa en guerra y de un movimiento catalanista que estaba adquiriendo una formulación no sólo cultural, sino también política. De hecho, el diseño de la bandera nació de la fusión de las cuatro barras tradicionales de la Senyera con el triángulo estrellado inspirado en las banderas de Cuba y de Puerto Rico, países que pocos años antes habían conseguido independizarse de España.Si, en *El cas dels catalans* y en *Bon cop de falç*, las escenas de ficción complementan de modo secundario la trama documental, en este caso la operación que el director lleva a cabo es inversa, pues la historia central del Dr. Solé i Pla – interpretado por Joan Massotkleiner – está recreada mediante actores, vestuario y decorados. Así, la película se acerca más al formato del docudrama, en el cual la relación entre lo que se ha inscrito en el fotograma y lo que ha ocurrido realmente en el mundo social es mucho más oblicua que la que se da en el documental convencional, . (Plantinga, 1997 : 22). Quizás para contrarrestar el peso que cobra la ficción en la narrativa, *L'Estelada de Verdún* también incorpora imágenes de archivo y entrevistas a expertos (historiadores, en su mayoría) que funcionan como prueba de « verdad » y como voces de autoridad del relato.La inclusión de *L'Estelada de Verdún* dentro de la tríada de producciones que conformaron la programación de documentales dedicados a la Diada de 2014, se explica en tanto los catalanes a los que rinde homenaje la película han sido considerados los primeros « independentistas ». De hecho, tal y como reconoce el presentador y director de *Sense Ficció*, el programa en el que se emitió el documental, estos catalanes se sumaron a las filas del ejército francés con la esperanza de que « en caso de que los aliados ganasen la guerra, Catalunya conseguiría reconocimiento internacional » y aumentaría su legitimidad en el concierto de las naciones con respecto a sus aspiraciones secesionistas. De ahí que una de las escenas más significadas de la película sea aquella en la que uno de los soldados, Àngel Martínez, describe desde la trinchera al Dr. Solé i Pla la estrategia que siguieron muchos de ellos de coserse la Estelada debajo de la camisa para sortear las prohibiciones de los oficiales que estaban al mando, reacios a que esta bandera luciera a la vista de todos: « He llevado la bandera catalana encima del corazón. Puedo decir que he estado herido sin abandonar la noble insignia de nuestra querida patria », sentencia Martínez (1h: 10 min.).El objetivo de ser reconocidos como pueblo tras el triunfo de los aliados y en un contexto marcado por la aplicación del Principio de Nacionalidades y la Sociedad de Naciones – con la consecuente constelación de pueblos europeos que conseguían la soberanía – no fructificó. La delegación del Comité Nacional Català que viajó en abril de 1919 a París para que en la conferencia de paz se empezara a avanzar en la independencia de Catalunya no logró ser escuchada. Sin embargo, este fracaso no evitó que la historia de los voluntarios catalanes se haya convertido, en palabras de la historiadora Queralt Solé, en un « mito para el imaginario colectivo catalán » (1h: 22 min.). El monumento Als voluntaris catalans, obra de Josep Clarà, que desde 1936 se erige en el parque de la Ciutadella de Barcelona, o el propio documental que hemos analizado – que les rinde homenaje justo dos días antes de la Diada – son una prueba significativa de ello. En este sentido, también este trabajo debe leerse en clave presente, pues, como *El cas dels catalans* o *Bon cop de fals,* establece un *contitnuum* entre unas reivindicaciones pasadas (en este caso las del movimiento catalanista del primer cuarto de siglo) y el « Procés », un proyecto – éste también – que ha buscado y sigue buscando el reconocimiento político internacional para poder llevarse a cabo.

Conclusión

Tal y como señala Jaume Ayats, « los símbolos no son objeto de una historia pasada, sino que son artefactos activos en el imaginario presente » (2011 : 9). Ejemplos claros de esta evidencia los hallamos en los tres documentales analizados, producciones realizadas dentro de un marco específico – el de la Catalunya de « Procés », y en una cadena de televisión pública que, desde su constitución en 1983, ha forjado y reforzado esa « catalanidad » a la que se refería Pujol. No es casual, pues, que *El cas dels catalans, Bon cop de falç* y *L'Estelada de Verdún,* fueran emitidos en el lapso de los dos días anteriores a la Diada, en pleno proceso independentista. Pese a que cada película toma como punto de partida capítulos distintos de la historia de Catalunya (la Guerra de Sucesión, la Guerra de los Segadores y la Catalunya del siglo XIX y XX, y la I Guerra Mundial), los tres films comparten la misma voluntad de validar una identidad propia y diferencial, que se nos presenta en términos de resistencia, sacrificio y solidaridad.Así el catalanismo, que por ejemplo defiende *Bon cop de falç* mediante el repaso histórico-cultural del himno, es el catalanismo inclusivo, pacífico y siempre comprometido con los valores de la libertad y la democracia; un relato que colisiona con la lectura de una parte significativa de los medios de comunicación españoles, que desde que emergió « Procés », alertan del peligro de exclusión, discriminación y aislamiento que este nacionalismo conlleva. De ahí que, aunque sean documentales históricos, estos trabajos lean el pasado en clave presente, y lo hagan con la voluntad de internacionalizar el conflicto identitario actual, esto es, el de un sector de la población catalana que lucha por la autodeterminación y que quiere separarse de España pero sin abandonar la Unión Europea.La tríada de símbolos – fiesta nacional, bandera e himno – apela a una misma necesidad de buscar referentes de una historia común que validen el reclamo de una parte de la ciudadanía de seguir existiendo como realidad nacional. No es casualidad que la caída de Barcelona del 11 de septiembre de 1714 comience a ser reivindicada – bajo la forma de actos populares y culturales – a finales del siglo XIX, y que, con el surgimiento del catalanismo político, la efeméride adquiera un cariz más reivindicativo. De hecho, tanto la Diada, como els Segadors, como la Estelada, son símbolos que a lo largo de la historia han colisionado – o han entrado en competencia – con la simbología oficial del Estado, el cual en ocasiones los ha prohibido (en las dictaduras) o los ha puesto bajo sospecha (en el contexto presente).como hemos visto, los tres documentales recurren al formato del gran reportaje y al documental expositivo – seguramente la modalidad de no ficción con más capacidad divulgadora – para evidenciar la raíz histórica del actual desacuerdo con el Estado español y, de algún modo, para defender el carácter reivindicativo de un nacionalismo minorizado que, en el año 2014 (y todavía hoy) ha sido acusado por algunos medios de comunicación españoles de supremacista y burgués. Frente a ello, estas películas insisten en el carácter internacionalista y progresista del movimiento autodeterminista catalán, y lo hacen recurriendo al formato « probatorio » por excelencia: el del documental histórico, aquel que se retrotrae a los orígenes porque éstos legitiman, validan y en cierta manera esquematizan la compleja y, a menudo contradictoria, realidad contemporánea.

Bibliografía

Ayats, Jaume. 2011. *Els segadors: de cançó eròtica a himne nacional*. Barcelona: L'Avenç.

Bhabha, Homi K. 1990. « Narrating the Nation », en Homi K. Bhabha (comp.), *Nation and Narration*, Londres: Routledge, p. 1–7.

Billig, Michael. 2006. *Nacionalisme banal*. Catarroja: Afers.

Billig, Michael y Rosamaría Núñez. 1998. « El nacionalismo banal y la reproducción de la identidad nacional », en *Revista Mexicana de Sociología*, Vol. 60, n°1, p. 37–57.

Castelló, Enric. 2004. « Mecanismos de construcción de la identidad cultural en las series de ficción: el caso de la televisión autonómica en España », en *Estudios sobre las Culturas Contemporáneas*, Vol. 10, n° 45, p. 45–77.

Chicharro, María del Mar y José Carlos Rueda. 2008. « Televisión y ficción histórica: amar en tiempos revueltos », en *Comunicación y Sociedad*, vol. 21, n° 2, p. 57–84.

Edensor, Tim. 2002. *National identity, popular culture and everyday life*. Londres: Berg

Hernández, Sira. 2004. « Hacia una definición del documental de divulgación histórica », en *Comunicación y Sociedad*, vol. 17, n° 2, p. 89–123.

Huyssen, Andreas. 2002. *En busca del futuro perdido. Cultura y memoria en tiempos de globalización*, México: Fondo de Cultura Económica.

Langer, John. 1998. *La televisión sensacionalista, el periodismo popular y las « otras noticias »*. Barcelona: Paidós.

Leprêtre, Marc, y Ferran Sáez Mateu. 2014. « Una Europa sense Gaudí, sense Casals, sense Dalí...?: L'europeïtat de Catalunya i la catalanitat d'Europa », en *Idees: Revista de temes contemporanis*, 40, p. 6–75.

McCombs, Maxwell. 2006. *Estableciendo la agenda: El impacto de los medios en la opinión pública y en el conocimiento*. Barcelona: Paidós.

Perales, Cristina; Xambó, Rafael y Enric Xicoy. 2012. « La crisis del modelo de Estado. La sentencia del Estatut de Cataluña y el 10J », en Enric Castelló (ed.). *La mediatización del conflicto político: Discursos y narrativas en el contexto español*. Barcelona: Laertes, p. 61–78.

Peris, Álvar. 2015. « Els Programes televisius de cuina i la identitat nacional. El cas de MasterChef », en *Comunicació: revista de recerca i anàlisi*, vol. 32, n°. 2, p. 29–46.

Pujol, Jordi. 2009. *Memòries. Història d'una convicció. 1930–1980*. Barcelona: Proa.

Quílez, Laia, y José Carlos Rueda. 2017. « Narratives of memory in commemorative Spanish documentaries about the democratic transition: Adolfo Suárez. Mi historia and Bucarest, la memoria perdida », en *Memory Studies*, https://doi.org/10.1177/1750698017703806.

Wieviorka, Annette. 1998. *L'ère du témoin*, París: Plon.

Des documentaires au service d'un discours politique

María Teresa Nogueroles Núñez

(U. de Cádiz y U. Sorbonne Nouvelle-Paris 3)

«*Cada ver es*…Una deconstrucción metafórica desde la Guerra Civil hasta la Transición española»

Abstract: *Cada ver es…* is not just the title of a film. It is a pun that in reality means *cadáveres,* (corpses). As the protagonist of the film offers the audience a view of dismembered bodies, the director has divided up the word. This documentary tells the story of Juan Espada, whose job is to prepare and manipulate corpses for the classes of medical students at the University of Valencia. The protagonist himself, tells us about his life, his job, his dreams through what seems like a real philosophical essay. As well as this, we think that behind all the monologue on life and death there is a deconstruction of recent Spanish history: on the one hand, the Spanish Civil War and on the other, the present, political Transition. So, through this article we intend to analyze how Ángel García del Val, (director of *Cada ver es…*) deconstructs history from the Civil War to the Transition with his protagonist Juan Espada, who was a member of the defeated Republican Army.

Uno de los periodos más cambiantes del cine español fue la Transición (1975–1982): el cine español sufrió el mayor proceso de cambios de toda su historia (Palacios, 2011 : 24). La política fue muy tematizada, tanto por el interés generalizado que existía en el país, como por el uso de los discursos cinematográficos como medio de comunicación informal. Si bien podemos observar una preocupación por la revisión del pasado más reciente, no son tantas las producciones que se proponen hacer una exploración del presente político desde un punto de vista crítico. En un periodo de cambios continuos e incertidumbre, desde el Gobierno y los medios de comunicación principales se intenta transmitir imagen de unidad y consenso. Este artículo presenta el análisis de la película *Cada ver es…* (1981), de Ángel García del Val, producida tras el intento del golpe de estado de Tejero; y nos preguntamos en qué medida este filme (que plantea una reflexión sobre la vida y la muerte) en realidad ofrece una revisión de un pasado reciente y deconstruye la imagen del sistema político presente planteándolo como insuficiente. Por ello proponemos que Ángel García del Val desde una línea disidente y arriesgada, y de forma metafórica, expone un pasado dictatorial y elimina toda visión paradigmática y complaciente del

sistema democrático en que desemboca el proceso de Transición, todo ello a
través de la figura del único personaje del filme: Juan Espada. Para abordar esta
problemática, comenzaremos contextualizando la situación del cine español en
dicho periodo, tras el que analizaremos la breve producción de este realizador
para poder comprender su línea creativa, y concluiremos extrayendo el conte-
nido político crítico de este filme desde una visión tanto del pasado dictatorial
como del presente en el que se produce esta obra fílmica.

1. La propia transición en el ámbito del cine español (1975–1982)

Durante la Transición (1975–1982) se suceden varios cambios en el mundo
audiovisual. Respecto al género cinematográfico se podría decir que existe
una explosión del género documental que comienza con la exhibición de *Canciones para después de una guerra...* (1971), visionada en salas comerciales un
lustro después de su producción, y tras la Transición, cuando el cine documental «parecía que podía alcanzar un cierto asentamiento, se le borró del mapa»
(Cerdán, 2008 : 4). De la misma manera pasará con el cine más independiente
y comprometido, que había operado con gran fuerza en el tardofranquismo y
primeros años de democracia, que decae en los llamados años del desencanto
(1980–1981). Alarmante resultaría la estrepitosa caída de la afluencia de público
a los cines en este periodo de Transición, algo que ya había comenzado desde
finales del franquismo, fundamentalmente provocado por la reducción del
número de cines y de la oferta de películas, aunque también por otros factores,
como la posterior consolidación de otras formas de ocio, como el vídeo.

A pesar de todo lo anterior, no todo fueron malas noticias en esta área. La
evolución en una sociedad va acompañada de la consecución de derechos y
estos se plasman en la legalidad mediante la publicación de leyes. En el caso del
cine, el mayor avance reconocido desde la mayoría de investigaciones científi-
cas en este periodo, fue la publicación del Real Decreto 3071/1977, el cual abolía
la censura en el cine por primera vez en un marco legal desde hacía 65 años en
España. No es lo único que ampara la libertad de expresión en este segundo
periodo que aquí recogemos: en 1978 se publica la Carta Magna que recoge en
su artículo 20 el derecho a la libertad de expresión y esta queda constitucio-
nalmente asegurada. Por lo tanto, aunque la liberalización de ciertas películas,
así como la erotización de los cines se produce antes de noviembre de 1977, la
fecha de publicación de este Real Decreto supone un antes y un después en el
cine, o sobre el papel debería haberlo supuesto. A pesar de todas estas mejo-
ras, hay películas que quedan en los márgenes de la parcela cinematográfica, es

decir, marginadas. En este sentido también debemos tener en cuenta que desde 1982 los tiempos habían cambiado, y se quería ofrecer tanto a nivel nacional como internacional un cine «que contemplara otro tipo de aspectos (como, por ejemplo, la calidad técnica/tecnológica y guiones que fueran mejor asimilados por el público) y que permitiera al cine español competir con la cinematografía dominante» (Gómez, 2012 : 277).

El documental dirigido por Ángel García del Val y del que es coautor Miguel Ángel Beltrán[1], es una de estas películas que quedan invisibilizadas por los agentes políticos y económicos.

2. Marginación y disidencia en la obra del cineasta Ángel García del Val

Ángel García del Val (nacido en Valencia en 1948) ha sido definido como «un hombre pegado a una cámara» (Muñoz, 1999 : 99). Siempre ha estado marcado por un compromiso político y, por supuesto, con el cine. Entre 1970 y 1977 sale a la calle con su cámara para filmar todo lo que ve, iniciándose en el mundo cinematográfico como *amateur* y rodando la mayor parte de sus películas en 16 milímetros. La utilización de este formato, así como la autofinanciación de sus proyectos fílmicos lo hacen no estar en los circuitos convencionales y podríamos categorizarlo como un cineasta independiente. Además de tener alguna publicación como, por ejemplo, en la revista valenciana *Banda aparte. Formas de ver* (García del Val, 1998 : 49–53), también era asiduo de las reuniones de cine independiente que se organizaban en los inicios de los 70 en Valencia y «su vehemencia era tal que los guerrilleros de Cristo Rey, temibles por entonces, le buscaban por el barrio del Carmen» (Muñoz, 1999 : 101).

En este último aspecto, podemos decir que la línea ideológica del director siempre ha estado definida hacia la izquierda y que esto se puede ver reflejado en su producción, en la que siempre ha abordado temas políticos y que nunca ha estado exenta de controversia. En 1975 rueda su primer largometraje, *Resurrección,* película con resabios bíblicos y que hace referencia a la Guerra Civil. Se define en la prensa como «mezcla de película filosófico-religiosa» (Millas, 1976 : 26), y en ella se relaciona la muerte del guionista inicial, Sergio Prieto, con

---

1   En una carta enviada al Ministerio por Ángel García del Val a Pilar Miró, entonces directora de la Dirección General de Cine, el director explica a la realizadora de *El Crimen de Cuenca* como el coautor de esta película, Miguel Ángel Beltrán, cumplía condena por desertor en el Servicio Militar. Material encontrado en Archivo General de la Administración Pública (AGA), caja 42/03494.

la Pasión de Cristo. En esta noticia se recoge que fue estrenada en la Facultad de Derecho en 1976, pero no hace mención alguna a los altercados que allí se sufrieron por parte de unos ultras que intentaron arrancar la pantalla donde se proyectaba.

El periodo predemocrático es plasmado en *Salut de Lluita* (1977), que realizó con la ayuda de otro enfermero, José Porter, y escrita por el entonces capitán de caballería adscrito a la Unión Militar Democrática, José Luis Pitchard (Pérez, 1998 : 394). El filme trata sobre el proceso sociológico de la etapa predemocrática valenciana desde el 12 de julio de 1976, a través de la manifestación organizada por la Taula de Forçes Politiques i Sindicals del Pais Valencià, hasta febrero de 1977, tras el asesinato de los abogados laboralistas de Atocha. García del Val volvía de rodar en un campamento gitano y se tropezó con la Policía golpeando a manifestantes de una protesta, ocasión que aprovechó para ponerse a grabar. Los grises lo detuvieron y García del Val les dijo que era director de cine a lo que el policía contestó: «¿De qué cine?» (Tomás, 2007). Muchas son las interpretaciones alegóricas que podrían hacerse del intercambio dialéctico que recoge esta anécdota, pero lo que es seguro es que puede ilustrar el peligro al que se vieron expuestos los miembros del equipo, tres de los cuales terminaron hospitalizados. Este filme fue estrenado en el Ateneo Mercantil de Valencia y aunque no tuvo distribución en salas, sí que consiguió un cierto impacto[2]. De hecho, respecto a este tipo de material que capturaba con su cámara en este periodo convulso, García del Val comenta: «Filmábamos a los grises cascando y luego enviamos el material a Fotofilms en Madrid y Barcelona, con títulos como Fiestas de Valencia y cosas así; pero los cabrones nos secuestraban el material político y nos devolvían positivado otro muy distinto» (Muñoz, 1999 : 101).

También realizó el documental *Motín,* que nunca se terminaría de rodar ni siquiera vería las pantallas de cine[3]. La película está escrita por Antonio Goitre y García del Val. Comenzó el rodaje en 1977 y trataba sobre las acciones de la COPEL[4], concretamente en la prisión Modelo de Valencia donde los presos se amotinaron en los tejados del centro penitenciario. El filme contiene entrevistas a presos, algunos antiguos y otros todavía encerrados. Precisamente cuando se

---

2   Recibió numerosas críticas tanto de prensa local como revistas especializadas en cultura: *Cartelera Turia, Cal Dir* o *Dos y Dos.*
3   El film fue intervenido por el entonces director general de Instituciones Penitenciarias Carlos García Valdés según lo que dice García del Val en una carta dirigida a Pilar Miró, entonces directora de la Dirección General de Cinematografía. (AGA, caja 42/03494.)
4   Son las siglas de: Coordinadora de Presos En Lucha.

concede la amnistía parcial, García del Val se encontraba dentro de esta prisión y pudo filmar la revuelta, siendo detenido por la Policía cuando esta intentaba detener el motín. En estos momentos en que García del Val filma *Motín*, matan al director general de Prisiones. Se nombra en el acto a un sustituto que será Carlos García Valdés, el cual en un principio le concedió los permisos para rodar en el interior de una cárcel, aunque eso sí, vacía. Será este nuevo director general de Prisiones quien intervenga la película. De hecho, «en 1978 el director fue detenido en la Jefatura Superior de la Policía de Valencia, donde permaneció dos días incomunicado. La policía intervino parte del material y puso fin al rodaje que no llegaría a ver la luz» (García 2018).

La última obra de su filmografía sería *El sueño de Cristo* (1997), retomando la temática de su primer largometraje, *Resurrección*, presentando a Cristo como líder carismático oponiéndose al dominio de Roma sobre Judea. Tampoco consiguió que se distribuyese en salas comerciales, pero sí tuvo una buena acogida por parte de la crítica valenciana e incluso participó en la XVIII Mostra de València de Cinema Mediterrani.

Podemos ver como en su producción siempre se va «introduciendo una constante histórica y sociopolítica» (García, 2018). En todas estas producciones anteriormente comentadas, estos aspectos se tratan de manera transversal, y en el caso de *Cada ver es…*, esto se percibe en un plano más profundo pero palpable. La producción de este director valenciano es reflejo de un periodo concreto de la historia de España: la Transición. Momento en el que se desata una ristra de problemas: «La heroína, los psiquiátricos, las cárceles, los presos, los fascistas, la violencia policial» (Muñoz, 1999 : 99). Es inevitable que la cámara del director capture todo esto y, por lo tanto, gran parte de la obra de García del Val sea como un espejo del tránsito que vivió España a la democracia.

3. Una lectura metafórica del filme *Cada ver es…* (1981): franquismo y Transición

Cada ver es…, título de una película que bien podría sugerir un juego de palabras, y en realidad lo hace, ya que no es más que el desbrozado de un único término: cadáveres. Al igual que el protagonista del film ofrece una visión a los espectadores de cuerpos desmembrados, el director nos segrega el vocablo en tres a través de una deconstrucción que no es solo patente en el título, sino en el relato. El título no es lo único singular de esta obra, también su radicalidad expresiva y vanguardista sumada a una temática poco convencional, que quizás, forman un cóctel explosivo que ha llevado a esta película a una gran invisibilidad durante años, así como a su director.

Este documental de estética *underground* (con este adjetivo nos referimos a que está fuera de los cánones oficiales de las películas comerciales, hecha con escasos recursos y con total libertad formal y temática), rodado en el sótano de la Facultad de Medicina de Valencia en 1981, nos ofrece un auténtico descenso al inframundo. Su protagonista es la persona encargada de la conservación de los cadáveres para los estudiantes. Juan Espada nos habla desde la morgue exponiendo ante la cámara no solo sus compañeros de diario, cuerpos sin vida, sino sus recuerdos, confesiones, miedos y sueños. Ante este film cargado de un sentido antropológico y filosófico en el que la línea entre ficción y documental es tan fina como la vida y la muerte, nos preguntamos: ¿cómo podría realizar *Cada ver es...* una evaluación del pasado desde un punto de vista histórico y político? Y no solo eso, sino ¿en qué medida podemos decir que *Cada ver es...* realiza una revisión del hecho político presente, la Transición política española?

Este documental rodado en 16 milímetros «se inició con el propósito de hacer un cortometraje, pero después de las dos primeras jornadas, el proyecto se transformó en un film de larga duración» (Cerdán, 2001 : 277), que nos habla en boca del propio protagonista, Juan Espada, de su quehacer diario: tratar con cadáveres. Juan Espada, de hospicio desde la infancia, es ayudante del forense de la Facultad de Medicina en Valencia. Este personaje que se presenta con 24 dioptrías de miopía y sin olfato (quizás esto ayuda a que sea un amante de su trabajo), es el encargado de limpiar, conservar, manipular y diseccionar los cuerpos sin vida para las clases de anatomía de unos estudiantes que se burlan de él. A lo largo del film, el protagonista hablará de una manera que en ocasiones puede parecer trivial, pero que en realidad se encuentra cargada de una gran profundidad: sus experiencias vitales desde la infancia, sus plantea- mientos en torno a la soledad, a la vida y a la muerte, así como sus sueños, nos acompañan junto con los cadáveres que el protagonista manipula a lo largo de los 75 minutos. A pesar de rodarse tanto en exterior como en interior, la mayor parte del tiempo transcurre en una sala de baldosas blancas de mármol y altos ventanales que parece sumida en un estado de congelación, al igual que para los muertos sumergidos en formol.

En la primera secuencia del film que funciona como una suerte de prólogo, se nos muestra un cuadro bastante tétrico: los enfermos del hospital psiquiátrico de Bétera observan fijamente a la cámara desde diferentes planos (primer plano, plano americano, plano general...), obligando al espectador a enfrentarse cara a cara con seres que parecen unos *zombies* (unos muertos en vida) y que, en realidad, producen una mayor sensación de desasosiego que los cadáveres que se ven a lo largo de la película. Es cuando menos perturbador, y dicha sensación se acentúa con un asfixiante cuadro sonoro. Tras esta escena, el protagonista de la película realiza su aseo matutino mientras su *voice over* nos pone sobre aviso de la singularidad del personaje. En el siguiente plano, el único actor de esta producción aparece corriendo por la calle en una escena que no nos deja claro si huye del mundo de los vivos o de los pacientes del manicomio de Bétera, pero lo que sí es seguro es que llega a su refugio: el sótano de la Facultad de Medicina. Aquí le espera su única compañía diaria, los cadáveres y es el lugar donde comienza a hablar a la cámara de la vida y la muerte.

Aunque bien podría tratarse de una película de terror (debido a la temática), nada tiene que ver con este género, de hecho, la película no está exenta de humor, ya que podemos encontrar algo de tragicómico en el personaje de Juan Espada. Como si de un *collage* se tratase, García del Val construye una obra reflexiva que transciende del mero documental con la utilización de diferentes recursos.

El director consigue alejarse del género documental difuminando la línea con lo ficcional, y esto lo hace a través de un montaje en el que utiliza diferentes elementos: la música[5] que acompaña las secuencias da una especial fuerza al film, sobre todo cuando la cámara se detiene a enfocar diferentes utensilios y objetos de la sala; sonido e imagen parecen presagiar algo que provoca que el espectador agudice sus sentidos; la utilización en el propio filme de «todo el *atrezzo* instrumental de la puesta en escena (trípodes, cámaras, magnetófonos…) invade el espacio laboral de Espada (la sala de disección)» (Company, 1983 : 35), y nos hace situarnos en nuestro papel de espectadores además de recordarnos que lo que estamos viendo es algo creado, guionizado y dirigido; esto se ve también reforzado por la inclusión de una escena de otra película *The birds* (1963) de Alfred Hitchcock, en la que la protagonista asustada ve cómo los pájaros invaden un parque infantil. El aspecto melodramático que da la música a la película se nota, por ejemplo, cuando suena en la escena en la que aparece un feto; entonces, García del Val ha recurrido al tema compuesto por Bernard Herrmann, *Escena de Amor*, para la película *Vértigo* (1958), de Hitchcock. Interpretamos que su función es darle una mayor carga (si cabe) de dramatismo a la escena, pero no tratando de entristecerla, sino de que esta muestre el amor que pone Juan Espada al hacer su trabajo, en este caso, con algo tan delicado como un feto.

Los primeros acercamientos a los cadáveres «después de introducirse la cámara en el habitáculo de la muerte, son flashes, fogonazos perentorios, lo

---

5   Los temas musicales son: Maurice Ravel, Gustav Holst, Bernard Hermmann y Krzysztof Penderecki. Encontrado en los créditos finales de la película.

bastante cortos como para no permitir al ojo habitar todavía una noción clara en torno a aquello que se le presenta» (J. Rodríguez, 1998 : 42). Poco a poco hay un acercamiento a la imagen, al personaje y, por ende, al discurso de Juan Espada.

Varios elementos nos hacen pensar que «la elevación del discurso de Espada de lo personal a lo metafísico» (Gandía y Pedraza, 1998 : 47) sobrepasa la reflexión filosófica y vital (o mortal en el sentido perecedero de la vida, depende de cómo se mire), y pensamos que García del Val nuevamente apela a lo social, histórico y político, como en todos los trabajos que ha realizado a lo largo de su trayectoria profesional.

El propio protagonista es un antiguo soldado del Ejército republicano. Este comenta casi al principio de la película cómo formó parte del mismo siendo miembro de la famosa «Quinta del Biberón»[6], donde tuvo su primer cara a cara con la muerte. García del Val nos presenta a este personaje completamente aislado y marginado de la sociedad en una época de supuesta reconciliación e integración, la Transición, donde todos los agentes de ambos bandos de la guerra fratricida podrían encontrar su lugar a través del consenso. Juan Espada no encuentra su sitio, igual que un sector de la izquierda quedó completamente desencantado, tras un cambio político que consideraba insuficiente.

Por otra parte, «los cadáveres de García del Val tienen en escena una presencia diferente, pero no son muertos corrientes, sino muertos dentro de una película, es decir, también personajes» (Gandía y Pedraza, 1998 : 48). Bajo nuestro punto de vista, en un momento del filme, estos muertos adquieren nombres y apellidos y también una ideología; concretamente en la escena en que Juan Espada, en un primer plano, nos habla sobre un extraño suceso que le ocurrió con un cadáver. El protagonista explica como cuando volvió a casa (entendemos que de la guerra), se colocó en la Facultad de Medicina, entonces hospital militar, concretamente en el área de infecciosos, sobre el que recalca «nadie quería». Explica que un guardia civil murió a las tres de la mañana y tuvo que vestir y bajar a peso el cadáver por un ascensor que era muy pequeño hasta el depósito, que estaba en el sótano. Comenta que, cuando salió del ascensor, al apretar su pecho contra el suyo (puesto que lo llevaba en brazos), el cadáver expulsó el aire que tenía y produjo un sonido como si respirase. Lo dejó sobre

---

6 También conocida como «Leva del Biberón», fue el nombre que se les dio a las levas republicanas de 1938 y 1939 y que, aunque tenían que cubrir tareas principalmente de auxiliares, el 25 de julio de 1938 participaron en la ofensiva republicana de la batalla del Ebro, siendo la gran mayoría de ellos menores de edad e hijos de proletarios.

la camilla, pero al subir se dio cuenta de que no le había puesto la identificación y no bajó por miedo. En este momento el protagonista hace hincapié en este sentimiento de temor, ya que dice: «No sé por qué, porque no me ha dado miedo ningún muerto desde muy pequeño». Por ello, esperó hasta la mañana del día siguiente para descender y ponerle la etiqueta con la identidad. Tras terminar de explicar esto último, vuelve a hacer hincapié en lo mismo: «Es el único cadáver que me ha dado miedo». Para rematar el relato y como convenciéndose a sí mismo y a los espectadores recalca: «Esto hay que superarlo, porque el muerto no hace nada».

De esta escena extraemos varias interpretaciones. En primer lugar, que coloquen al personaje «a la vuelta a casa» en una sala en la que nadie quiere estar, no hace más que acentuar el carácter marginal al que estuvieron sometidos los perdedores de la Guerra Civil, representados de manera individual en la figura de Juan Espada. Por otra parte, el hecho de que el único muerto que le haya dado miedo en su vida sea, curiosamente, un guardia civil. Esta es una afirmación que no consideramos casual. Durante el franquismo, las fuerzas y cuerpos de seguridad del Estado inspiraban temor, especialmente a una parte de la sociedad que disentía de la línea oficial del Régimen y que sufrió una represión muy dura, sobre todo en sus primeros años. Del mismo modo, en el momento en que fue rodado el filme, periodo de Transición, a la Policía se le acusaba de torturas e igualmente lo podemos relacionar con el estamento militar. Finalmente, creemos que la frase con la que cierra Espada la escena, «esto hay que superarlo, porque el muerto no hace nada», remite a la figura de una persona: Francisco Franco. No debemos olvidar que la película fue rodada y producida en 1981, aún periodo de Transición, y como el 23 de febrero de este mismo año hubo un golpe de estado que finalmente no desembocó, como décadas atrás, en una dictadura. Creemos que García del Val intenta, a través de esta escena, presentar las incertidumbres y los miedos de los ciudadanos españoles a una regresión política en un periodo de cambio. De esta manera, el miedo de Juan Espada al cadáver del policía serviría como metáfora de esto.

Plano de la película cuando menos impactante es la fosa en la que se encuentran estos cadáveres: la cámara nos ofrece los cuerpos blancos y desnudos que se encuentran apilados y sumergidos en la angostura de la oscura concavidad. Esta escena nos evoca, sin poder evitarlo, a las fosas comunes en que miles de víctimas de la Guerra Civil yacían (y yacen todavía) en territorio español. Los cadáveres de la película aparecen completamente deformados, a los que después se les mutila, y terminan por convertirse en unos amasijos prácticamente irreconocibles, algo que nos parece una alegoría de todas esas víctimas de la guerra que yacen bajo tierra y seguían (siguen) aún sin identificar: sin ser reconocidas. Una apelación a la desmemoria española.

Resulta paradójico que una película que trata sobre un colectivo marginado de la sociedad española (a través del personaje de Juan Espada) sea apartada de las pantallas desde su producción. *Cada ver es...* fue financiada por el propio García del Val a través de su productora Cinemágico, pero finalmente necesitó ayuda de una empresa más grande para llevar a cabo todos los trámites administrativos, en este caso Oasis Films. Y es que en diciembre de 1981, al ser presentada ante la Dirección General de Cinematografía, fue clasificada «S»; y en febrero del año siguiente, cuando estaba preparada para su distribución, el Ministerio comunicó que no podía acogerse a los derechos de protección porque había sido rodada en 16 milímetros (aunque esto no se recogiese en la legislación). Esto fue el inicio del ostracismo que sufrió este documental.

Algunas reflexiones finales

Para concluir queremos hacer hincapié en que, más allá de la inmensa reflexión narrativa que nos ofrece el director acerca de la soledad, la locura y la muerte; el carácter histórico, político y social que subyace en esta película realiza una construcción metafórica de una parte de la historia de España de los más olvidados. Pero no solo del pasado, sino también del propio presente en el que se desarrolla. No es casualidad que su protagonista pertenezca al bando de los perdedores en la Guerra Civil, los republicanos, y que en el periodo en el que se desarrolla la película, año 1981, sea la Transición. García del Val confesó en una entrevista su predilección por los «héroes de origen humilde que son triturados por el poder y cuya única victoria es la supervivencia como mito» (Sonia, 2018).

Creemos que a través del montaje y de la retórica del protagonista, García del Val parangona a modo de alegoría (en dos tiempos distintos) la marginalidad de este personaje con un colectivo de la sociedad española. Por un lado, en el pasado, Juan Espada fue un niño huérfano que formaba parte de una tropa que luchó en la Guerra Civil y en la que la mayoría eran infantes, reivindicándose aquí como las víctimas del conflicto fratricida; fueron las personas más desprotegidas y vulnerables (¿quién iba a preguntar por un niño huérfano, vivo o muerto?), utilizados con fines políticos durante la guerra y que, tras la derrota republicana, quedaron sometidos a una marginación social y sumisión al Régimen. Por otro lado, situado en el presente, creemos que a través del protagonista se muestra todo aquel sector de la izquierda que quedó en los márgenes de una sociedad que se estaba construyendo y en la que no llega a integrarse, señalando una Transición que no fue tan paradigmática como se mostraba a través de los medios de comunicación.

En efecto, creemos que el protagonista Juan Espada simboliza en su persona la representación de la izquierda en la Transición, aunque a lo largo del filme, este personaje no da una opinión sobre la política de este momento. Si interrogamos esta ausencia de preocupación por el hecho político actual ¿de qué es símbolo? Como hemos comentado anteriormente la película se produce en 1981, después del golpe de estado de Tejero del 23-F, ¿qué sucedió tras el mismo? Silencio. Tanto la derecha extremista que apostaba por una regresión como la izquierda más rupturista con la Transición que se estaba llevando a cabo, dejaron a un lado sus reclamaciones. El golpe de estado triunfó en un sentido: en el asentamiento de la monarquía parlamentaria que se había gestado en el seno de la naciente democracia. Por lo tanto, esta invisibilidad de opinión en el protagonista del filme, no es más que el silencio que se produjo en la izquierda tras el golpe del 23-F[7], temerosa de una retrocesión en la Transición que pudiese conducir de nuevo a una temida dictadura.

Queríamos terminar reivindicando el interés que supone este documental, que sin ser un film de masas está teniendo su reconocimiento en los últimos tiempos: en noviembre de 2017 se realizó una proyección en el Cine Doré (en Madrid); y el 23 de octubre de 2018, en Valencia, en *Cinema i utopia* se recogía entre sus proyecciones la película *Cada ver es...*

Bibliografía

Bernaldo, Cristina, 2020. «Regards documentaires sur la folie dans le cinéma espagnol, du Franquisme à la Transition démocratique», en *Cahiers de civilisation espagnole contemporaine*, nº 23. http://journals.openedition.org/ccec/9019; DOI:https://doi.org/10.4000/ccec.9019 [fecha de consulta: 29.10.2020]

Cerdán, Josetxo. 2001. «Después de la muerte, nada: sobre *Cada ver es*», en: Josep María Catalá, Josetxo Cerdán y Casimiro Torreiro (eds.), *Imagen, memoria y fascinación: notas sobre el documental en España*, Madrid: Ocho y Medio y Festival de Cine Español de Málaga, p. 277-282.

Cerdán, Josetxo. 2008. «Muerte y resurrección. El documental en la España del tardocapitalismo», en *Revista Pausa* nº 6, p. 4-19.

---

7   Los hermanos Bartolomé comentaban como quisieron hacer una triología con *Después de...*, con un último título que se llamaría *¡Todos al suelo!*, y que mostraría las actitudes tomadas tras el golpe de Estado tanto por el lado de la izquierda como la derecha. Hacen hincapié como testigos de este momento histórico en el hecho de que, tras el 23 F, todas las banderas republicanas que había en las calles desaparecieron: el golpe había «triunfado». Entrevista realizada a Cecilia Bartolomé, 7 de agosto de 2018, Madrid; y a José Bartolomé,31 de julio de 2018, Madrid.

Company, Juan. 1983. «El espejo de la muerte», en *Contracampo* nº 33, p. 35–38.

Entrevista realizada a Cecilia Bartolomé, 7 de agosto de 2018, Madrid; y a José Bartolomé, 31 de julio de 2018, Madrid.

García del Val, Ángel. 11 de abril de 1983. «Carta de Ángel García del Val a Pilar Miró», Valencia: Material encontrado en el Archivo General de la Administración Pública, (AGA), caja 42/03494.

García del Val, Ángel. 1998. «Fantasmas de cine», en *Banda aparte. Formas de ver* n º 12, p. 49–53.

García López, Sonia. 2018. «García del Val, Ángel», en: Jorge Nieto Ferrando y Agustín Rubio Alcover (eds.), *Diccionario del Audiovisual Valenciano*, Valencia: IVAC. http://diccionarioaudiovisualvalenciano.com/wp-content/uploads/2018/07/angel-garcia-del-val.pdf [fecha de consulta: 15.10.2018]

Gómez Vaquero, Laura. 2012. *Las voces del cambio, la palabra en el documental durante la Transición en España*, Madrid: Alianza.

López Gandía, Juan y Pedraza, Pilar. 1998. «A propósito de *Cada ver es*», en *Revista Banda aparte* nº12, p. 46–48.

Millas, Jaime. 26 de diciembre de 1976. «Valencia: película sobre la manifestación pro amnistía del mes de julio», en *El País*, p. 26.

Muñoz, Antonio. 1999. *El baile de los malditos. Cine independiente valenciano, 1967–1975*, Valencia: Filmoteca de la Generalitat Valenciana.

Muñoz, Manuel. 8 de abril de 1983. «García del Val recoge firmas para que se autorice la exhibición de su película», en *El País*. https://elpais.com/diario/1983/04/08/cultura/418600813_850215.html [fecha de consulta: 16.10.2018]

Palacio, Manuel. 2011. «Marcos interpretativos, Transición democrática y cine. Un prólogo y tres consideraciones» en M. Palacio (coord.), *El cine y la Transición política en España (1975–1982)*, Madrid: Biblioteca Nueva, págs. 19–30.

Pérez Perucha, Julio. 1998. «García del Val, Ángel», en: José Luis Borau (coord.), *Diccionario de cine español*, Madrid: Alianza, p. 394.

Rodríguez, Hilario J., 1998. «Vivir la muerte (*Cada ver es*, Ángel García del Val, 1983)», en *Revista Banda aparte* nº12, p. 42–45.

Tomás, María. 18 de febrero de 2007. «Tirant especial para Luis García del Val por 30 años de cine independiente valenciano», en *El Mercantil Valenciano*. https://www.levante-emv.com/club-diario/3441/tirant-especial-luis-garcia-val-30-anos-cine-independiente-valenciano/273925.html [fecha de consulta: 25.04.2019]

Esther Sánchez-Pardo

(Universidad Complutense, Madrid)

De *Madrid* a *Libre te quiero*: los documentales de Martín Patino y el mito de la Acción Colectiva

Abstract: Throughout his long trajectory, the cinema of Martín Patino has always interrogated the boundaries between fact and fiction. This paper is an attempt at approaching the representation of memories of the Spanish civil war in Martín Patino's *Madrid* (1987) and also the political context of the search for « democratizing democracy » in a social landscape that has become progressively 'depoliticized' in *Libre te quiero* (2012). Through a discussion of the documentary character –in different degrees– of these two films, I will focus on the impact of traumatic memories at an individual and collective level, and also on the desire for change that the exploration of new collective arrangements brings to the fore, both at a local level and at a larger transnational level. Martín Patino, in his work, introduces key elements worthy of further reflection such as the importance of witnessing (something akin to 'testimonio'), the centrality of creating pieces with a collective protagonist and also his drive to raise awareness of inequalities and injustice. I will try to make them apparent in a discussion of both *Madrid* and *Libre te quiero* in the light of insights coming from recent documentary theory.

Basilio Martín Patino (1930–2017) es un director de cine que no necesita presentación. Su amplísima trayectoria le avala como uno de los directores imprescindibles en el cine español que mejor ha retratado el paso del franquismo a la democracia. A lo largo de su extensa trayectoria, el cine de Martín Patino siempre ha cuestionado los límites entre realidad y ficción. Este trabajo aborda la representación documental de la memoria de la guerra civil española desde la Transición en la película *Madrid* (1987), así como de la coyuntura política de la búsqueda de una respuesta al periodo de crisis económica que comienza en torno a 2007 sobre un paisaje social aparentemente « despolitizado » y que cobra nuevo vigor en la protesta del movimiento de los Indignados en el documental *Libre te quiero* (2012). A través de una discusión sobre el carácter documental –en diferentes grados– de estas dos películas, me centraré en el deseo de cambio que la exploración de nuevas alternativas en el terreno de lo colectivo pone en primer plano, tanto a nivel local como a nivel transnacional.

La idea del texto como ente construido, un tema central de la semiología, a partir de los escritos de Roland Barthes, Christian Metz y Michel Foucault, entre otros, plantea la pregunta de si todas las verdades y representaciones son « constructos », y de cómo se traza la línea divisoria entre ficción y no ficción, entre narrativa y documental. De hecho, la literatura semiótica reciente parece sugerir que todas las formas discursivas son, si no ficticias, al menos sí tienen un grado de ficcionalidad importante (Renov, 1993). Fue principalmente en la década de 1990 cuando podemos rastrear una indeterminación y oscilación en una definición en proceso del documental. Como observó el teórico de estudios fílmicos Bill Nicholls, « documentary as a concept or practice occupies no fixed territory » (1991 : 12). Más tarde, el sociólogo David Wellman (1996) abordó varios temas importantes, como la idea de « mediación », es decir que el documentalista está, de alguna manera, alterando la « vida real » al representarla. En segundo lugar, reconoció que estas representaciones son construcciones, con teorías y políticas directas o subyacentes (subtextuales). Y, por último, aludió al hecho de que la documentación social es un proceso que incluye a la audiencia como parte fundamental de toda esa dinámica comunicativa.

En mi opinión, Martín Patino, en su trabajo, introduce elementos clave que merecen una mayor reflexión, como la importancia de lo testimonial (en este sentido, algo parecido a la literatura que conocemos como « testimonio »), la centralidad de crear piezas con un protagonista colectivo y también su impulso para crear conciencia sobre las desigualdades y la injusticia. Trataré de hacerlos patentes en una discusión sobre *Madrid* y *Libre te quiero* con las ideas provenientes de la teoría documental reciente.

1. El documental a debate

En la actualidad, el estudio de la « cultura nacional española », entendida como el estudio de la « alta cultura » o de la Literatura y Arte más establecidos se ha desplazado con los Estudios Hispánicos y en el seno de los Estudios Culturales hacia una mayor valoración de la cultura popular y de masas. El terreno literario se ha ampliado progresivamente para incluir escritoras, minorías étnicas, escritores inmigrantes y, en definitiva, una mayor diversidad a la hora de determinar qué se incluye o que queda fuera del paradigma de la cultura española de hoy. En el estudio de las culturas en España se crean espacios para lo que Helen Graham y Jo Labanyi llaman « fantasmas » o el « retorno de lo reprimido de la historia » (1995 : 6). Estas son las huellas de « grupos subalternos », cuyas historias, las de los perdedores, están excluidas de los discursos nacionales de historia y cultura. Graham y Labanyi argumentan que, desde la década de 1970, estos espectros regresan « through reference to a variety of pop or popular culture forms: film, thriller, old family photos or places of origin », así como a través de la mirada de artistas independientes, asociaciones (ej. la Asociación para la Recuperación de la Memoria Histórica), organizaciones de base y colectivos vecinales. En todo este entramado de relaciones y productos culturales, el cine y los Estudios Fílmicos, destacan como terreno y como laboratorio de estudio de lo social de primer orden.

En todo este territorio, voy a partir de la idea de que la documentación social es un proceso interactivo. No solo existe una relación dinámica entre los documentalistas y sus sujetos; sino que también hay todo un terreno de intercambio entre los documentalistas y aquellos que contemplan sus obras. Está claro que el documental se sirve de muchos de los métodos y estrategias del cine de ficción –desarrollo de personajes, argumento y cronología, técnicas de edición, iluminación, tomas de cámara, banda sonora, etc. Pero esto precisamente no quiere decir que todos los documentales tengan elementos ficcionales. Jean-Louis Comolli señala:

> [An] automatic consequence of all manipulations which would mold the film-document, is a co-efficient of « non-reality »; a kind of fictional aura attaches to the filmed events and facts. From the moment they become film and are placed in a cinematic perspective, all film-documents and every recording of a raw event take on a filmic reality which either adds to or subtracts from their particular initial reality [...], unrealizing or sur-realizing, but in both cases slightly falsifying and drawing it to the side of fiction (en Williams, 1990 : 226–27)

Paralelamente, el teórico del postmodernismo, Jean Baudrillard, en *The Evil Demon of Images*, lleva el argumento semiótico a su conclusión lógica:

> The secret of the image [...] must not be sought in its differentiation from reality, and hence in its representative value (aesthetic, critical or dialectical), but on the contrary in its « telescoping » into reality, its short-circuit with reality, and, finally, in the implosion of image and reality. For us there is an increasingly definitive lack of differentiation between image and reality (cit. en Nichols, 1991 : 6).

Tal perspectiva nos aboca a un callejón sin salida teórico. Si no podemos trazar la línea demarcatoria entre ficción y documental (o entre imagen y realidad), ¿cómo entonces podemos proceder a dar una definición del género documental, y menos aún teorizarlo? Así como debemos confrontar la idea de « verdad construida » en cualquier teoría en torno a la « documentación de lo social », hemos de advertir que no es solamente la « construcción » de la verdad lo que distingue al documental, sino la « interpretación » de tal construcción por parte de los espectadores. Es decir que la documentación social es un proceso interactivo.

La definición que Geoffrey Dunn elabora del documental es también muy interesante: « an artistic construction drawn from the reality of the human condition, and which is recognized by its audience to be so (2004 : 23). Esta definición « interactiva » reconoce la naturaleza « elaborada o construida » de este tipo de « textos », al tiempo que distingue entre constructos reales y de ficción. Es decir que reconoce el « mundo real» y las vidas « reales » de las gentes que lo habitan.

Sobre la relación entre el documentalista y su público, Bill Nichols ha señalado: « [Documentaries] convey truths if we decide they do. We must assess their claims and assertions, their perspectives and arguments in relation to the world as we know it and decide whether they are worthy of our belief » (2001 : 2). Es decir que, sólo al evaluar la dinámica de la construcción del documental, podemos realmente captar las motivaciones de la obra en cuestión, su credibilidad y autenticidad y, en última instancia, su impacto a la hora de hacer una crónica de las vidas que conforman el núcleo de su interés. Es precisamente Nichols, en *Representing Reality* (1991), el teórico que ha elaborado una tipología de « modos de representación » en el género del documental. Distingue cuatro modos en tanto que « organizational patterns around which most [documentary] texts are structured: expository, observational, interactive and reflexive » (1991 : 32).

Nicholls define estos cuatro modos señalando que « el documental expositivo parte, en sus orígenes, de una insatisfacción con las características de entretenimiento » del cine de ficción; el de observación, parte de contar con unos equipos de grabación síncrona que disponen progresivamente de mayor movilidad al tiempo que de una insatisfacción con la cualidad « moralizante » del documental expositivo; el interactivo parte de la existencia de esos equipos y de un claro deseo de hacer aún más evidente la perspectiva del director; finalmente, el documental reflexivo parte de un deseo de hacer más aparentes las convenciones de la representación y de cuestionar la impresión de realidad que los otros tres modos, por lo general, transmiten sin mayor problema[1] (Nichols, 1991 : 32–33). Nichols ha señalado que, en la evolución de estos modos de representación, la interacción entre todos ellos ha girado en torno a la cuestión de la « VOZ »:

> By voice I mean something narrower than style; that which conveys to us a sense of a text's social point of view, of how it is speaking to us and how it is organizing the materials it is presenting to us. In this sense, voice is not restricted to any one code or

---

1 Dziga Vertov en el cine soviético, con sus famosos experimentos de montaje, sería un ejemplo pionero de este tipo de documental.

feature, such as dialogue or spoken commentary. Voice is perhaps akin to that intangible, more-like pattern formed by the unique interaction of all a film's codes, and it applies to all modes of documentary (1983 : 50).

La inclusión de perspectivas en oposición al texto en documentales recientes resulta en un fortalecimiento de la « voz » –es decir, de los argumentos de los directores– y en que la cinta gane « textura » y no se presente como un discurso unidimensional, al tiempo que ofrece un tipo de cine más comprometido con la realidad del presente.

2. *Madrid* (1987) y *Libre te quiero* (2012): ficción y no ficción documental

Casi desde los comienzos de su carrera, Basilio Martín Patino se enamoró de Madrid, ciudad que protagoniza gran parte de su filmografía. Madrid está en el fondo de varias de sus películas y documentales. En su ensayo « Filmar Madrid » señala:

> Madrid tiene la ventaja de haber sido desde siempre atracción de forasteros complacidos, llegados de todos los rincones de la península o del planeta, para enraizarse en un magma que les permite liberarse de nacionalismos reductores, de ataduras, o de no sé qué neurosis con lo de las « señas de identidad ». Vivir en Madrid, como decía el alcalde Tierno Galván, es ya sencillamente ser de Madrid. Y esta es la esencia consabida de su conglomerado, plural por excelencia, tolerante, bien avenido con todos, sereno, irónico, pacífico; síntesis multiforme de huellas y culturas sucesivas que han ido dejando su rastro durante siglos. Más « rompeolas de todas las Españas » y puzle acogedor que se relaja en lo de « los Madriles », que fortaleza contra nada (Patino n.d. « Filmar Madrid »).

Y respecto al género del « cine documental », muestra su escepticismo acerca de su utilidad para retratar Madrid:

> Aborrezco en general al llamado cine documental por su tendencia a convertirse en una manifestación de autoridad; lo contrario a la dialéctica del diálogo cómplice con el espectador, abierto y crítico. Hacer cine, como escribir poemas o pintar, pienso yo que es un juego diferente, y requiere otro estado de conciencia, otra propuesta estética a la que el autor se entrega sin prejuicios, contando con la colaboración del público. Tiene que haber otra complicidad (Patino n.d. « Filmar Madrid »).

En su película *Madrid* (1987), se dedica a indagar durante dos horas sobre la memoria de la ciudad y sus gentes. Siguiendo la peripecia de Hans, un realizador alemán, que se encuentra en Madrid para hacer un programa de televisión sobre la capital y la guerra civil, al cumplirse el cincuentenario de ésta, le acompañamos en su recorrido grabando imágenes de la ciudad actual, a la búsqueda del descubrimiento de espacios y gentes relacionados con el pasado, pasado que rememora al revisar y montar materiales de archivo sobre la época. Asistimos a las dudas de Hans acerca de la posibilidad de fijar la memoria histórica en su alcance real basándose en las imágenes del pasado. Siente las limitaciones de esos documentos en los que, como diría Brecht, la realidad permanece en el borde del marco, para, finalmente, convencerse de que la esencia de la realidad es otra cosa, un entramado de relaciones complejas que, como un hilo delgado une e identifica el pasado con el presente. Existe en *Madrid* una obsesión por el tiempo y sus huellas, y por la necesidad de ese hilo conductor entre el pasado y el presente para poder comprender la realidad.

Según Alberto N. García Martínez (2008), *Madrid* es un ejercicio metafílmico, en la base de la aporía representacional que exhibe la película, una metaficción en tres niveles: el Hans documentalista trabajando sobre archivos de la guerra, el relato del documental a medio hacer, formado por entrevistas, grabaciones del Madrid del 86 e imágenes de archivo de la Guerra, y la organización de las imágenes de archivo para conformar el relato. En su análisis, *Madrid* se puede considerar una ficción ensayística, un camino a ninguna parte que expone las dudas y reflexiones del autor (Martín Patino) a través de su *alter ego* (Hans), donde no hay conclusión y sólo tiene valor el camino recorrido y no el final. La memoria, fragmentada, se presenta como palimpsesto y, ante la imposibilidad de generar un relato unitario, es precisamente el montaje del documental lo que da sentido al relato, un relato ficcional. Central en *Madrid* es el problema de la representación, sus límites y problemas. En ese punto conecta con Barthes y Sontag –la fotografía como *memento mori*. Esas dudas sobre papel de la representación llevan al autor a investigar el acto mismo de la representación: « Fotografiar lo fotografiado » o « representar la representación », de lo que concluye tanto la inutilidad de ese ejercicio como medio para descubrir la realidad como la influencia que ello tiene en la propia realidad de quien observa. Para García Martínez (2008), son precisamente las dudas en torno a la fotografía como reflejo de la realidad las que hacen que el autor (Hans / Patino) se plantee el « feliz escape a la ficción », olvidando el vano intento de narrar la realidad pasada para hacer una película de ficción en la que esa realidad se cuente a través de historias convencionales, como documento, pero también como parte activa de la trama de la ficción. Por último, *Madrid* abordaría el problema recurrente en Martín Patino de la reconstrucción de la Historia, la importancia y necesidad de conocer y comprender el pasado colectivo, sobre todo en el presente, para establecer una continuidad entre pasado y presente.

En *Madrid*, la historia de ficción se fusiona con fragmentos de documental y compone un tejido rico en el que el diálogo entre presente y pasado existe, aún elíptico y desdibujado en dos tiempos. Así, la secuencia de *Madrid* en la que el protagonista, Hans, monta en paralelo el fragmento del documental del Madrid bombardeado y el actual es excepcional y explica buena parte de las tensiones que se vivían en la España de los 80 y que también quedan de manifiesto en la película con la filmación de las manifestaciones en contra de la OTAN, y la movilización popular en contra de las bases americanas en territorio español. A través de la figura de Hans y en medio de la reflexión sobre su propio oficio como cineasta con un personaje que viene de afuera –en el caso de Hans, de Alemania, y en el caso de Martín Patino, de Salamanca–, el cineasta muestra su capacidad de observación de la realidad social del momento, así como su fascinación por la ciudad de Madrid. Los críticos expertos en el cine de Martín Patino ponen énfasis en que es precisamente el pueblo que sale a la calle, el colectivo vibrante y diverso con un dinamismo arrollador, el elemento más destacado por su presencia constante en su producción cinematográfica.

En *Madrid*, encontramos claramente reflejada la acción colectiva de la ciudadanía, así como de partidos y organizaciones de izquierdas en las manifestaciones multitudinarias que tuvieron lugar durante las largas negociaciones entre España y los EEUU hasta firmar el convenio de Cooperación para la Defensa entre ambos países en 1988. Según Emanuele Treglia, la acción colectiva emprendida por una amalgama de grupos, organizaciones vecinales y asociaciones, caló hondo en un momento de efervescencia y cambio político:

> Contra la entrada y permanencia del país en la Alianza Atlántica fue puesta en marcha una campaña que, promovida durante un lustro por un vasto y heterogéneo conjunto de organizaciones y comités a lo largo y ancho de la geografía española, enlazó con las protestas contra los euromisiles y alcanzó dimensiones notables, gozando de extensos apoyos entre la ciudadanía. (Treglia, 2016 : 73)

La visita de Ronald Reagan a España en mayo de 1985 generó un clima de tensión que desembocó en las protestas que aparecen en la película, en las que los eslóganes coreados y las pancartas exhibidas se resumen en la negativa a la incorporación de España a la OTAN, « OTAN no, bases fuera ». En apenas 48 horas la visita actuó como desencadenante de las protestas que vemos en la película. A juicio de Coral Morera:

> El gobierno de Felipe González permitió que el discurso antiamericano inundara las calles, y que las imágenes fueran difundidas de forma reiterativa por la televisión estatal durante la visita de Ronald Reagan a España (…) Fue una cortina de humo que permitió amortiguar tanto la división del partido como la crispación social que se gestó en las calles en pleno apogeo de los movimientos pacifistas. (Morera, 2019 : 1716).

El deterioro de las relaciones bilaterales entre ambos países alimentó la oposición a las políticas del joven gobierno socialista, y fomentó la solidaridad transversal entre organizaciones del amplio espectro ideológico de la izquierda. Ese antiamericanismo de izquierdas, que tuvo su origen en el periodo de la Guerra Fría, tuvo un gran impacto en las conciencias de varias generaciones. Es claro que las conexiones de todo ello con el movimiento del 15-M o Indignados sigue en una línea de denuncia del neocolonialismo, los abusos del poder, la manipulación de los ciudadanos y en definitiva, la hegemonía a nivel nacional y global en el contexto socio-histórico tanto de mediados de los años 80 como de la primera década del nuevo milenio.

De nuevo, Martín Patino utiliza el repertorio de imágenes de archivo que aparece en *Canciones para después de una guerra* (1971) y *Caudillo* (1974) de modo que los fragmentos tomados de estas dos películas previas podrían catalogarse como « autocita » (1999 : 236). También se recogen imágenes documentales más recientes de los archivos de TVE, tales como las manifestaciones de los años 70 reprimidas por la policía, el entierro de Tierno Galván y la reacción popular frente al 23-F. Así pues, podríamos decir que *Madrid* es una película de ficción que combina todos los elementos de la historia fílmica narrada en diversos niveles con los del documental reflexivo, poniendo especial énfasis en las convenciones de la representación.

En su último documental, *Libre te quiero* (2012), Martín Patino contribuye tanto a registrar y a narrar en imágenes, así como a dar cuenta de la historia del movimiento 15-M y sus protagonistas. Durante treinta días, su equipo se dedicó a filmar la evolución del movimiento en la calle. A sus ochenta años, el cineasta quedó impresionado por las dimensiones que la protesta de los indignados cobró inesperadamente. La noche del 15 de mayo de 2011, volviendo a Madrid desde Salamanca, vio una concentración de personas en la Puerta del Sol, y desde entonces, entusiasmado por el vigor, la energía desbordante y la gran participación ciudadana en este acontecimiento, decidió dedicarse a filmar el momento en una apuesta decidida por dar testimonio de su importancia política y social, así como del deseo del movimiento de tener continuidad. En palabras de Manuel de la Fuente, *Libre te quiero* « se acerca a la ortodoxia del documental militante contemporáneo » y es « un testimonio de urgencia del movimiento 15-M » (De la Fuente, 2014).

Realizó este documental a partir de veinticinco horas de grabación al pie de la protesta. En su factura final, a lo largo de una hora, las imágenes se mezclan con el ruido natural de la calle, así como con el poema « Libre te quiero » de Agustín García Calvo, musicado y cantado en la voz del cantautor Amancio Prada. Los mensajes de los discursos espontáneos de los participantes en la protesta, el ritmo del redoble de tambores en las manifestaciones, así como los improvisados conciertos, y las consignas coreadas, sirven como único audio del documental. Sus imágenes recogen el ambiente de la acampada en Sol, con jóvenes y gente de todas las edades en la calle.

La efervescencia de las ideas y propuestas queda plasmada en infinidad de carteles y pancartas captadas por la cámara, como, « No me llames radical por pensar », « Pienso luego resisto », « Porque juntos somos imparables » u « Otro mundo es posible ». La creatividad de los manifestantes se refleja en multitud de actividades que llenan el día a día del mes largo de jornadas de lucha en la calle, y asistimos a charlas de política y economía, a reivindicaciones asamblearias sobre los problemas de representatividad democrática, a talleres de arte y a una pedagogía necesaria en derechos humanos e integración. A lo largo de las diferentes tomas, los enfrentamientos pacíficos de los manifestantes con la policía se traducen en una acción trepidante que tiene como telón de fondo el estribillo de la canción « No, no, no, no, no, no, no … (Pero no mía) » y contribuye a crear un clima de oposición frente a la contundencia de la acción policial. Muchas de las consignas entonadas tienen también el « No » como núcleo de su mensaje, « Que no, que no, que no nos representan ».

Hacia el final del documental, valiéndose de una estrategia metafílmica, la cámara muestra imágenes de los manifestantes, vistas a través de distintos formatos (televisión, ventana…), las más de las veces dentro del salón de la casa de familias muy diversas, desde las más tradicionales, con hijos y abuelos a las nuevas formas de vida en las ciudades, en pareja o en familias monoparentales. Seguramente, según la clasificación antes mencionada de Nichols, *Libre te quiero* estaría entre el documental interactivo y el reflexivo.

En *Libre te quiero*, la Puerta del Sol se convierte en un ente autónomo, un microcosmos del Madrid contestatario en el cual, cada individuo y cada grupo humano participa de distintas actividades, pero la unión de todos genera, por así decir, un protagonista colectivo, cuyas señas de identidad entroncan con el sujeto colectivo de lo que hemos llamado en el siglo XX el género del « testimonio ». El testimonio emerge a partir de situaciones de opresión social, así como de abusos de los derechos humanos, o situaciones de violencia y guerra, si bien no exclusivamente. El protagonista del « testimonio » es un individuo-tipo, representante de un grupo social invisibilizado o sometido. Y del sujeto colectivo, con un especial énfasis en lo común y lo compartido, pasamos a la idea de la acción colectiva de nuestro título, que guarda enorme relación con el tema de los indignados que nos ocupa. Un teórico, crítico cultural y analista político como Fredric Jameson ha señalado repetidamente que sigue manteniendo su convicción en la « acción colectiva » y se ha referido a movilizaciones anticapitalistas recientes por parte de los sindicatos y de organizaciones no gubernamentales en Seattle, entre otros lugares de EE.UU. Señala:

> [...] the history of the labour movement everywhere gives innumerable examples of the forging of new forms of solidarity in active political work. Nor are such collectivities always at the mercy of new technologies: on the contrary, the electronic exchange of information seems to have been central where ever new forms of political resistance to globalization (the demonstrations against the WTO, for example) have begun to appear. For the moment, we can use the word 'utopian' to designate whatever programmes and representations express, in however distorted or unconscious a fashion, the demands of a collective life to come, and identify social collectivity as the crucial centre of any truly progressive and innovative political response to globalization (Jameson, 2000 : 68).

Aunque el ámbito de lo que podemos llamar el « mito de la acción colectiva » así como el del sujeto colectivo (del testimonio) es enormemente amplio desde una perspectiva histórica, ciñéndonos a la representación de lo colectivo, desde la memoria colectiva, al sujeto popular de la insurrección de movimientos como los Indignados, el cine de Basilio Martín Patino es un excepcional laboratorio de ideas y de innovadoras propuestas estéticas que nos lega un archivo excepcionalmente rico de imágenes que nos permiten re-construir la historia española desde la dictadura al momento actual.

En la historia de España reciente, el movimiento de los Indignados 15-M y las protestas anti-austeridad (entre 2011 y 2015) tomaron las calles y plazas del país en una demostración del proceso de cambio del sistema político bipartidista, heredado de la transición democrática, a un sistema fragmentado en el que nuevas formaciones políticas pasaban a tener representación parlamentaria –con partidos como *Podemos* en la izquierda y *Ciudadanos* en el centro-derecha. De todos estos cambios, el cine y la literatura han dado testimonio de cómo la sociedad española reflexiona sobre su pasado post-dictatorial y confronta el futuro. La complejidad de la identidad nacional española se plasma de manera magistral en el medio fílmico, ya que sus posibilidades de multiperspectivismo, juegos temporales y coexistencia de varios niveles narrativos, se prestan a mostrar cómo los planos que interaccionan en la pantalla, construyen y des-construyen las identidades de sus protagonistas.

A lo largo de todo este tiempo, el cine se ha hecho eco de cómo en la España actual, el relato de la crisis, la precariedad y la desafección de los ciudadanos se han convertido en la norma. El documental ha sido siempre un género comprometido e implicado, a la vez, con el retrato y la denuncia de las condiciones materiales de la vida de los individuos y la marcha de la sociedad. Con la precisión de sus imágenes, el documental, históricamente, ha dado evidencia sobrada de cómo se puede abrir camino, críticamente, hacia la transformación social. Con Martín Patino y su práctica del documental, asistimos a un momento de efervescencia de la participación política activa de los ciudadanos y su anhelo por ejercer sus derechos democráticos en la España que sufrió la gran crisis financiera y social. Al margen de cualquier realismo ingenuo y alejado de la comprensión hegemónica que tal realismo pudiese ofrecer de la condición de la España europeísta, progresista y avanzada de comienzos del siglo XXI, Martín Patino medita con su audiencia y su tiempo creando arte e incidiendo en la necesidad de crear también comunidad y hacer política.

Coincidimos con el crítico David Felipe Arranz quien, al hacer balance de la excepcional trayectoria del cineasta salmantino, ha señalado: « La suya fue una resistencia, una insumisión permanente y dignísima lejos de las alharacas de los festivales de cine y las revistas » (2017). Sin premios oficiales ni reconocimientos sonoros a su incansable quehacer y su compromiso consigo mismo y con la libertad de expresión, Martín Patino sigue siendo una de las principales fuerzas inspiradoras de proyectos futuros sobre cómo, estudiando y admirando el cine, podemos también enseñar la historia reciente de España.

Bibliografía

Baudrillard, Jean. 1998. *The Evil Demon of Images*, Sidney: Power Institution Publications.

Comolli, Jean-Louis. 1990. « Détour par le direct – Un corps en trop », in Christopher Williams (ed.) *Realism in the cinema*. Trans. Diana Matias, p. 225–43, London: Routledge.

Dunn, Geoffrey. 2004. *Deconstructing documentary. Theory and Practice in Documentary Film and Photography*, PhD Diss, Santa Cruz, CA: University of California Santa Cruz.

Felipe Arranz, David. 2017. « La seducción de Basilio Martín Patino. Obituario », *Contexto*, 15/08/2017. http://ctxt.es/es/20170809/Culturas/14443/ctxt-basilio-martin-patino-obituario-cine-documental.htm.

Fuente, Manuel de la. 2014. « Los conflictos del documental español: el caso de Basilio Martín Patino », *Cahiers de Civilisation Espagnole Contemporaine*. 13, Automne 2014. http://journals.openedition.org/ccec/5291.

García Martínez, Alberto N. 2008. *El cine de no ficción en Martín Patino*, Madrid: Ediciones Internacionales Universitarias.

Graham, Helen / Labanyi, Jo (eds). 1995. *Spanish Cultural Studies. An Introduction*, Oxford: Oxford University Press.

Homer, Sean / Kellner, Douglas. 2004. *Fredric Jameson: A Critical Reader*, New York: Palgrave Macmillan.

Jameson, Fredric. 2000. « Globalization and Political Strategy », *New Left Review* 2000, p. 49–66.

Martín Patino, Basilio. n.d. « Filmar Madrid », en « Escritos », http://www.basiliomartinpatino.org/escritos/filmar-madrid/.

Morera Hernández, Coral. 2019. « Otan Sí, Bases fuera: el antiamericanismo en la España de los ochenta », en Mónica Moreno, Rafael Fernández y Rosa Ana Gutiérrez (eds.) *Del siglo XIX al XXI. Tendencias y Debates*. Actas del XIV Congreso de Historia Contemporánea, p. 1703–16. Alicante: Biblioteca Virtual Miguel de Cervantes.

Nicholls, William. 1991. *Representing Reality. Issues and Concepts in Documentary*, Bloomignton, IN: Indiana University Press. 1997. *La representación de la realidad. Cuestiones y conceptos sobre el documental*, Barcelona: Paidós.

---. 2001. *Introduction to Documentary*. Bloomington, IN: Indiana University Press.

---. 1983. « The Voice of Documentary », *Film Quarterly* vol. 36, n. 3, p. 17–30.

Renov, Michael. 1993. *Theorizing Documentary*, London: Routledge.

Stam, Robert / Burgoyne, Robert / Flitterman-Lewis, Sandy. 1999. *Nuevos Conceptos de la Teoría del cine: Estructuralismo, Semiótica, Narratología, Psicoanálisis, Intertextualidad*, Barcelona: Paidós.

Treglia, Emanuele. 2016. « La última batalla de la transición, la primera de la democracia. La oposición a la OTAN y las transformaciones del PCE (1981–1986) », *Ayer* vol. 103, n. 3, p. 71–96.

Claire Decobert

(Université d'Orléans, Rémélice)

Le documentaire sur Podemos *Política*. *Manual de instrucciones* de Fernando León de Aranoa : du récit à la propagande ?

Abstract: At the end of 2014, Spanish film maker Fernando León de Aranoa, witness like the rest of Spain to the soaring popularity of Podemos, set himself a challenge: to film behind the scenes of Podemos over fourteen months, following the party's internal structuring process from October 2014 and its growth until the parliamentary elections planned for 20th December 2015. Is Fernando León de Aranoa's own political persuasion visible in the documentary? Did the director decide to avoid certain subjects or, on the contrary, highlight certain others? Was his piece designed to serve the party's cause as propaganda or did he restrict himself to looking at the Podemos phenomenon from a more remote standpoint? In order to answer these questions, our article is divided into four parts. First of all we will look at the structure of the documentary, its rhythm and how it is edited. Then we will study the speech and arguments used before underlining the irregularities and what is missing. Finally, we will ask ourselves what effect the documentary had in the run up to the elections in June 2016.

Pour comprendre les motivations qui ont poussé le cinéaste espagnol Fernando León de Aranoa à réaliser un documentaire sur le parti Podemos, qui est très certainement le phénomène politique le plus intéressant de la politique de l'histoire contemporaine espagnole, nous nous devons de retracer les grandes étapes de son ascension vertigineuse. Pour y parvenir, et afin de comprendre ses origines, il faut remonter quelques années en arrière quand, en 2011, des initiatives citoyennes ont appelé à manifester, de manière spontanée et sans aucune organisation dans toutes les villes espagnoles, pour montrer leur opposition à la gestion désastreuse de la crise économique et au bipartisme qui existait en Espagne depuis la fin de la Transition démocratique ; cette manifestation citoyenne pacifique avait également pour objectif de protester contre le néolibéralisme décomplexé. Cependant, malgré un succès inégalé, aussi bien en Espagne qu'au-delà de ses frontières, le mouvement des

Indignés, mouvement davantage connu sous le nom du 15-M[1], s'est essou-fflé faute de parti politique capable de relayer les revendications des citoyens. Toutefois, à l'automne 2013, une trentaine d'intellectuels venus du monde du journalisme, de la culture et de l'engagement social et politique ont souhaité se faire le porte-voix des victimes de la crise dont les conséquences désas-treuses continuaient à se faire sentir avec intensité en Espagne. Pour n'en citer que quelques-unes, notons les cinq millions de chômeurs, dont plus de la moitié étaient des jeunes sans emploi, l'explosion de la bulle immobilière, les expulsions de familles endettées filmées et diffusées à la télévision, la perte du pouvoir d'achat généralisée, l'augmentation de la pauvreté, les inégalités croissantes, etc. Ces intellectuels, dont certains deviendront les dirigeants de Podemos, ont été à l'origine d'un manifeste qui se proposait de transformer la mobilisation sociale en processus électoral et de présenter une candidature pour les élections européennes de mai 2014. Le manifeste « Mover Ficha : con-vertir la indignación en cambio »[2], manifeste publié le 12–13 janvier 2014 dans le journal numérique *Público* et présenté le 17 janvier 2014 dans le *Teatro del Barrio* dans le quartier de *Lavapiés*, a été la première pierre de l'édifice du parti Podemos qui allait profiter du contexte électoral exceptionnel de l'année 2015 pour se hisser au sommet[3].

D'ailleurs, contre tout pronostic, Podemos, enregistré comme parti politique le 11 mars 2014, a obtenu 1 200 000 voix et 5 députés aux élections européennes, plaçant Podemos en quatrième position au niveau national. Ce succès surpre-nant et indiscutable pour ce premier test électoral a provoqué un raz-de marée sans précédent dans la politique espagnole. A partir de ce moment, l'Espagne a assisté à l'envolée du parti qui, en introduisant une nouvelle dynamique et en redonnant le goût de la politique aux citoyens, a révolutionné la scène politique espagnole puisqu'il a su se hisser, en un temps record et avec de faibles moyens financiers, au même niveau que les grands partis. On en voudra pour preuve les résultats qui suivront : lors des élections anticipées en Andalousie, le 22 mars

---

1   Pour plus d'informations sur la naissance du mouvement des Indignés et de *Podemos*, voir Christophe Barret, 2015 ; Héloïse Nez, 2015 ; José Ignacio Torreblanca, 2015 ; José Fernández Albertos, 2015.

2   Voir le contenu de ce manifeste ainsi que la liste des signataires *http://www.publico.es/ politica/intelectuales-y-activistas-llaman-recuperar.html*.

3   L'année 2015 a été une année où les consultations électorales se sont succédées. Il y a d'abord eu les élections en Andalousie en mars 2015 qui ont été suivies deux mois plus tard par les élections dans la plupart des autres régions autonomes et, enfin, par les élections générales nationales de décembre 2015.

2015, qui ont fait figure de test, Podemos, qui avait préféré soutenir des listes locales rassemblant des petits partis et des citoyens plutôt que de présenter ses propres listes, a fait une percée remarquable et a ébranlé le bipartisme, même si le résultat enregistré – 15 députés – a été inférieur à ce qu'avaient prévu les sondages[4]. Deux mois plus tard, les élections municipales et régionales du 24 mai 2015 ont assisté à la victoire des candidatures d'unité populaire soutenues par Podemos à Cádix, Saint-Jacques de Compostelle, Valence, Barcelone, Madrid, Saragosse et La Corogne, imposant Podemos comme troisième force politique dans huit régions sur treize appelées aux urnes[5].

Comment expliquer une telle ascension ? Le succès vertigineux de Podemos s'explique par une alchimie entre plusieurs facteurs. Né dans un contexte de profonde crise du régime – perte de confiance des citoyens envers les élites, généralisation des scandales de corruption et discrédit des institutions – et de l'existence d'un fort mécontentement social qu'aucun acteur politique du régime de 78 n'était parvenu à canaliser, le parti proche de Syriza en Grèce et du Bloc de gauche au Portugal a su proposer aux citoyens, qui avaient des visions différentes de la crise et des préférences politiques hétérogènes, un discours transversal capable de remettre en cause le statu-quo de l'austérité en mettant fin à la traditionnelle opposition gauche / droite substituée par une opposition en haut / en bas, la caste / le peuple. Cette ascension fulgurante s'explique également par le charisme médiatique de Pablo Iglesias, qui avait déjà fait ses premières armes en communication politique depuis 2003 dans une émission diffusée sur Público TV, *La Tuerka*[6]. Dès le début, l'objectif de Podemos a été clair : atteindre le pouvoir du premier coup en construisant dans les médias des discours alternatifs mais non minoritaires.

---

4   Pour ces élections, le PSOE est arrivé largement en tête avec 35 % des suffrages (47 députés) tandis que le PP a été sanctionné, puisqu'il n'a recueilli que 27 % des votes (33 députés). La liste de la formation de gauche radicale dirigée par la députée européenne Teresa Rodríguez a rassemblé 15 % des voix (15 sièges), devançant le parti catalan Ciudadanos et ses 9% de voix (9 sièges). Voir les résultats complets de cette élection http://www.elmundo.es/elecciones/elecciones-andalucia/resultados/2015/

5   Voir les résultats détaillés de ces élections *in https://resultados.elpais.com/elecciones/autonomicas-municipales.html*

6   Pablo Iglesias avait déjà animé des émissions télévisées, *La Tuerka*, à partir de 2010, et *Fort Apache*, et avait déjà participé à des programmes télévisés, ce qui lui a permis de devenir expert en communication et de se faire connaître du grand public pour son talent oratoire. Voir Ch. Barret (2015 : 61 et suivantes).

A la fin de l'année 2014, le cinéaste espagnol Fernando León de Aranoa[7], qui assiste comme toute l'Espagne à l'ascension vertigineuse de Podemos, se lance un défi : celui de filmer pendant quatorze mois les coulisses du phénomène Podemos. Ce projet ambitieux lui a été suggéré par le cinéaste américain Robert Drew, véritable pionnier dans son domaine, qui a raconté les primaires remportées par John F. Kennedy au sein du parti Démocrate dans le reportage « Primary » diffusé en 1960. Drew a renouvelé l'expérience en proposant de nouveau à Kennedy en 1963 de filmer les coulisses de la Maison Blanche 48 heures avant que Roosevelt ne déclare la guerre au Japon dans un reportage intitulé « Crisis : Behind a Presidential Commitment ». De nombreuses années plus tard, dans le documentaire « By the people : the election of Barack Obama » sorti en 2009, les deux réalisatrices américaines, Amy Rice et Alicia Sams, ont compilé en 110 minutes les 19 mois de tournage portant sur l'évolution de la figure ascendante du Parti démocrate américain jusqu'à son élection[8]. Mais l'idée s'est véritablement concrétisée après les deux rencontres accidentelles à la fin du tournage de *Un día perfecto* entre, d'une part, Fernando León de Aranoa et, d'autre part, Pablo Iglesias et Juan Carlos Monedero dans leur quartier à Madrid.

Fortement convaincu que le parti Podemos allait changer en profondeur le paysage politique espagnol, et après avoir obtenu l'accord de l'équipe, Fernando León de Aranoa, aidé par son complice Jordi Abusada récemment décédé dans des circonstances tragiques, et le producteur Jaume Roures de Mediapro, un des groupes audiovisuels les plus importants d'Europe, se sont fixé le même but, à savoir filmer sans filtre des situations importantes du point de vue historique. Fernando León de Aranoa, qui avait déjà écrit et dirigé des documentaires[9] et dont l'intérêt pour la cause humanitaire n'est plus à démontrer[10], a

---

7 Scénariste, directeur et producteur de cinéma, il est l'auteur de plusieurs longs métrages, dont *Barrio* (1998), *Los lunes al sol* (2002) et *Princesas* (2005). Présenté dans des festivals internationaux comme, par exemple, Saint Sébastien, Berlin, Los Angeles, La Havane ou Valladolid, son travail a reçu 14 Goyas, dont 6 à titre personnel.

8 Voir les références de Fernando León de Aranoa, *El País*, 11-3-2015.

9 Notons *Caminantes* (2001), *Buenas Noches Ouma* (partie du film *Invisibles*, 2007).

10 Il s'était également intéressé au mouvement zapatiste du Subcomandante Marcos et à la défense des droits des Indigènes dans *Caminantes* en 2001, à la situation dramatique des enfants de la guerre en Ouganda dans *Invisibles* en 2007 et à Joaquín Sabina, auteur-compositeur et poète espagnol défendant les valeurs idéologiques du parti Izquierda Unida, dans sa tournée « Vinagre y Rosas en Sabina 2011 ».

donc proposé aux dirigeants de suivre avec sa caméra à partir d'octobre 2014 le processus de construction interne du parti et son évolution jusqu'aux élections législatives prévues le 20 décembre 2015. Selon le cinéaste, il se devait de raconter ce phénomène politique fascinant. En effet, ce projet a été motivé par la volonté d'offrir une trace cinématographique utile pour n'importe quel citoyen, indépendamment de ses idées politiques :

> Esto no es una película de campaña, su natura no es coyuntural. Pretende ser un filme político que encontrará su valor a corto o a largo plazo. Sobre la definición de un nuevo partido que cuenta ese momento irrepetible de su constitución, y asista a la definición, en apenas un año, lo que será su ADN político, sus señas de identidad, su estructura. Por lo excepcional de su carácter y del momento que vivimos, creo que su registro es importante (*El País*, 11-3-2015).

Dans une interview donnée à *El País,* le réalisateur nous raconte en ces termes quelles ont été ses motivations :

> Nace de la percepción anterior al verano del año pasado, de que algo único estaba pasando en la escena política de nuestro país. De hecho, la pregunta que nos hicimos entonces fue : ¿ estará contando alguien todo eso ? Con esa premisa, de contarlo, nos acercamos a ellos. Lo que me atrae como materia narrativa es la excepcionalidad del fenómeno : la irrupción de una formación política nueva que sin presencia parlamentaria, le disputa el poder a los grandes partidos políticos tradicionales. Y que se inventa a sí misma, se construye a la vez que lo hace, que lo añade todavía más interés, más tensión al relato. Como un barco que ya salió a navegar y todavía se construye (*El País*, 1-6-2015).

En filmant les coulisses d'un parti, ce reportage se proposait par conséquent de recouvrir une valeur sociale et politique et de combler un vide dans un pays où la culture documentaire est peu importante. Quelques années auparavant, la société de production Mediapro avait proposé un projet similaire à José Luis Rodríguez Zapatero mais le Parti socialiste avait décliné l'offre. Certes, *Manual de instrucciones* est venu s'ajouter aux dizaines de livres et aux milliers d'articles déjà écrits sur le sujet ainsi qu'à la surexposition de Podemos sur les réseaux sociaux, mais il a proposé quelque chose d'inédit : retransmettre en direct, sans censure, un des processus les plus vertigineux et inespérés de l'Espagne, en proposant comme point de départ la préparation de l'assemblée citoyenne de Vistalegre qui a marqué les premiers pas de Podemos et en offrant comme point final la prise de fonction des députés après les élections générales du 20 décembre 2015.

> El arco natural de la película nos llevará hasta la noche de las próximas elecciones generales en la que puede ser la jornada electoral más interesante de los últimos años.

> Pero creo que debe trascenderlas, el interés de la película va más allá de su retrato de lo que sucede en ellas (*El País*, 11-3-2015).

Même si on peut partir du postulat que le parti a véritablement joué le jeu de la vérité en oubliant même la présence de la caméra – comme l'a rappelé le scénariste : « En el documental siempre hay un aire de verdad y yo me preguntaba cómo podían olvidarse de las cámaras, creo que fue por la intensidad del momento (*Telemadrid*, 2-6-2016) –, il est très difficile de croire, en revanche, que l'idéologie d'un auteur ne marque pas son documentaire ; c'est encore plus le cas lorsqu'il s'agit d'un thème politique. C'est justement ce que nous avons choisi d'explorer dans cet article. L'orientation politique de Fernando León de Aranoa est-elle perceptible ? Le réalisateur a-t-il choisi de taire certains sujets ou, au contraire, a-t-il mis l'accent sur d'autres ? Avec une sortie dans 22 salles le 3 juin 2016, soit une semaine avant le début de la campagne officielle pour les élections du 26 juin 2016 – élections convoquées suite à l'impossibilité de former un gouvernement à l'issue du scrutin du 20 décembre 2015[11] – nous pouvons également nous interroger sur la portée politique de ce travail. Le reportage a-t-il eu pour objectif de servir la cause du parti en faisant de la propagande ou se limite-t-il à poser un regard distancié sur le phénomène Podemos ? Bien qu'il n'y ait pas d'intervention directe à travers des questions posées, le montage oriente-t-il le téléspectateur dans ses choix de vote ? Afin de répondre à ces questions, notre travail s'articulera en quatre parties. Tout d'abord, nous étudierons la structure du documentaire, le rythme et le montage. Puis nous nous attarderons sur l'énonciation et l'argumentation avant de souligner les irrégularités et les absences dans le documentaire. Enfin, nous nous interrogerons sur la portée politique de ce film juste avant les élections de juin 2016.

1. Structure, montage et rythme

A partir des 500 heures de tournage, Fernando León de Aranoa a choisi de ne conserver que deux heures pour retracer, sans voix-*off* et avec très peu de

---

11 Suite au refus de Mariano Rajoy de se présenter à l'investiture malgré la victoire du PP pour ces élections, et après l'échec prévisible de Pedro Sánchez, alors leader du PSOE, les Espagnols ont été de nouveau consultés le 26 juin 2016 pour qu'un gouvernement puisse être formé. Voir « La crisis del Estado de partidos », *El País*, 2-3-2016; « La utilidad de una investidura », *El País,* 1-3-2016; « Nueva política o la de siempre », *El Mundo*, 1-3-2016; « Un plebiscito contra Rajoy », *El Mundo*, 2-3-2016 et « Moción de censura », *El Mundo*, 2-3-2016; Victoria Prego, « Moción de censura », *El Mundo*, 2-3-2016.

références temporelles, à l'exception du compte à rebours qui s'affiche à l'écran et dont la fin est marquée par le jour des élections du 20 décembre 2015, la naissance, la croissance et la consolidation du parti. Le reportage suit un ordre chronologique d'une période de quatorze mois, divisée en dix parties portant les titres suivants : *Asamblea Constituyente, Nombramiento de secretario general, La bengala, Crecimiento, Crisis, Campaña elecciones autonómicas, Cuarteles de verano, Noche de las elecciones autonómicas de Cataluña, Comienza la campaña et Día de elecciones generales.* En dessous de chacun de ces titres qui s'affichent à l'écran, le nombre de jours avant les élections du 20 décembre est mentionné ; en bas de l'écran, des informations courtes mais précises aident le spectateur à comprendre de quel événement, rencontre ou réunion il s'agit. Tout au long du récit, les commentaires du noyau dirigeant de Podemos s'intercalent avec les réunions, les préparations de discours, les débats télévisés, les images de journaux télévisés, les entrevues qui montrent, sans filtre, non seulement les constructions des arguments, l'élaboration des campagnes électorales et des stratégies de communication lors de réunions improvisées mais également les tensions. Tout en présentant les mécanismes de contrôle et l'organisation des débats internes, le réalisateur identifie pendant ces deux heures les figures politiques qui apparaissent et disparaissent avec le temps, personnages qui laisseront sans aucun doute pour la majorité une trace dans l'histoire.

Le rythme très agile est assuré grâce à une musique de percussion composée par Antonio Sánchez, célèbre notamment pour la composition de la bande son du film *Birdman* de Alejandro G. Iñárritu. La percussion apporte brio et énergie au moment de la préparation des élections et elle accompagne le chaos ou le vertige du récit quand Pablo Iglesias est la cible d'attaques sur les plateaux de télévision ou au moment de la présentation de la démission des organes directifs de Podemos. Quant aux solos, ils servent à faire des transitions.

2. Enonciation et argumentation

Le documentaire s'ouvre sur une succession d'images en couleur et en noir et blanc d'expulsions de citoyens espagnols, situations qui découlent de la crise économique de 2008 et dont le mouvement des Indignés du 15 Mai 2011 a été le porte-voix. Le lien avec le mouvement des Indignés n'est ici suggéré que de manière implicite car il est inutile de le relier à Podemos, tellement la relation est évidente pour les spectateurs ; elle sera explicitée un peu plus tard par les différents protagonistes, essentiellement du point de vue idéologique. S'affiche ensuite à l'écran : « El debate político ha dejado el Parlamento, está en la calle ». « El gobierno invita a los que protestan a canalizar sus demandas por la vía parlamentaria ». Puis le compte à rebours est lancé et est marqué par le fameux acte de Vistalegre du 18 octobre 2014, à 428 jours des élections législatives, et dont l'objectif a été de doter le parti d'une structure nationale, de définir ce que sera son ADN politique et son identité. Une bonne partie du documentaire est d'ailleurs consacrée à cet événement clé dans la vie de Podemos. En effet, pour reprendre la métaphore de Pablo Iglesias, dans ce « combat de boxe » que constitue cette assemblée constituante, deux équipes s'opposent autour du *leadership* du parti et de la forme organisatrice à adopter : le tandem composé de Pablo Echenique et Teresa Rodríguez, favorables à un organigramme assembléaire, c'est-à-dire une direction collégiale qui reproduirait le modèle de société qu'ils souhaitent construire – « el poder lo gana la gente » ; en face, l'équipe de Pablo Iglesias et de Iñigo Errejón, partisans d'un parti centralisé avec un *leadership* fort grâce à l'élection d'un secrétaire général à la tête de la formation, unique moyen, selon eux, de mettre fin au bipartisme. Cette journée très intense qui s'achèvera par la victoire de Pablo Iglesias a laissé transparaître à ciel ouvert les premières disputes dialectiques entre les différents camps[12]. Par conséquent, le cinéaste s'attarde un long moment sur les réunions de préparation du discours d'inauguration et sur le débat de dernière minute autour de la nécessité de conclure ou pas le discours par une phrase proposée par Pablo Iglesias, convaincu qu'il faut « dejar una señal para los historiadores » et à laquelle Errejón s'oppose : « El cielo no se toma por consenso ; se toma por asalto ». Le choix de cette phrase est la preuve que le parti ne souhaite pas se contenter, selon les propres termes de Pablo Iglesias, de jouer « un papel testimonial » mais doit adopter une attitude pour gagner dans ce contexte exceptionnel de crise du régime et de succession d'élections : « Estamos aquí para ganar, estamos aquí para cambiar el país ».

D'emblée, le téléspectateur sait que le reportage va s'articuler autour de quelques voix autorisées qui affinent le discours de Podemos au fil des rencontres et des échanges : Pablo Iglesias et Iñigo Errejón, unis par une complicité intellectuelle rare depuis l'université[13] et dont la complémentarité s'avère indispensable au bon fonctionnement du parti, comme cela est suggéré à travers leurs débats tout au long du récit. Les origines et les motivations de Errejón et de Iglesias

---

12 Afin de se positionner par rapport à son adversaire, Pablo Echenique, qui a voulu retourner le charisme du *leader* contre lui en le taxant de « macho alfa », Pablo Iglesias a souhaité riposter, en affirmant « Soy un militante más, no quiero ser un macho alfa ».

13 Dans le documentaire, Iñigo Errejón a affirmé à ce sujet : « no es necesario explicar mucho las cosas para que estemos en una sintonía similar ».

depuis leurs thèses doctorales[14] jusqu'à leur rencontre avec Juan Carlos Monedero, le troisième de cette pierre angulaire, sont largement mentionnées.

Iñigo Errejón s'impose comme le personnage principal du documentaire. En égrenant sa dialectique tout au long du récit, il apparaît comme un passionné de terminologie et de stratégie, comme un analyste politique agile et intelligent. Pablo Iglesias affirme à son sujet : « Iñigo inventó algo haciendo su tesis doctoral, él consiguió convertir aquella teoría política (…) en mecanismos políticos para hacer política ». Fidèle à la pensée philosophique de Gramsci, il est convaincu que la lutte pour l'hégémonie se fait sur la lutte pour le signifié des mots. En recourant à un langage précis et clair, il dissèque et explique avec brio dans le documentaire l'actualité et emploie à de nombreuses reprises des termes militaires afin de caractériser la bataille dans laquelle s'est lancé le parti :

> Las colinas son en la batalla política como colinas en un enfrentamiento militar. Son lugares que hay que conquistar, sobre las cuales se libran batallas feroces, batallas feroces que tenemos que ser conscientes de que hay que ganar.

A ce titre, il explique longuement à quel point la terminologie peut se révéler être une arme décisive dans la lutte pour le pouvoir. Mais les termes ne signifient pas la même chose selon le parti qui se les approprie. Pour illustrer ses propos, il analyse par exemple le terme *patria* qui désigne le peuple ou encore les bons services publics pour Podemos alors que pour le Parti Populaire, il fait référence à la nation, au drapeau. Il explique également comment Podemos a utilisé son nom pour conquérir les réseaux sociaux.

A l'inverse, Iglesias se positionne en tant que *leader* idéaliste et a pour seul objectif la victoire pour insuffler un changement historique en Espagne. De nombreuses minutes du reportage sont consacrées à l'explication de la thèse idéologique par Pablo Iglesias qui se révèle être un chef d'orchestre exceptionnel.

14　Pablo Iglesias, très influencé par la production académique et l'activisme de Toni Negri et d'Antonio Gramsci, a rédigé une thèse intitulée « Masse et action collective post nationale. Une étude comparée des désobéissances : de l'Italie à Madrid (2000–2007) » ; Iñigo Errejón, militant de la mouvance anarchiste et influencé par le théoricien argentin Laclau, a rédigé une thèse « La lutte pour l'hégémonie durant le premier gouvernement du MAS en Bolivie 2006–2009 : une analyse discursive ». Désireux d'abandonner son statut précaire à l'université, et peu satisfait de son rôle de conseiller auprès de *Izquierda Unida*, Pablo Iglesias a décidé d'émigrer en Amérique latine.

Quant à Juan Carlos Monedero, troisième figure importante et seule voix critique tout au long du récit, il est filmé dès son début en tant que membre fondateur de la direction jusqu'à sa démission suite au scandale l'accusant d'avoir perçu la somme de 425 000 euros en deux mois d'une banque vénézuélienne pour ses prestations en tant que conseiller politique. Errejón et Monedero éclipsent par moment le *leader* charismatique de Podemos en donnant les clés interprétatives de la construction et du développement du parti sur un ton calme et pédagogique, laissant à plusieurs reprises transparaître des différences de concepts.

Il aurait été très tentant de se concentrer uniquement sur ce trio de politologues qui a mis en pratique leurs thèses doctorales, en particulier sur la figure de Pablo Iglesias étant donné sa popularité ; le réalisateur a toutefois fait le choix de montrer « les secondaires », ceux dont le travail a été fondamental dès les premiers pas du parti. Viennent donc en second plan Carolina Bescansa – co-fondatrice du parti[15], dont les interventions se limitent essentiellement à l'analyse des résultats des enquêtes du CIS et des sondages –, et Irene Montero[16] – secrétaire à l'action du *Consejo Ciudadano* de Podemos –, Pablo Echenique et Teresa Rodríguez ainsi qu'une petite partie de l'équipe technique.

A plusieurs reprises, les liens de Podemos avec les pays étrangers sont rappelés, ce qui permet d'apporter la preuve du développement et de la croissance du parti au cours des mois. Alexis Tsipras, qui visait alors le poste de premier ministre grec, est un des invités vedettes le jour de la proclamation de Pablo Iglesias comme secrétaire général de Podemos. Pendant cette rencontre, Pablo Iglesias, qui affirme que le moment est venu lui réitère son souhait de voir Syriza lui ouvrir la voie. Il en est de même pour la relation de Podemos avec la politique latino-américaine, qui se révèle être davantage théorique que pratique ; elle est perceptible à travers les voyages que les dirigeants du parti font dans différents pays d'Amérique latine. Les *leaders* ont rencontré par exemple Ricardo Patiño qui a occupé différents postes de ministre sous la présidence de Rafael Correa en Equateur ; Alvaro García Lineras, Vice-président de l'Etat plurinational de Bolivie ; « Pepe » Mújica, président d'Uruguay de 2010 à 2015 ou encore Mark

---

15 Docteure en sciences politiques et sociologie à l'Université Complutense de Madrid et spécialisée en sciences politiques et droit constitutionnel, elle a été élue députée pour Madrid en janvier 2016.

16 Titulaire d'une licence en psychologie de l'Université Autonome de Madrid et d'un master en psychologie de l'éducation, elle a été secrétaire à l'action du Conseil citoyen avant d'être élue députée pour Madrid en janvier 2016. Actuelle compagne de Pablo Iglesias, elle rédige une thèse de doctorat.

Weisbroit, économiste américain et co-directeur du *Center for economic and Policy Research*, à New York. C'est d'ailleurs au cours de leurs voyages dans ces pays que Iñigo Errejón et Pablo Iglesias expliquent comment le parti essaie de transposer des éléments de la politique latino- américaine au contexte espagnol, bien que conscients des limites. Leur expérience en Amérique latine à ce titre a été décisive pour vérifier qu'ils pouvaient gagner à condition que ces éléments soient traduits en Espagne comme il l'exprime dans le documentaire.

> En América latina, aprendimos a ganar (…) Empezamos a ver que los procesos que se daban en Venezuela, en Ecuador, en Bolivia serían para extraer algunos elementos que permitieran analizar nuestra propia realidad. Ustedes nos enseñaron lo que significaba el liderazgo, ustedes nos enseñaron lo que significaba la construcción de fenómenos nacionales populares que no tienen seguramente en elementos ideológicos izquierda derecha para explicarlo, que es algo que criticamos (…) Cuando llegamos aquí por primera vez, llegamos como investigadores universitarios, como doctorandos que podíamos echar una mano con visiones muy técnicas. Eramos asesores muy jóvenes. Nosotros no somos antropólogos, somo politólogos que estudiamos sistemas políticos latinoamericanos porque efectivamente, desde aquí, se pueden extraer conceptos y categorías que sirven para pensar la política en general.

L'importance des moyens de communication est également rappelée à de nombreuses reprises afin de décrire notamment la manière dont ces derniers ont été utilisés pour mobiliser un électorat nouveau et galvaniser les foules. On entend d'ailleurs l'équipe dirigeante commenter les comptes *facebook* et *Twitter*, comptabiliser le nombre de *tweets* qui s'élève à plus de 27 millions avant les élections générales, participer à des émissions de télévision ou à des débats. Le secrétaire général de Podemos affirme que le processus de transformation se passe désormais essentiellement à la télévision, qui est devenue depuis le débat décisif entre Kennedy et Nixon plus importante que le Parlement, même si elle impose une simplification et une banalisation du discours, en résumé une spectacularisation de la vie politique.

Si le lien entre les Indignés et Podemos n'est abordé que brièvement au début du reportage, Iñigo Errejón, Juan Carlos Monedero et Pablo Iglesias le rappellent à plusieurs reprises. En révélant la possibilité d'une certaine rupture populiste et en offrant une brèche pour que s'y insère le parti anti-austérité, ce mouvement très démocratique mais impuissant pour transformer l'indignation sociale en indignation politique, a créé des conditions pour qu'une nouvelle majorité soit créée en Espagne. En effet, Podemos a véritablement permis la construction d'un nouveau récit : sans le 15-M, comme le rappellent les protagonistes, il n'y aurait pas eu de parti Podemos et personne n'y aurait prêté attention.

3. Irrégularités et absences

Toutefois, nous pouvons noter certaines irrégularités dans le récit puisque le documentaire s'arrête longuement sur certains événements – comme les rencontres avec d'autres chefs d'Etat ou avec d'autres membres du parti même si cela s'avère indispensable pour comprendre le phénomène Podemos puisque l'on y apprend les raisons de l'autorité de Iñigo Errejón ou encore le *leadership* de Pablo Iglesias – alors que d'autres faits marquants sont passés sous silence. C'est notamment le cas des élections andalouses, qui ont été la première rencontre électorale sur le terrain national alors que le parti anti-système avait enregistré des résultats très honorables, en se positionnant en troisième place avec 14,8 % des voix dans ce bastion historiquement socialiste. Les élections européennes sont également éludées bien qu'elles aient constitué un véritable tremplin pour le parti et aient ébranlé les fondements d'un système qui paraissait solide en provoquant une véritable « sacudida ». Il n'est consacré qu'un bref moment au fiasco des élections catalanes de septembre 2015, centrées essentiellement sur le thème de l'indépendance de cette région, et qui ont été caractérisées par un fort recul du parti par rapport aux dernières élections locales puisque le parti n'a remporté que 11 sièges. Afin de souligner sa déception, le *leader* de Podemos a déclaré que le résultat était « decepcionante »[17]. En outre, même si le cinéaste a filmé certaines rencontres avec différents *leaders* politiques, les impressions ou les conséquences de ces échanges ne sont pas soulignées. Par exemple, rien n'est précisé au sujet de l'évolution de la relation entre Pablo Iglesias et Alexis Tsipras après la victoire du parti Syriza lors des élections grecques[18]. Certaines personnes sont à peine mentionnées alors qu'elles ont joué un rôle très important dans le processus de construction du parti, comme par exemple l'ancien secrétaire de l'organisation Sergio Pascual ; Pablo Echenique et Teresa Rodríguez n'apparaissent qu'au début du reportage puis disparaissent en tant que voix de l'opposition. En outre, le cinéaste ignore complètement les relations avec les autres forces politiques au niveau local et autonomique. D'autres inconnues demeurent telles que la vie privée de tous les dirigeants[19] les relations externes

---

17 Lors de ces élections, dont le grand vainqueur a été le parti de Artur Mas « Junts pel sí » avec 62 sièges, le parti Ciudadanos a vu le nombre de ses sièges augmenter de 9 à 25, devenant le second parti de Catalogne, loin devant le PSOE et le Parti Populaire. Face à cette débâcle, le secrétaire général de Podemos a affirmé : « nuestro resultado es altamente decepcionante ».

18 Une fois arrivé au pouvoir, Pablo Iglesias a arrêté d'utiliser Syriza comme référent.

19 On voit Carolina Bescansa enceinte puis allaiter son nourrisson ainsi que l'intérieur de l'appartement de Pablo Iglesias avant que celui-ci ne se rende au bureau de vote.

de Podemos avec les partis politiques espagnols à l'exception de la rencontre avec Alberto Garzón, candidat de Izquierda Unida à la présidence, qui n'a pas débouché sur un pacte. Il n'est presque pas fait mention du programme qui ne devient qu'un bouclier pour les autres partis. En résumé, tout se concentre sur la manière de séduire les électeurs en 428 jours.

4. Récit versus propagande

En sortant sur 22 écrans quelques jours avant le lancement de la campagne pour les élections du 26 juin 2016, la question était sur toutes les lèvres : le documentaire infléchira-t-il le vote des électeurs espagnols en faveur du parti ? Profite-t-il du contexte de campagne électorale ? Afin de s'en défendre, le cinéaste Fernando León de Aranoa avait déclaré le jour de la sortie en salle :

> Creo que la campaña de las elecciones influirá en la película más que al revés. Luego se generará distorsión sobre el documental pero estoy tranquilo : la película no se planteaba este escenario y jamás fue pensada para ser exhibida antes de una campaña (*Telemadrid*, 2 -6-2016).

En effet, ce documentaire n'est en aucun cas un reportage aimable de la vie de Podemos, ni un long *spot* financé par Mediapro avec des intentions occultes puisqu'il n'adopte pas un ton épique ou émotionnel pour décrire l'ascension spectaculaire d'un groupe de personnes dont le seul objectif est d'atteindre le pouvoir. Le sentimentalisme, le sensationnalisme et la charge émotionnelle ne sont perceptibles qu'à travers les propres acteurs. Aussi surprenant que cela puisse paraître, le cinéaste, connu pour son engagement, porte un regard distancié sur le phénomène. Le niveau de transparence, d'honnêteté, l'absence de mise en scène, aussi bien de la part des membres du parti que de la part du réalisateur, est quelque chose que l'on peut saluer. Fernando León de Aranoa a d'ailleurs insisté à plusieurs reprises sur le fait qu'à aucun moment il n'y a eu de censure : « Nosotros ya dijimos que queríamos contar los buenos y los malos momentos, el riesgo que había es que muchas veces aceptan pero a la hora de la verdad no es así, algo que no ha sido el caso »[20]. León de Aranoa, qui s'est déclaré satisfait de son travail tourné en toute liberté, a par conséquent été fidèle à son projet initial en proposant une narration équilibrée et en adoptant une vision froide, distanciée et impartiale des succès, des crises, des stratégies et des

---

20 « Política : manual de instrucciones », in Telemadrid, 2-6-2016. Disponible en ligne in http://www.telemadrid.es/noticias/cultura/noticia/politica-manual-de-instrucciones

incertitudes de Podemos : « La película se parece mucho a lo que les propusimos hace dos años. Les propusimos hacer un trabajo y lo hemos hecho »[21].

En effet, loin de dresser un portait à des fins électoralistes, tel que pourrait le faire un film militant, le documentaire montre au contraire les entrailles du parti, les moments intenses de cette machine électorale, ses ombres et ses lumières. Si les moments de joie sont dévoilés grâce aux victoires dans deux « ciudades del cambio », à Madrid avec Manuela Carmena et à Barcelone avec Ada Colau, au moment de la proclamation de Pablo Iglesias en tant que secrétaire général ou lors de l'annonce des résultats des élections du 20 décembre qui ont provoqué un véritable tremblement de terre sur la scène politique espagnole, les moments de faiblesse ou de doutes ne sont pas occultés. On en voudra également pour preuve les extraits d'émissions de télévision ou conférences pendant lesquelles Pablo Iglesias est attaqué sur ses prétendus liens avec l'ETA et le Vénézuela ou à propos d'aides financières versées par certains gouvernements latino-américains ; après les mauvais résultats des élections catalanes, les téléspectateurs sont aussi invités dans les coulisses lors de la préparation du discours de Pablo Iglesias, dont la déception se lit sur le visage ; ils sont également conviés au débat sur la stratégie à adopter pour assurer la « remontada » avant les élections générales[22]. Après la prise de fonction des 69 candidats de Podemos dans le « Palacio de Cristal », Pablo Iglesias est ramené à la réalité des marges de manœuvre restreintes avec lesquelles il va devoir composer : « somos conscientes más que nadie de los límites de cambiar las cosas ».

En outre, le scandale fiscal de Juan Carlos Monedero n'est pas coupé au montage ; il en est de même pour les controverses autour des primaires pour les candidatures aux élections générales qui ont provoqué un véritable séisme interne entraînant la démission de 20 personnes dont le secrétaire général du mouvement au Pays-Basque[23]. A ce moment précis des primaires, soit 270 jours

---

21 « León de Aranoa : la gestación de Podemos ha sido como un thriller », 2-6-2016. Disponible en ligne *in http://cadenaser.com/programa/2016/06/02/hoy_por_hoy/ 1464857272_767036.html*
22 Les sondages d'octobre 2015 annonçaient la victoire du PP avec 29, 1% des voix, devant le PSOE (25,3% des voix). *Podemos* n'arrivait qu'en quatrième position, avec 10,8 % des intentions de vote, derrière Ciudadanos (14,7 %).
23 Plus de 5000 personnes avaient signé une pétition contre le système des primaires, ce qui a eu pour conséquence de créer des problèmes d'organisation et de divergences entre les équipes régionales et l'équipe nationale, accusée de ne pas être suffisamment à l'écoute et d'avoir déstructuré l'organisation. Selon le secrétaire général au Pays basque, « el sector crítico de Podemos cree que el sistema de primarias no garantiza

avant les élections générales, Juan Carlos Monedero ne cache pas sa désillusion en employant ces termes : « si perdemos el espíritu de desobediencia, nos pareceremos a los que en un principio veníamos a combatir ».

Le réalisateur n'hésite pas non plus à exposer les problèmes de concepts, de divergences de points de vue sur les stratégies à adopter pour augmenter le nombre de sympathisants et pour diffuser les valeurs du parti. Tout au long du documentaire, les téléspectateurs sont par exemple plongés dans les discussions internes autour du thème à aborder, du terme exact à choisir, sur ce qui peut se dire en conférence de presse ou dans les interviews. On apprend d'ailleurs que Pablo Iglesias refuse de se positionner sur la question du traitement animal, sur l'opposition entre la République et la monarchie alors que le parti a des avis très tranchés à ce sujet, tout simplement car cela n'est pas vendeur, n'attire pas les électeurs – « no es un marco ganador » – à l'inverse d'autres thèmes comme la corruption ou la pauvreté ; ou encore que le parti ne doit pas nommer le PSOE afin d'occuper la deuxième place électorale, derrière le PP. « El PSOE es nuestra piedra angular. Sonrisa y puente de plata » selon Iñigo Errejón. De manière assez surprenante, on entend même l'équipe de Podemos demander aux militants de revoir ou d'effacer des *tweets* ou messages de *Facebook* pouvant donner lieu à une mauvaise interprétation avant les élections. Les dissensions internes et les différentes lectures autour de l'hypothèse populiste sont également perceptibles. Juan Carlos Monedero critique par exemple le fait de vouloir transposer des éléments d'Amérique latine à l'Espagne car l'Espagne est, entre autres, un pays de l'Union européenne, qui a des moyens de communication solides :

> Hipótesis populista donde pretende trasladar algo que era válido en América latina a la situación de lectura. Es un error de lectura porque ni siquiera en los peores momentos de la crisis en España, la situación era tan grave como la que viviera en América latina en los momentos álgidos del modelo neoliberal.

A la fin du documentaire, il déclare :

> No me reconozco en Podemos. [...] Si Podemos ha sido capaz de emocionar a tanta gente es porque porta en sí la semilla de la desobediencia y de la transformación. Si la perdemos, nos pareceremos demasiado a aquellos a los que vinimos a combatir y Podemos habría de tener sentido. [...] Podemos es un partido. Su éxito principal es negarse a sí mismo. Allí es donde lo vamos a juzgar. La gran pregunta ahora es si el partido que aún no existe sea superado por una discusión horizontal de la gente,

la pluralidad ni la participación ». Suite à ce problème, Pablo Iglesias et Iñigo Errejón ont reconnu la difficulté à créer une représentation territoriale en si peu de temps.

que vuelva a plazas, que le diga a la gente que la política no se puede delegar a nadie, tampoco a Podemos.

Le documentaire se clôt « Enero de 2016. Podemos entra en el Congreso como tercera fuerza con 69 escaños, modificando el panorama político español ».

Conclusion

Fidèle à son projet initial et à ce qui avait été convenu avec l'équipe dirigeante du parti, Fernando León de Aranoa a filmé ce que l'on a peu l'habitude de voir ou d'entendre en invitant le spectateur dans les débats idéologiques et stratégiques de fond, les dynamiques internes, en filmant les meetings ou encore les réunions pendant lesquelles l'argumentaire se définit, les promenades dans les couloirs, les rires, les défaites, les victoires, etc. *Política : Manual de instrucciones,* dont le titre est évocateur, doit donc être lu comme un manuel pratique sur la manière d'élaborer et de communiquer un projet calculé et millimétré, uniquement né pour gagner. Le documentaire qui dissèque l'évolution et les crises du parti, en abordant sans anesthésie la naissance de l'organisation comme machine électorale, ses origines dans le mouvement du 15-M, les affrontements idéologiques entre les plus hauts représentants ainsi que ses stratégies pour prendre le pouvoir du premier coup, semble même avoir été écrit par un scénariste : avec ses actes, ses crises, ses descentes et ses montées, il satisfait les canons de l'écriture dramatique et suscite chez le spectateur l'envie de voir la suite.

La grande lacune de ce documentaire à la fois politique et humain est le manque de contexte qui peut rendre difficile la compréhension pour des spectateurs qui n'ont pas suivi de près l'ascension de Podemos. Ce reportage, qui ne s'adresse pas à un public en général mais plutôt à des spécialistes en politique, en philosophie, en journalisme et en communication, et qui va au-delà du public déjà conquis, peut ne pas satisfaire les attentes des personnes non initiées au vocabulaire utilisé et aux thématiques développées par les dirigeants de Podemos. En effet, tous les débats et les réflexions, certes passionnés et passionnants, peuvent rapidement paraître inintelligibles. Ce sentiment est accentué par les sauts dans le temps, qui rendent difficiles la compréhension, l'absence de voix-off pour connecter les espaces temporels entre eux et la succession de scènes parfois sans rapport.

Ce documentaire quasi anthropologique est certes incomplet étant donné la complexité du phénomène et les limites de temps qu'impose le format. Qu'il soit apprécié ou non, il faut souligner ses qualités d'honnêteté et de transparence afin de retracer la création vertigineuse de Podemos, de sa naissance jusqu'à la prise de fonction des députés. Il doit être considéré comme une opportunité pour comprendre comment se fait l'histoire, comment a été créé le parti qui a changé le panorama politique en Espagne et comment se déroulent les batailles dans l'arène politique. Car d'autres partis politiques auraient-ils accepté d'être vus pareillement de l'intérieur ?

Bibliographie

Barret, Christophe, 2015. *Podemos. Pour une autre Europe*, Paris : Les Editions du Cerf.

Bernouw, Erik, 2005. *El documental. Historia y estilo*, Barcelona : Gedisa.

Bescansa, Carolina, Errejón, Iñigo, Iglesias, Pablo, Monedero, Juan Carlos, 2015. *Podemos, Sûr que nous pouvons*, traduit de l'Espagnol par Martine Sicard, Montpellier : Editions Indigène.

Brieger, Pedro, 2015. *La encrucijada española » : del 15M a la disputa por el poder*, Madrid : Clave Internacional.

Domínguez, Ana, Giménez, Luis, 2012. *Claro que Podemos. De La tuerka a la esperanza del cambio en España*, Barcelona : Los Libros del Lince.

Faucon, Térésa, 2008. *Penser et expérimenter le montage*, Paris : Presses Sorbonne Nouvelle, Les coll. « Fondamentaux de la Sorbonne Nouvelle ».

Fernández Albertos, José, 2015. *Los votantes de Podemos : del partido de los indignados al partido de los excluidos*, Madrid : Los Libros de la Catarata.

Nez, Héloïse, 2015. *Podemos. De l'indignation aux élections*, Paris : Les petits matins.

Pérez Arozamena, Rosa (coord.), 2015. *Podemos : la influencia del uso de las redes sociales en la política española*, Madrid : Editorial Dykinson.

Torreblanca, José Ignacio, 2015. *Asaltar los cielos. Podemos o la política después de la crisis*, Madrid : Penguin Random House Editorial.

Webographie :

León de Aranoa, Fernando, *Política. Manual de instrucciones*. Disponible en ligne *in https://vimeo.com/212738133.*

« Las claves del documental de Podemos de Fernando León », *El País*, 1-6-2016. Disponible en ligne *in https://elpais.com/cultura/2016/06/01/actualidad/1464782001_994368.html*

« Política : manual de instrucciones », *in Telemadrid*, 2-6-2016. Disponible en ligne *in http://www.telemadrid.es/noticias/cultura/noticia/politica-manual-de-instrucciones*

« Política, Manual de instrucciones : un relato irregular sobre la maquinaria de Podemos », Diariocrítico, 2-6-2016. Disponible en ligne *in https:// www.diariocritico.com/nacional/politica-manual-de-instrucciones-documental-podemos*

« Política, manual de instrucciones, la retaguardia de Podemos », 3-6-2016. Disponible en ligne *in https://www.espinof.com/criticas/politica-manual-de-instrucciones-la-retaguardia-de-podemos.*

« El manual de instrucciones de León de Aranoa para ver a Podemos (casi) sin filtros », *El Diario*, 1-6-2016. Disponible en ligne *in https://www.eldiario.es/ politica/manual-instrucciones-Leon-Aranoa-ver-Podemos-casi-sin-filtros_0_522148620.html*

« Así es el documental sobre Podemos de Fernando León », *El País*, 27-5-2016. Disponible en ligne *in https://elpais.com/cultura/2016/05/27/actualidad/ 1464351391_599928.html*

« Política, manual de instrucciones », dossier de presse, Madiapro. Disponible en ligne *in http://politicamanualdeinstrucciones.mediaprocine.com.*

« *Podemos arranca la campaña con un documental sobre los hitos del partido* », *El País, 1 -6-2016.* Disponible en ligne *in https://politica.elpais.com/politica/ 2016/06/01/actualidad/1464771981_370366.html*

« León defiende su documental sobre Podemos », Europa Press », 2-6-2016. Disponible en ligne *in https://www.telecinco.es/informativos/Leon-Aranoa-documental-Podemos-trabajado_0_2189250256.html*

« Un documental raramente cristalino sobre Podemos de León de Aranoa ». Disponible en ligne *in https://www.cuartopoder.es/cultura/cine/2016/06/01/ politica-manual-instrucciones-nada-ver-la-propaganda/,* 9-1-2017.

« León de Aranoa : la gestación de Podemos ha sido como un thriller », 2-6-2016. Disponible en ligne *in http://cadenaser.com/programa/2016/06/02/hoy_ por_hoy/1464857272_767036.html*

« Podemos, la película », *El País,* 11-3-2015. Disponible en ligne *in https:// elpais.com/cultura/2016/05/27/actualidad/1464351391_599928.html.*

Les auteur.e.s

Laurent Bigot est maître de conférences en sciences de l'information et de la communication à l'Ecole publique de journalisme de Tours (EPJT), dont il est le directeur depuis 2019, et membre de l'équipe de recherche PRIM (Pratiques et Ressources de l'Information et des Médiations) de l'Université de Tours. Ancien journaliste, auteur d'une thèse pionnière sur le *fact-checking* journalistique en 2017, il est l'un des spécialistes français de ce sujet. Il est l'auteur de plusieurs articles scientifiques sur la vérification de l'information, et membre du projet ANR-VIJIE (« Vérification de l'information dans le journalisme, sur internet et dans l'espace public »), à l'Université de Tours.

Claire Decobert est certifiée d'espagnol et maître de conférences en civilisation espagnole à l'Université d'Orléans depuis 2013. Ses recherches portent principalement sur la sphère politique et médiatique en Espagne – communication, marketing et discours politiques, aussi bien en périodes électorales qu'en dehors, émergence de nouveaux partis – mais elle s'intéresse également aux modalités de transmission des cultures et civilisations étrangères à l'université. Elle a notamment co-dirigé deux ouvrages : *Stratégies politiques et représentations médiatiques dans les sociétés européennes de 1945 à nos jours* (2018) et *Recherche et transmission des cultures étrangères* (2020).

Élodie Gallet est maître de conférences en civilisation britannique et études irlandaises à l'Université d'Orléans. Elle est membre du Laboratoire REMELICE (Orléans) et membre associée du Laboratoire MIMMOC (Poitiers). Ses recherches portent principalement sur le rôle des médias dans la gestion du conflit et du post-conflit, en particulier dans le cas de la télévision britannique et du conflit en Irlande du nord. Elle s'intéresse également au Brexit et à son impact sur la frontière irlandaise.

Pierre-Paul Grégorio est professeur à l'Université de Bourgogne depuis 2010. Ses recherches portent sur le discours de la presse d'un point de vue socio-historique et socio-politique : les mécanismes de propagande et de manipulation, la portée et la signification de la notion de groupe de pression appliquée à la presse, son utilisation comme arme idéologique, tant au service du pouvoir que d'éventuels contre-pouvoirs. Après s'être intéressé aux périodes de la Guerre civile et du régime franquiste, il concentre ses recherches, depuis plus de vingt ans, sur la transition démocratique et, plus particulièrement, sur le rôle de la presse au cours de la période précédant le 23F. Il a participé à de nombreux colloques et congrès en France, en Espagne, en Allemagne, au Royaume-Uni, au Portugal et en Hongrie.

Pierre-Emmanuel Guigo est maître de conférences en histoire à l'Université Paris-Est Créteil (Centre de recherche en histoire européenne comparée). Diplômé et docteur de Sciences Po Paris, il a fait une thèse sur la communication de Michel Rocard (1965–1995), sous la direction de Jean-François Sirinelli. Ses recherches portent sur l'histoire de la communication politique et l'histoire des médias à l'époque contemporaine. Il est l'auteur de cinq ouvrages dont *Com' et politique : les liaisons dangereuses* (2017), *François Mitterrand : un homme de paroles ?* (PUV, 2017) et *Michel Rocard* (Perrin, 2020).

Raphaël Jaudon est docteur en études cinématographiques. Il enseigne l'esthétique et l'histoire du cinéma à l'Université Lyon 2, depuis 2013. Ses travaux portent sur le cinéma politique, abordé du point de vue du sensible, et sur la variété des discours qui s'essaient à le définir. Il a organisé plusieurs événements scientifiques sur des thèmes proches, et co-dirigé le troisième numéro de la revue *Écrans*. Sa thèse, réalisée sous la direction de Luc Vancheri, sera publiée en 2021 aux éditions Circé, sous le titre *Cinémas politiques, lecture esthétique*.

Jérémie Nicey est maître de conférences en sciences de l'information et de la communication à l'Ecole publique de journalisme de Tours (EPJT) et membre de l'équipe de recherche PRIM (Pratiques et Ressources de l'Information et des Médiations) de l'Université de Tours. Ses recherches portent sur les usages et pratiques de l'information médiatique. Depuis fin 2018 et jusqu'en 2022, il est responsable scientifique du projet ANR-VIJIE (« Vérification de l'information dans le journalisme, sur internet et dans l'espace public ») portant sur les fausses informations et le défi sociétal qu'elles constituent aussi bien pour les professionnels de l'information (en particulier, les *fact-checkers*) que pour les publics, dont les pratiques ordinaires de vérification ont à ce jour été peu scrutées.

Alexandra Palau est maître de conférences en civilisation hispanique contemporaine à l'Université de Bourgogne. Ses recherches sont centrées sur l'analyse du discours politique et médiatique et l'étude des nationalismes en Espagne. Elle aborde la notion de crise identitaire dans l'espace politique à travers une analyse de la rhétorique nationaliste et des changements idéologiques et stratégiques mis en place par les différentes formations politiques (co-direction d'un ouvrage collectif sur ces questions, *Processus de transformation et consolidation identitaires* *dans les sociétés européennes et américaines aux XXe–XXIe siècles*, Academia-L'Harmattan, 2020). Ses travaux actuels portent sur l'analyse des processus émotionnels dans les engagements militants et les mobilisations collectives.

María Teresa Nogueroles Núñez, est titulaire d'une licence d'histoire de l'art (Université de Séville) et d'un Master en patrimoine historique et archéologique (Université de Cadix). Elle est actuellement doctorante et prépare une thèse effectuée en co-tutelle entre l'Université de Cadix et l'Université Sorbonne Nouvelle-Paris 3. Sa thèse, « *Touché mais pas coulé : le cinéma censuré pendant la Transition espagnole* », s'intéresse particulièrement à une censure plus sibylline que la censure officielle, qu'elle dénomme *cryptocensure*. Elle est membre du Centre de Recherche sur l'Espagne Contemporaine (CREC) et du Grupo de Estudios de Historia Actual (GEHA).

Laia Quílez Esteve travaille au sein du département de communication de l'Université Rovira i Virgili. Après des études en communication audiovisuelle et théorie de la littérature elle soutient une thèse en communication en 2010. Membre du groupe de recherche ASTERISC, elle a dirigé le projet « Memorias en segundo grado: posmemoria de la Guerra Civil, el franquismo y la Transición Democrática en la España contemporánea » (2014–2017) et fait maintenant partie du projet « Diccionario de símbolos políticos y sociales: claves iconográficas, lugares de memoria e hitos simbólicos en el imaginario español del siglo XX ». Elle a publié des articles dans plusieurs revues nationales et internationales et est co-éditrice du livre *Postmemorias de la Guerra Civil y el franquismo*.

Karine Rivière de Franco est maître de conférences en civilisation britannique à l'Université d'Orléans. Elle travaille sur la vie politique en Grande-Bretagne depuis les années 1980 et a publié ouvrages et articles sur la communication électorale, les relations entre le monde politique et la sphère médiatique ainsi que sur la place et l'action des femmes en politique, notamment au Parlement. Ses travaux relèvent à la fois des sciences politiques, des études parlementaires et des études de genre.

Marie-Soledad Rodriguez est agrégée et maîtresse de conférences habilitée au département d'études ibériques de l'Université Sorbonne Nouvelle-Paris 3. Elle a tout d'abord travaillé sur les relations entre cinéma et société puis cinéma et histoire. Elle s'intéresse à présent, plus particulièrement, au cinéma des réalisatrices et aux représentations genrées, ainsi qu'aux controverses politiques et mémorielles qui agitent la société espagnole contemporaine et à la façon dont les médias en rendent compte. Elle a écrit de nombreux articles dans des revues françaises et internationales, publié *La Guerre Civile dans le cinéma espagnol de la démocratie* (2020), dirigé les ouvrages collectifs *Le cinéma de Julio Medem* (2008) *Le fantastique dans le cinéma espagnol contemporain* (2011), et co-dirigé *Les dramaturges espagnoles d'aujourd'hui* (2017).

Esther Sánchez-Pardo est professeur d'études anglaises à l'Université Complutense de Madrid. Elle travaille sur les littératures du 20ème siècle, la poétique et la théorie littéraire, dans une perspective comparatiste. Son dernier ouvrage (co-édité avec R. Burillo et M. Porras) est *Women Poets and Myth in the 20th and 21st centuries* (Cambridge Scholars, 2018). Ses publications récentes comprennent des articles pour l'annuaire international, des études sur le futurisme (De Gruyter, 2017), et des contributions aux volumes *Modernisme et postmodernisme dans le récit bref anglais* (Rodopi, 2012), *Faulkner et le mystère* (Mississippi, 2014), *Enseigner avec la politique féministe de la responsabilité* (Routledge, 2017), *Beyond Given Knowledge* (de Gruyter, 2017) et *Modernist Aesthetics and the Utopian Lure of Community* (Peter Lang, 2019).

Catherine Saupin est agrégée d'espagnol, docteure en études hispaniques de l'Université de Nantes, et maîtresse de conférences en civilisation espagnole contemporaine depuis 2013 (Université d'Orléans). Elle a rejoint Sciences Po Lille en 2017, où elle est responsable du double diplôme franco-espagnol en partenariat avec l'Université de Salamanque. Rattachée au laboratoire du CERAPS (Centre de Recherches Administratives, Politiques et Sociales) et membre de la AEIHM (Asociación Española de Investigación de Historia de las Mujeres), trois principales thématiques dominent ses travaux : la question des représentations des femmes dans les médias (presse), les mobilisations féministes (XXe et XXIe siècles) et la place des femmes dans la vie politique espagnole.

Carole Viñals est agrégée et maître de conférences à l'Université de Lille, membre du FRAMESPA UMR 5136. Elle a soutenu en 2002 une thèse à la Sorbonne sur la poésie de Jaime Gil de Biedma qui sera publiée par l'Harmattan sous le titre *Une poésie violemment vivante*. Elle s'est ensuite spécialisée sur des questions de civilisation et a soutenu en 2018 une HDR sur la crise publiée chez Atlante sous le titre *Un modèle espagnol ? Le traitement de la crise en Espagne*.

Estudios hispánicos en el contexto global
Hispanic Studies in the Global Context
Hispanistik im globalen Kontext

Edited by Ulrich Winter, Christian von Tschilschke und Labrador Méndez

www.peterlang.com

www.ingramcontent.com/pod-product-compliance
Lightning Source LLC
Chambersburg PA
CBHW030243100426
42812CB00002B/294